COOPÉRATION ET MANAGEMENT

L'EXEMPLE DES SOCIÉTÉS COOPÉRATIVES
ET PARTICIPATIVES (SCOP)

Entreprises et Management
Collection dirigée par Ludovic François

La collection *Entreprises et Management* est destinée à accueillir des travaux traitant des questions liées aux sciences de gestion et à l'entreprise. Les ouvrages publiés ont pour la plupart une vocation pratique. Certains d'entre eux sont issus de thèses professionnelles soutenues à HEC.

Dernières parutions

René SANTENAC, *La taille critique des banques françaises*, 2014.
Nicolas MUNDSCHAU, *Recruter les jeunes talents. Attirer, Sélectionner, Fidéliser*, 2013.
Noah GAOUA, *La déductibilité des charges financières en droit fiscal français des entreprises*, 2013.
Nada KHACHLOUF, *Apprendre dans les réseaux de PME, Le rôle des contacts personnels*, 2013.
Florent PESTRE, *La Responsabilité sociale des entreprises multinationales. Stratégies et mise en œuvre*, 2013.
Gérard REYRE, *Huit questions sur l'aventure humaine dans l'entreprise*, 2013.
Françoise DUPUICH (dir.), *Regards croisés sur la Responsabilité Sociale de l'Entreprise (RSE)*, 2012.
Philippe HERMEL et Pascal CORBEL, *Le management des évolutions organisationnelles et stratégiques*, 2012.
Pascal DURAND-BARTHEZ, François LENGLART (dir.), *Choisir son droit. Conséquences économiques du choix du droit applicable dans les contrats internationaux*, 2012.
Anne CHANON et Jérôme AURIAC, *L'entreprise à l'ère des défiances*, 2012.
Michaela TOURNAY-TIBI, Aurélie DANO, Élodie ARANDA-HAPPE, Yves PÉLIGRY, *Le défi énergétique de la Chine. Comment la Chine prépare-t-elle son avenir énergétique ?*, 2012.

Annick Lainé

Coopération et Management

*

*L'exemple des Sociétés COopératives
et Participatives (SCOP)*

L'HARMATTAN

Illustration de couverture
© Claude Corbier, photographe
www.claudecorbier.com

© L'Harmattan, 2015
5-7, rue de l'École-Polytechnique ; 75005 Paris

www.harmattan.fr
diffusion.harmattan@wanadoo.fr
harmattan1@wanadoo.fr

ISBN : 978-2-343-05637-1
EAN : 9782343056371

Préambule

Lorsqu'on demandait à François Perroux pourquoi il était économiste, il répondait : « *Parce que les hommes ont faim (...) et les hommes ne se nourrissent pas que de pain.* »

Lorsqu'on me demande pourquoi j'étudie les SCOP et pourquoi je travaille en SCOP, je réponds : parce que les SCOP peuvent contribuer à ce que chacun-e puisse non seulement manger à sa faim, mais puisse aussi penser et travailler librement dans une entreprise équitable non genrée, pour contribuer au développement de la démocratie en entreprise et construire un monde humaniste, pour transmettre du sens aux générations futures.

Selon nous, les SCOP répondent à de nouvelles demandes pour la construction d'un autre monde, un monde social et non plus libéral. Pourquoi ? Parce qu'elles peuvent montrer le chemin d'une économie socialement responsable, encastrée dans un projet politique, mais aussi parce qu'elles s'inscrivent dans une Histoire qui trace les possibles, et parce que les valeurs coopératives, valeurs de l'Économie Sociale et Solidaire – Libre adhésion, Équité et Solidarité – font écho aux valeurs républicaines : Liberté, Égalité et Solidarité.

J'étudie aussi les SCOP pour mieux les comprendre, parce que je les connais un peu de l'intérieur et que le vécu m'interroge en tant que praticienne et chercheure.

Enfin, j'étudie les SCOP pour tenter d'améliorer les pratiques coopératives, celles des personnes qui partagent cette expérience dont la mienne.

Ce sujet de recherche est venu à moi parce que la synchronicité, selon Carl Jung, a opéré encore une fois dans ma vie. Certain-e-s parleraient de hasard, d'événements. Je préfère faire référence au terme de synchronicité. Il s'est agi, selon moi, d'une alchimie événementielle, pleine de rencontres humaines et de questionnements individuels portés simultanément par d'autres personnes extérieures au champ d'activité des SCOP. Des questions inscrites dans un inconscient collectif qui se réveillent au bord d'un gouffre, au chevet d'un système fatigué qui pourrait être dramatique pour les générations futures et celles en cours si nous ne nous ressaisissons pas. La bête traquée, la bête agonisante sait être un redoutable minotaure, n'est-ce pas ? Elle peut, dans un dernier sursaut vouloir enchaîner au fond de la grotte ses esclaves pour les priver de la lumière et les engloutir. Dans ce scénario déjà amorcé d'une fin annoncée, dans ce monde économique financiarisé à outrance, les SCOP parviendront-elles à susciter chez d'autres un sursaut de libération, hors de la caverne économique financiarisée pour essayer un autre monde ? Resteront-elles une caution de la créativité possible et d'une économie plurielle ? Cultiveront-elles le statut des irrésistibles militant-es d'un monde équitable ?

Certes, les SCOP questionnent le sens : le sens de l'économie, le sens de l'entreprise, le sens de l'engagement des associé-es salarié-es, le sens des relations entre les parties prenantes de l'entreprise, le sens du développement durable, et le sens des projets de vie des personnes engagées dans cette aventure collective, mais au-delà de ces questionnements, qu'en est-il du quotidien au sein de ces entreprises coopératives ?

J'ai eu la grande chance de rencontrer, dès le départ dans ma vie professionnelle en 1975, des personnes à la recherche du sens de leur (s) pratique (s) professionnelle (s) et du sens de leur (s) vie (s) : Gérard Oury, Félix Guattari, Horace Torrubia, Roger Gentis, Claude Cigala, Ferdinand Deligny, puis dans les années 1980 Bertrand Schwartz, Simone Weill (dans l'ordre chronologique des rencontres). Bien d'autres personnes moins connues mais tout autant investies dans leur travail dont Françoise Egg-Agnel, professeur de yoga, qui m'a ouvert une autre fenêtre d'interrogation et de recherche de sens. C'est la première personne qui a évoqué les liens systémiques inhérents dans la nature, créant des reliances (Jacques Salomé) entre les personnes. Chacune de ces personnes a tenté des expérimentations pour diminuer les douleurs des personnes accompagnées dans des organisations multiples et variées. La plupart pratiquaient le travail d'équipe pluridisciplinaire. Aussi ai-je bénéficié de la richesse culturelle d'une équipe autour de cette question : quel sens ? Quel sens pour mon travail ? Quel sens pour le projet collectif ? Quel sens pour la société ? Quel sens pour le groupe ? Quel sens pour l'individu ? Bien loin des recherches de vérité et de dogmatiques pratiques, mais avec cette volonté de déjouer les pièges, plutôt que d'accéder à une organisation idéale (François Tosquelles), j'ai appris la critique de *la bien-pensance* (Gérard Oury).

Quelques décennies plus tard, la question posée par le titre du livre d'Hervé Gouil *Entreprendre en Économie Sociale : sens des affaires ou affaires de sens ?* faisait écho à ma recherche d'articulation entre deux mondes antagonistes dans le monde du travail : économie et social. Cette question adressée aux organisations de l'Économie Sociale qui évoluent sur le marché, dans le monde des affaires avec des valeurs singulières, me semblait pertinente. Le positionnement des SCOP en discordance avec l'ordre économique établi les fragilisait. À l'instar de Socrate, mort d'avoir voulu conduire ses contemporains à la conscience et à l'examen critique, les SCOP pourraient-elles être tuées ? Le « vilain petit canard » mettant en défaut la grande famille des actionnaires du capitalisme financiarisé pourrait devenir dérangeant.

De nature positive, j'extirperai de la caverne le désir de connaître, d'accéder à un monde pluriel et de partager les expériences. Les SCOP peuvent encore secouer la léthargie des autres organisations abruties par des dogmes incantatoires proférés par des actionnaires et des financiers qui détruisent la planète. Leurs témoignages sont d'une grande actualité pour une partie de la population à la recherche de sens et pour l'évitement d'un monde totalitaire.

Parfois, dans les moments de doute et de découragement, quand les « À quoi bon ? À quoi ça sert ? Pour quoi faire ? Pour qui ? Pourquoi cette recherche ? » s'immisçaient dans ma réflexion, Alexandra David-Néel, première femme occidentale exploratrice qui découvrit le Tibet et les plateaux de l'Himalaya en 1924, m'apportait une réponse avec la maxime :

« *Marche à l'étoile,*
même si elle est trop haute. »

Durant ce travail d'écriture, les décès d'êtres proches et des épreuves intérieures ont contribué à cet élan de transmission d'expériences inscrites dans le continuum mental collectif depuis la nuit des temps. Modestement, ce travail souhaite laisser des traces de vie de ces expériences humaines et susciter des questions mais aussi pourquoi pas des en-vies de nouvelles créations de SCOP, de coopération, voire de nouvelles organisations sur les territoires.

Enfin, cette dynamique de transmission s'inscrit dans une lignée coopérative féministe sur les traces de nos consœurs : Jeanne Deroin, Désirée Gay, Marie Moret, Louis Michel, Pauline Rolland que je voudrais saluer et remercier.

Mais j'exprimerai aussi ma gratitude à Alexandra David-Néel et Hannah Arendt pour leurs invitations à élaborer et présenter une pensée nouvelle.

Je n'oublie pas les femmes d'aujourd'hui : Denise Barbeyer, Marie Bouchard, Frédérique Chedotel, Danièle Demoustier, Antonina Guarrella, France Huntzinger, Marie-Carmen Hurard, Aphrodite Morali, Nadine Richez-Battesti, Delphine Vallade, Sophie Swaton pour leurs contributions à une recherche coopérative. Et bien sûr, que soient aussi remerciées toutes les personnes interviewées.

À Michel, Julien et Antoine

SOMMAIRE

PRÉAMBULE 7

INTRODUCTION : UNE TROISIÈME VOIE ENTREPRENEURIALE AVEC LES SCOP 15

PARTIE I : LES SCOP, UNE HISTOIRE PÉRENNE 25
INTRODUCTION 27
I. GENÈSE DU MOUVEMENT COOPÉRATIF 27
II. RADIOSCOPIE NATIONALE ET RÉGIONALE DES SCOP 50
III. GOUVERNANCE COOPÉRATIVE : DES STATUTS AUX PRATIQUES 72
CONCLUSION 123

PARTIE II : LE MANAGEMENT COOPÉRATIF, POUR UNE AUTOGESTION ASSUMÉE 125
INTRODUCTION 127
I. LE CHOIX D'UN CONCEPT POLITIQUEMENT CORRECT 131
II. UN GUIDE DE BONNES PRATIQUES COOPERATIVES : LE SCCCORRET .135
CONCLUSION 213

PARTIE III : VERS UN DÉVELOPPEMENT SOUTENABLE COOPÉRATIF ? 215
INTRODUCTION 217
I. UN DÉVELOPPEMENT SOUTENABLE COOPÉRATIF 218
II. UN IDÉAL TYPE DE MANAGEMENT 233
CONCLUSION 249

CONCLUSION GÉNÉRALE 253

BIBLIOGRAPHIE 261

TABLE DES MATIÈRES 275

INTRODUCTION : UNE TROISIÈME VOIE ENTREPRENEURIALE AVEC LES SCOP

L'intérêt que nous portons aux pratiques de management coopératif s'inscrit dans une histoire personnelle et collective à trois temps :

- Premièrement, dans le prolongement d'une recherche sur les besoins de formation des cadres dirigeant-e-s de l'économie sociale et solidaire réalisée en 2006, dans le cadre d'un programme Equal d'étude préalable à la mise en place d'une École Entrepreneuriale de l'Économie Sociale, nos interrogations portent sur le rapport au pouvoir des cadres de SCOP élu-e-s par une Assemblée Générale d'associé-e-s salarié-e-s majoritaires et l'exercice de l'autorité en toute responsabilité dans une organisation autogérée.
- Deuxièmement, à partir d'observations des pratiques de Management de Ressources Humaines : durant notre expérience de coopératrice en SCOP de conseils, études et formation dans les années 1990 et durant un stage à l'Union Régionale des SCOP de Languedoc Roussillon en 2006, nous avions pu constater des distorsions entre le sens véhiculé, le discours professé et les pratiques managériales. Nous avions repéré un paradoxe identitaire lié au double statut d'associé-e salarié-e et des tensions au plan organisationnel entre l'individu et le collectif d'une part, et le féminin et le masculin d'autre part.
- Troisièmement, le management coopératif et le développement des SCOP, au cœur de la mutation profonde (G. Colletis, 2010), en dehors des modèles promus par la littérature scientifique m'interrogeaient en tant que coopératrice.

Dès lors est née cette recherche autour d'une question : quel management adapté pour faire vivre les valeurs annoncées et donner corps à la gouvernance coopérative ? Pour tenter de répondre à cette question, je me suis engagée dans un travail de thèse en sciences de gestion tout en co-gérant une SCOP de formation de 2007 à 2011.

Mon itinéraire de recherche ne saurait être déconnecté de mes expériences antérieures de formation initiale au Diplôme d'Éducatrice Spécialisée, de formation universitaire (Sciences de l'éducation, Sciences de Gestion), de formation continue à différentes techniques, dont l'entretien clinique et de mes expériences professionnelles en SCOP, associations et en structures d'accueil psychiatriques alternatives ainsi qu'en milieu hospitalier expérimental. Ces premières expériences professionnelles en secteur psychiatrique alternatif m'ont initié à un travail clinique et de recherche permanente et avaient révélé des possibilités incommensurables et inimaginables de création de la part des êtres humains. Ces apprentissages, pratiques et théoriques sur la nature humaine, ont été confortés par un apprentissage du yoga depuis trente années, un travail d'analyse, quelques années de calligraphie et des voyages à la rencontre de l'Autre. La question des relations humaines est le fil rouge de mon itinéraire, à la recherche de nouvelles solutions pour améliorer le sort des personnes dans leurs milieux, dont le nôtre et le mien.

Cette réflexion s'inscrit dans un contexte de mutation profonde sociétale (Gabriel Colletis 2010), dont les enjeux pour la démocratie et la connaissance consistent, entre autres, à réarticuler économie et sociale pour faire reculer la logique de rentabilité financière d'un développement qui ne répond pas dans les faits aux besoins des personnes, mais au contraire crée des « demandes » conformes aux offres et multiplie les souffrances et les risques psychosociaux au travail.

La « crise globale » (B. Lévesque, 2009), que nous vivrions annoncerait « la fin d'un monde », une crise systémique mondiale : alimentaire, climatique, culturelle, écologique, économique, financière, géopolitique, religieuse, sociale et mondiale (P. Viveret, 2008). La démesure a certes envahi les espaces sociaux et environnementaux. Les inégalités se sont creusées. *La violence des riches* (Michel Pinconet, Monique Pinçon-Charlot, 2013) et leur délinquance mettent à mal les autres êtres humains, qui sont majoritaires et la Planète entière.

La fortune de 225 personnes les plus riches équivaut aux revenus de 2,5 milliards de personnes. Ce qui veut dire que 25 % de l'humanité, regroupant les pays riches de l'Organisation de Coopération et de Développement Économique (OCDE), disposent de 75 % de la production mondiale. La rencontre du Sommet de la terre de l'Organisation des Nations Unies (ONU) en 2002 à Johannesburg, a explicité le caractère non durable, donc non transférable, du modèle de développement occidental. En effet, l'indicateur de « l'empreinte écologique » révèle l'incapacité de la planète terre à offrir la surface nécessaire à la vie de chaque habitant sur le modèle occidental.

> *« Il y a assez de ressources sur cette planète pour répondre aux besoins de tous,*
> *mais il n'y en a pas assez pour répondre au désir de possession de chacun. »*
> (Ghandi)

Le fondamentalisme marchand en déperdition appelle donc d'autres réponses. La dépression en cours, mondialement orchestrée par lesdits « puissants », nous rappelle le mythe de Thanatos et Éros (Freud, 1930). « La crainte d'un capitalisme autoritaire » est de retour, orchestrée par l'idéalisation d'un modèle chinois à taux de croissance important, les transformations des collectivités publiques et l'incapacité du capitalisme libéral et financier (Danièle Demoustier, 2010). Cette situation de rupture est une véritable opportunité de création, de développement pour l'économie sociale et solidaire qui pourrait offrir une réponse systémique à cette situation (P. Viveret, 2008).

La nature de ladite crise actuelle est une crise globale et mondiale du système capitaliste libéral et financier, dont la crise financière est le symptôme le plus visible, selon les chercheur-e-s du Centre International de Recherche et d'Information sur l'Économie publique, sociale et Coopérative (CIRIEC) qui s'entendent sur « les crises emboîtées » au sein desquelles « la crise économique du troisième type » rassemble une crise dite de régulation de type 1, comme en 1930, et une crise du régime d'accumulation de type 2, comme à la fin du XIXe siècle. Dès lors, les modes de production et de consommation en cause questionnent la croissance économique et ses enjeux.

Face aux grandes crises économiques, l'Histoire nous enseigne les innovations de l'Économie Sociale et Solidaire (Benoît Lévesque, 2009). Le développement des mutuelles d'assurances et les coopératives de travailleurs et de consommation répond à la crise de la régulation (1848-1850). Celui des coopératives agricoles, d'épargne et de crédit riposte à la crise de l'accumulation de la fin du XIXe siècle. L'âge d'or de la coopération concorde avec la crise de la régulation de 1920-1930. « Des nouvelles grappes d'Économie Sociale » (Benoît Lévesque, 2009) émergent dans les années 1980 avec les services de proximité, les entreprises sociales, le développement local, l'accès aux loisirs et à la culture qui déploient de nouveaux emplois pour répondre aux demandes du public.

La crise politique en cours, quant à elle, réinterroge le concept de démocratie. La démocratie représentative est mise à mal : les citoyen-ne-s n'accordent plus leur confiance aux représentant-e-s politiques. Les citoyen-ne-s se sentent dépossédé-e-s des questions existentielles politiques. Les pourcentages de votant-e-s s'amenuisent. Par contre, la démocratie participative se traduit par l'engagement exponentiel des citoyens, dont le public jeune, dans la société civile (Jacques Ion, 1997 et 2005). Leur pouvoir de surveillance et de blocage reste cependant supérieur à leur pouvoir de propositions. Quoi qu'il en soit, le débat semble réinvestir la place publique. De nouveaux dialogues s'instaurent. Une démocratie plurielle émerge et prône une approche transversale, en réponse au déficit mondial de la démocratie verticale. Des nouvelles organisations politiques (Féministes pour une Europe Solidaire) rassemblent des femmes et des hommes lassé-e-s des partis politiques pour initier un projet politique de transformation sociale, pour que l'égalité des droits devienne une égalité de faits. C'est une occasion historique pour procéder à une grande transformation, vers une nouvelle valeur sociétale. Certain-e-s espèrent une autre mondialisation qui remettrait la finance et le marché à leur juste place.

« Le capitalisme est incompatible avec une société solidaire et écologique car il est fondé sur la surexploitation du travail et de la planète. »
(Pierre Dardot, Jean-Marie Harribey, Monique Pinçon-Charlot, Dominique Plihon, 2009).

Face à un monde désenchanté par le capitalisme (Marcel Gauchet, 2004), un monde coopératif continue son expansion. La coopération, mouvement mondial important, rassemble plus de 800 millions de sociétaires et fournit 100 millions d'emplois, soit 20 % de plus que le nombre d'emplois dans les multinationales dans la quasi-totalité des pays du monde, sur tous les continents.

La coopération n'est donc pas un fait isolé, limité à quelques pays, même si l'existence des coopératives est une réalité parfois encore méconnue. Selon les estimations des Nations Unies, la vie de la moitié de la population de la planète dépend significativement des entreprises coopératives. Dans le monde, les moyens d'existence de trois milliards de personnes dépendent d'entreprises coopératives (ICA, 2012). Les SCOP, Sociétés COopératives et Participatives, identités françaises des coopératives de production, s'inscrivent dans ce mouvement mondial.

Le premier « *Global 300* » (www.coopseurope.coop) référence les 300 plus grandes coopératives et mutuelles dans le monde, sur la base de leurs chiffres d'affaires. Le chiffre d'affaires cumulé de ces 300 plus grandes coopératives et mutuelles mondiales représente près de 1 000 milliards de dollars, soit l'équivalent du PNB du Canada, neuvième puissance économique. En France, la 4e édition du **panorama sectoriel des entreprises coopératives** et **Top 100** (CoopFr, 2014) fait état d'un d'entreprises coopératives en développement, affichant un chiffre d'affaires cumulé de près de 300 milliards d'euros pour plus d'un million de salariés. La part des 23 144 coopératives dans l'ensemble de l'emploi salarié en France est passée de 4,2 % en 2008 à 4,5 % en 2012. Enfin, l'augmentation du sociétariat, avec 24,3 millions de membres, marque l'adhésion à la spécificité du modèle coopératif dans lequel la personne l'emporte sur le capital. L'efficacité des entreprises coopératives repose sur la mutualisation des moyens de production ou de distribution, la participation directe des associé-e-s coopérateurs et coopératrices, la réciprocité des échanges et la prédominance du social sur le capital. Les principes fondamentaux qui régissent ces organisations sont identiques, quels que soient le secteur d'activité, le pays et la taille de l'entreprise. Ces rapports attestent d'une société solidaire internationale en marche qui propose un modèle différent de celui du capitalisme financier en vigueur. Les dépôts de bilan, les délocalisations massives (P. Villemus, 2004), « *les salariés kleenex* » (J. Brabet, 2006) et les « *oranges stressées* » (Y. du Roy, 2009) ne peuvent laisser indifférents les salarié-e-s, les responsables, les actionnaires, les citoyen-ne s, les syndicats et les chercheur-e-s. Les cadres sont autant concernés par la maltraitance subie individuellement et ou par celle qu'ils exercent sur les personnes employées dont ils assurent le management (M. Romanens, 2005).

Une alternative s'avère vitale pour l'être humain à la recherche d'un environnement de travail respectueux de sa personne et de solutions pour mettre fin à sa souffrance. Au-delà du salaire pour survivre, la personne, à la recherche de sens et d'une économie responsable, se tourne vers des organisations dites plus sociales. Ainsi, un nombre croissant de salarié-e-s, d'étudiant-e-s, de demandeurs-euses d'emplois, de senior-e-s rejoignent les organisations de l'Économie Sociale et Solidaire pour y « *produire autrement* » et « *vivre autrement* ». La « crise » actuelle contribue à déstabiliser le projet néolibéral et à crédibiliser des visions différentes, dont celles de l'Économie Sociale et Solidaire (É. Dacheux et D. Goujon, 2009).

Le nombre exponentiel de visiteurs des forums de l'emploi de l'Économie Sociale et Solidaire (www.l'emploi-autrement.org) démontre bien l'engouement d'un public intergénérationnel pour ces « *entreprises différentes, car nées d'une volonté de solidarité au service de l'Homme, elles privilégient le service rendu par rapport au profit dégagé, et intègrent dans la vie économique la dimension sociale* » (CEGES, 1995). 12 % à 13 % des étudiants des hautes écoles de commerce (www.l'emploi-autrement.org) expriment leurs souhaits de travailler dans des organisations de l'Économie Sociale et Solidaire pour, entre autres critères, harmoniser vie personnelle et professionnelle. Pour un emploi qui ait du sens, un nombre croissant de personnes acceptent même de gagner moins d'argent.

Dans un contexte de récession installée en France et de dégradation des relations au travail, le développement des SCOP interroge la sphère économique et la sphère politique. Face à un modèle dominant en crise, les SCOP, Sociétés Coopératives et Participatives, anciennement Sociétés Coopératives Ouvrières de Production, offrent un modèle d'entreprise à gestion collective intergénérationnelle. Alternative à l'hyper-individualisme et au tout financier (P. Liret, 2006) les SCOP proposent un engagement individuel pour un projet collectif autour du lien social. Non délocalisables par des actionnaires, non opéables, ancrées sur les territoires, plusieurs générations de professionnel-le-s peuvent s'y succéder. Les associé-e-s salarié-e-s ne craignent pas un déménagement nocturne par des actionnaires externes, en quête de dividendes et irrespectueux à leur égard, puisque les associé-e-s salarié-e-s sont les propriétaires majoritaires de l'entreprise et décident de son devenir et donc du leur.

Par leur ancrage territorial et historique, les SCOP attestent de leur participation active au développement économique et au projet politique d'un territoire. Parfois même, elles rénovent ou contribuent au maintien d'une activité économique et sociale, implantée depuis plusieurs décennies dans une zone géographique. Elles offrent aux salarié-e-s concerné-e-s par les dépôts de bilan ou les départs à la retraite du dirigeant, la possibilité d'opter pour une solution collective et pérenne. Les expérimentations TRANSMEA et RES (Reprise de l'Entreprise par les Salariés) menées par l'Union Régionale des SCOP de Rhône-Alpes confirment ces hypothèses : depuis 2007 TRANSMEA a financé 32 Reprises d'Entreprises par les salarié-e-s et sauvegardé 367 emplois. La France est le premier pays européen de la reprise par les salarié-e-s de leurs entreprises (CECOP, juin 2010), mais bien sûr les créations de SCOP *ex nihilo* demeurent encore majoritaires avec 55,8 % (services statistiques CG SCOP).

Pour répondre aux premières alertes économiques, la règle statutaire de la clé de répartition des Excédents Nets de Gestion (ENG) a pour vocation de doter les entreprises coopératives de fonds propres solides et d'une trésorerie saine (P. Lenanker, Président de la CG SCOP, 2010). En Rhône-Alpes, notre terrain d'étude confirme la recommandation du mouvement national avec une clé de répartition moyenne des ENG selon la règle suivante : 40 % en participation aux salariés, 40 % en réserves impartageables et 20 % en rémunération du capital. Ce partage équitable des bénéfices avise de la volonté d'assurer la pérennité des emplois et de l'entreprise. Cette règle limite la casse en cas de crise, mais ne saurait l'empêcher complètement. « *Malgré des fonds propres traditionnellement fournis et un partenariat bancaire privilégié, la crise n'a toutefois pas épargné les SCOP. L'an dernier, les défaillances d'entreprises (redressement ou liquidation judiciaire) en ont concerné 66, selon Altares. Cela représente 3 % des SCOP et une hausse de près de 50 % par rapport à 2008. Les SCOP sont dans le cœur de cible des défaillances : des entreprises matures, de taille moyenne et une présence importante dans le bâtiment et l'industrie. Dans le même temps, souligne toutefois le président de la CG SCOP, 200 nouvelles SCOP ont été enregistrées l'an dernier, dont 70 % sont des créations. L'emploi, lui, s'est stabilisé, autour de 40 000 salarié-e-s.* » (Les échos.fr, 01/02/2010)

Dans les écosystèmes et les organisations de production, les scientifiques ont constaté un monde interconnecté, basé sur la coopération. Elinor Ostrom, professeure de sciences politiques à l'université d'Indiana à Bloomington, première femme élue Prix Nobel d'économie en 2009, a démontré la capacité des sociétés humaines à gérer territoires et ressources naturelles par la coopération durant des millénaires. Elle établit la nécessité de gérer collectivement les ressources naturelles lorsque celles-ci deviennent rares pour en limiter le prix et en donner l'accès à tous et toutes. Le travail devenu une denrée rare, la formule coopérative pourrait être un des éléments de réponse aux attentes de ceux et celles qui veulent au XXIe siècle « *travailler et vivre autrement* » que leurs parents. L'intégration de la personne, reconnue à sa juste valeur, à un groupe solidaire, lui procurerait un sentiment de sécurité dans une époque de changements rapides et importants.

Depuis 1834, les SCOP, vectrices de lien social, concourent à un mieux-être de l'individu et produisent une plus-value démocratique et solidaire, une plus-value sociale et politique. De l'association ouvrière à la SCOP d'aujourd'hui, l'histoire coopérative a gravé dans l'inconscient collectif des enseignements théoriques et pratiques. Mon expérience de coopératrice m'a permis une découverte de l'intérieur des pratiques, coopératives ou non-coopératives. Le terrain me renvoyait des questions quant à cet idéal poursuivi d'organisation du travail démocratique, équitable et solidaire parfois difficile à mettre en place.

Bien sûr, les statuts des SCOP posent le cadre d'une gouvernance coopérative et induisent un fonctionnement coopératif, mais quelles pratiques privilégier pour tenter une cohérence entre les théories, les discours et les pratiques ? Pour quel projet politique ? Les pratiques des SCOP favorisent-elles l'autonomie et la responsabilité nécessaires des personnes pour faire vivre le projet économique, social et politique d'une entreprise ? Au-delà du cadre juridique qui régit la SCOP, quel cadre de travail est-il offert aux professionnel-le-s ?

Aujourd'hui dans un monde où les souffrances au travail ne cessent de se multiplier, comment les SCOP peuvent-elles améliorer les conditions d'exercices d'associé-e-s et de salarié-e-s en leur sein et s'engager pour une économie sociale et politique de marché soutenable à une échelle locale et internationale ?

Partant du présupposé qu'une Gouvernance de SCOP requiert un Management approprié, une déduction s'ensuivait : le Management des Ressources Humaines serait spécifique et primordial en SCOP pour faire vivre la Gouvernance et la Stratégie au sein de la structure. L'épanouissement et la bonne santé des salarié-e-s tendant à se raréfier dans les entreprises, le développement d'un management coopératif pourrait-il apporter une solution au mieux-être des associé-e-s salarié-e-s et à la pérennité des SCOP ? Cependant, des pratiques observées sur le terrain interrogeaient cette déduction, d'où des questions de recherche connexes :
- Quel type de management pour les SCOP ?
- Comment rendre visibles les bonnes pratiques de Management ?

Nous inscrivons notre recherche dans un espace de métissage axiologique avec une approche de recherche critique en sciences de gestion, sciences de l'éducation et une approche de recherche coopérative selon une méthodologie qualitative (Miles and Huberman, 2005) qui s'attache plus aux mots qu'aux chiffres, selon la théorie enracinée de Glaser et Strauss (1967 et 2006) et Corbin (1994 et 1998) avec une approche interprétative de Lincoln et Guba

(1985). Enfin, en correspondance avec notre posture duale de chercheure et de professionnelle, nous avons croisé une démarche de recherche d'autobiographie raisonnée selon Henri Desroches (1978). En transversal nous avons étudié :
- Le rapport au pouvoir (Enriquez, 1992 et 2003 ; Freud, 1924 ; Jung, 1953, 1961 et 1968 ; De Gaulejac 1987 et 2005, Jung, 1953, 1961 et 1968 ; Laplantine, 2007, Mendel, 2003), en lien avec les questions de l'autorité et de la responsabilité (Arendt, 2005 ; Foucault, 1972 et 1994 ; Mendel, 2003), l'engagement des salarié-es associé-es et de la gérance en SCOP.
- Le rapport à l'argent (Borneman, 1978 ; Lietaer, 2011) pour éclairer le statut d'associé-e salarié-e, la question de la répartition des ENG, du rapport au capital, au capital/travail et la question du développement.
- Le rapport au genre (ATTAC, 2005 ; Butler, 2005 et 2012 ; Guérin – Hersent – Fraisse, 2010 ; Falcoz, 2011), pour appréhender la question du pouvoir genré en SCOP et dans le mouvement coopératif, du double statut et du capital.
- Le rapport au savoir (Freinet C., 1969 ; Freinet E., 1981 ; Freire, 2006 ; de La Garanderie, 1990 ; Illich I., 1971).

Nous vous proposons une présentation des SCOP avec la triple filiation (économique, politique et sociale), l'évolution juridique et une étude de l'organisation et des fonctionnements d'un échantillon régional de 16 SCOP en Rhône-Alpes pour tâcher d'en comprendre les mécanismes dans la perspective d'une ébauche d'un *idéal type* de Management Coopératif en SCOP afin de contribuer à « *l'amélioration de la visibilité, des caractéristiques et de la compréhension du secteur* » (Communication de la Commission au Conseil, au Parlement européen, au Comité économique et social européen et au Comité des régions, du 23 février 2004, sur la promotion des sociétés coopératives en Europe). Rendre plus visible cette troisième voie entrepreneuriale, ou voie du milieu, qui serait celle d'un projet politique d'entreprise qui mobilise une vision holistique, respectueuse à la fois de l'Humanité et de la Nature.

C'est une voie réaliste, en cours depuis plusieurs siècles, et en perpétuel mouvement qui appelle encore et toujours des améliorations, des adaptations et des innovations.
Elle rassemble des organisations de tous les champs d'activités sur toute la planète Terre, dont les SCOP en France.

Je vous invite à présent à voyager au sein du pays des SCOP.

PARTIE I :
LES SCOP,
UNE HISTOIRE PÉRENNE

INTRODUCTION

Depuis quelques années, les SCOP sont présentes dans les médias et font l'objet de déclarations régulières. Lorsqu'il s'agit de reprendre une entreprise, aujourd'hui la question de reprise par les salarié-e-s en SCOP est plus évidente. Ainsi, l'histoire de SEA France a permis aux SCOP d'occuper la scène publique durant plusieurs mois en décembre 2012 et de sortir du placard. Nombre de nos concitoyen-ne-s découvraient à cette occasion ce type d'entreprise en France. Des émissions radiophoniques, télévisées, des articles dans la presse nationale et régionale ont fortement contribué à l'essaimage de l'information sur une Société COopérative et Participative lors du congrès national des SCOP de novembre 2012 à Marseille. De même les injonctions du ministre délégué auprès du ministre de l'Économie et des Finances chargé de l'Économie Sociale et Solidaire aux SCOP lors du congrès à doubler le nombre de SCOP d'ici cinq ans et la préparation du projet de loi, tant attendue, relative à l'Économie Sociale et Solidaire ont complété le plan de communication des SCOP. La loi de l'ESS adoptée le 7 novembre 2013 par le Sénat, rappelle un monde d'entreprendre avec une gouvernance démocratique dont les bénéfices sont répartis selon une clé de distribution qui assure le développement et le maintien.

Cependant, ces événements ne peuvent répondre à toutes les questions. Aussi je propose de vous guider pour améliorer votre compréhension des SCOP et peut-être aussi vos pratiques en SCOP ou tout simplement vos pratiques de coopération. Avant de procéder à l'étude du Management Coopératif, il m'a semblé opportun d'étudier la genèse du mouvement coopératif français d'un point de vue étymologique, économique, historique et politique afin de tenter de circonscrire le mouvement coopératif pour mieux le comprendre. D'où notre travail ci-dessous relatif à la genèse coopérative, appréhendée sous l'angle étymologique, puis sous l'angle historique et enfin sous un angle social, reliés entre eux par un regard en économie politique avec une lecture transversale genrée.

I. GENÈSE DU MOUVEMENT COOPÉRATIF

1. ÉTYMOLOGIE

Connaître l'origine et l'histoire des mots nous aide à mieux relier le passé et le présent (A. Rey, 2004). C'est pourquoi nous avons choisi d'expliquer les mots « coopérative », « coopération », « coopératrice », « coopérer » et « coopérateur », puis « économie sociale » tant les mots sont chargés de signification, de sens et nous remémorent les trajectoires historiques des concepts : « *Ce mot, nous croyons nous en servir, alors que bien souvent c'est lui qui nous entraîne – par la charge que l'histoire a mise dans les sons et les lettres. Les mots sont des accumulateurs d'énergie* » (*idem*).

Ainsi, « Coopérative, est un adjectif (1550) emprunté au latin *cooperativus*, repris en économie politique (1829) lors de la diffusion en France des idées de Robert Owen, par calque de l'anglais coopérative (1821). Son sens plus récent (1964) est un anglicisme qui signifie "qui est prêt à donner sa contribution". Coopérative a été substantivé (1901) par ellipse de société coopérative » (Le Robert, dictionnaire historique de la langue française, 2004). L'obligation faite aux membres, les coopérateurs et coopératrices, s'explique avec le verbe coopérer, quant à lui, qui provient de *cum*, qui signifie avec et « operare » : opérer. « La coopération, nom féminin, du latin *cooperatio, onis*, action de coopérer, de participer à une action commune, terme utilisé en théologie, rentré dans le langage courant en 1488, il a pris ultérieurement sa spécialisation économique en 1821 avec Robert Owen » (Grand Larousse en 5 volumes, 1993).

Les noms et adjectifs « coopérateur », « coopératrice » (1516) sont empruntés au latin « *cooperator* » qui signifie « *personne agissant et travaillant avec une autre* » (Le Robert, *op. cit.*). Le *coopérateur de Dieu*, introduit par la Réforme de Calvin en 1541, donne à constater une origine théologique. Ce *coopérateur de Dieu* attribue au coopérateur à la fois un engagement altruiste et une autonomie qui le libèrent du joug autoritaire divin en vue de réaliser une œuvre suprême, qui dépasse ses aspirations propres. Ce sens théologique évoluera dans le domaine général au XIXe siècle, puis en économie et politique au XXe siècle, sous l'influence de la publication du mensuel *The cooperator*, sous la direction de l'économiste anglais W. King, divulguant les idées de Robert Owen (*idem*).

L'inscription de la coopérative dans le champ d'économie politique nous est confirmée avec la définition de l'Encyclopédie Universalis : « *Groupement économique pratiquant la coopération, qui se distingue nettement des entreprises capitalistes, puisqu'elles ne recherchent ni le profit, ni la puissance maximale et qu'elles répartissent entre leurs membres le profit en fonction du travail fourni* » (1988).

Au XXIe siècle « la SCOP ou Société coopérative de production est une entreprise dont les salarié-e-s sont associé-e-s- majoritaires et prennent ensemble leur destin en main. Elles ou ils élisent ensemble leurs dirigeant-e-s en participant pleinement aux décisions, à la gestion de l'entreprise en respectant les principes coopératifs de démocratie économique » (Entreprendre au XXIe siècle, SCOP Entreprises, 2006). La notion d'engagement et de responsabilité se décline individuellement et collectivement en référence à un projet qui dépasse les besoins immédiats et s'inscrit dans le temps pour soi et

pour les autres. La coopérative de production est bien alors un lieu d'exercice d'action collective choisie délibérément. « La coopération apparaît à l'inverse de la compétition comme la capacité à rencontrer l'autre pour un échange réciproque et équilibré. Elle diffère de l'aide ou de l'assistance en considérant chaque interlocuteur comme égal en droit, en humanité et en capacité. Elle nécessite sur ces principes de reconnaître les différences comme une source d'enrichissement du travail commun » (H. Gouil, 1999).
La Société Coopérative de Production (SCOP) étant une entreprise de l'Économie Sociale, nous ne pouvons ignorer l'étymologie de sociale et d'économie.

L'adjectif « *social-e* » apparaît environ deux siècles après le nom société (1165), lui-même dérivé de *societas* : association, réunion, communauté. Vocable qui signifie « *fait pour la société, sociable* », dérivé de *socius*, compagnon associé (1355) ; le mot social revêt toute la dimension que nous lui connaissons aujourd'hui en 1557, et qui s'étend à la société, à la collectivité. L'adjectif se rapporte à ce qui a trait à la vie humaine dans une dimension collective (1741) puis politique, sous l'ascendance du contrat social de Jean-Jacques Rousseau (1761). En 1871, l'adjectif s'applique à ce qui est destiné à servir au bien de tous. Depuis la fin du XIXe siècle, il concerne les relations de la société (*Le Robert, op. cit.*). Là encore, l'association de personnes en vue d'un bien commun est délimitée. Il est intéressant de noter la progression et le lien établi entre l'individu et le collectif, et l'inscription là encore dans le champ politique.

L'Économie, nom féminin, en 1546, en provenance du latin *œconomia*, terme issu du grec *oikonomos*, signifie organisation, disposition. Dans un premier temps, son utilisation faisait référence à l'administration de la maison, ensuite à la gestion des biens appartenant à autrui. Au XVIe siècle l'idée de gestion en vue de limiter les dépenses inutiles est introduite et c'est au XVIIe siècle que la notion d'organisation de plusieurs éléments, de relation entre parties, en référence au latin est reprise (*idem*).

Si nous considérons les origines d'économie et de sociale, nous pouvons dire qu'il s'agit d'une organisation de relations sociales entre des personnes, dans un champ politique déterminé par un contrat social.

En conclusion, de cette partie étymologique, nous sommes susceptibles d'intégrer une dimension politique à la coopération et aux coopératives, à savoir la prise en compte de la question sociale, concernant les personnes associées (en tant qu'individu et en tant que groupe) dans un projet politique a-capitalistique mentionné dans un contrat social. Les relations existantes entre les personnes s'organisent librement autour d'un projet partagé dans le champ de l'économie sociale.

2. Contribution théorique de la pensée économique pour éclairer l'histoire coopérative

Sans prétendre à une quelconque exhaustivité, cette incursion généalogique guidée par Jacques Vallier (2005) nous amène à explorer quelque peu le déroulement historique de la pensée économique pour déchiffrer, concevoir, voire même alimenter des débats internes au mouvement coopératif en vigueur, à la lumière d'une économie politique.

Il nous sied de prendre acte de la naissance de la pensée économique en Grèce antique, avec une joute philosophique entre Platon et Aristote qui nous rappelle les joutes oratoires, passées et actuelles, au sein du mouvement coopératif, et de l'Économie Sociale. Les joutes actuelles gagneraient sûrement en qualité si elles intégraient ces questionnements philosophiques et politiques aux débats plombés par le poids économique et les luttes de pouvoirs humains. En effet, si Platon défend la propriété commune et s'oppose à tout échange marchand, dans une « Cité » idéale où le bien est collectif, Aristote, quant à lui, en prônant la propriété privée et l'échange marchand, introduit « *la valeur d'usage* » et « *la valeur d'échange* ». Entre les chantres d'un monde nouveau, prônant de nouvelles organisations de vie (phalanstères, familistère, communauté de vie, organisations apprenantes), et les chantres d'une réussite économique à tous crins, les oppositions des philosophes de la Grèce Antique sont toujours d'actualité. S'agit-il pour les SCOP d'ériger un nouveau monde (une Cité Idéale) avec des règles de fonctionnement propres et différentes du monde actuel et des mondes antérieurs (capitalistes et communistes) qui se sont tous ruinés ? S'agit-il de composer avec un monde en mutation profonde qui déclare vouloir être *un capitalisme social* ? Comment accompagner ce changement inhérent et inéluctable compte tenu de l'impermanence de l'Histoire ? Y a-t-il un ou plusieurs modèles possibles ? Quels modèles existent-ils ? Comment les faire vivre ?

Par ailleurs, si Aristote admet l'échange marchand et la circulation de la monnaie comme un « *art naturel d'acquérir* », il réfute « *la chrématistique* ». Cette accumulation sans limite de richesses est pour lui une cause de destruction des valeurs de la Cité et de la cohésion sociale. Ce postulat est censé être un dénominateur commun non seulement des entreprises coopératives, mais de toutes les organisations de l'Économie Sociale, qui placent l'économie au service des femmes et des hommes, en opposition avec les entreprises non coopératives. « *La maîtrise collective des excédents de gestion est le principe de base qui différencie l'entreprise collective de l'entreprise lucrative* » (D. Demoustier, 2001). De fait, l'effondrement d'Athènes au IVe siècle av. J.-C., mais aussi la banqueroute de la Grèce en 2010, tout comme les démonstrations des entreprises non coopératives, entreprises financiarisées actionnariales (Enron par exemple), qui ont appelé les codes et guides de bonne gouvernance d'entreprises, ont donné raison à Aristote. À partir de là, cette invitation à préserver les valeurs de cohésion sociale, qui sont les fondamentaux coopératifs pour les SCOP, dans un intérêt collectif partagé, nous semble primordiale au risque d'une crise morale et intellectuelle qui engendrerait une crise sociale et politique.

Selon Aristote, l'argent est un moyen d'échange, et non un moyen de profit, qui permettrait d'acheter une marchandise puis de la revendre à un prix plus élevé. Aristote explicite la circulation de la monnaie comme l'expression d'une valeur marchande et l'outil qui permet la circulation des marchandises. L'argent n'est donc pas une finalité en soi, mais un moyen qui permet aux personnes d'échanger d'autres moyens pour vivre. La monnaie revêt « *une dimension sociale et politique* » (D. Plihon, 2008). Ce principe nous rappelle un principe coopératif historique qui instaure la suprématie de l'Homme sur l'argent et refuse le contraire.

Aristote développera également la notion de « *valeur-travail* », débat concernant l'organisation du travail récurrent de nos jours, qui questionne les coopératrices et coopérateurs que nous avons rencontré-e-s. Nous entendrons leurs positionnements dans la partie de notre écrit intitulé « *Le management Coopératif* ».

La chute de la civilisation grecque et l'Europe du Moyen-Âge signe le recul des échanges commerciaux, avec le repli intérieur, soutenu par une église dominée par la pensée de Saint-Augustin et la Cité de Dieu ; avec un désintérêt pour le monde matériel, la société d'alors se désengage de la vie économique et sociale. Si certaines organisations de l'Économie Sociale et Solidaire sont empreintes d'une philosophie qui déconsidère l'argent et le monde matériel, point s'en faut pour les SCOP qui doivent veiller à sa circulation pour continuer l'aventure humaine.

Il faudra attendre le XIe siècle pour observer un nouvel essor économique, avec un redéploiement du secteur marchand, lié aux renforcements des pouvoirs politiques royaux et au développement de la monnaie, accompagné d'une nouvelle intrusion de la pensée d'Aristote en Europe. Cette nouvelle société continuera son expansion durant les deux siècles suivants et ne pourra laisser l'Église indifférente. C'est alors que Saint Thomas d'Aquin, au XIIIe siècle, définira une nouvelle société compatible avec les valeurs chrétiennes et renforcera la propriété privée, le commerce et acceptera même la notion de prêt avec intérêts, tout en consolidant la société médiévale faite d'équilibre entre noblesse et bourgeoisie. Les catholiques ont ainsi de nouveau droit de cité dans le monde économique avec les bénédictions du Saint-Père et du Roi.

Du XVIe au XVIIIe siècle, s'ensuivit la naissance du capitalisme commercial, marquée à la fois par la naissance de l'État moderne, et par un renouveau intellectuel humaniste et scientifique qui incite les personnes à la liberté intellectuelle pour comprendre le monde et lutter contre le dogmatisme exercé par l'Église. La réforme calviniste qui considère la richesse comme une bénédiction de Dieu renforcera le développement du *mercantilisme*, réglementé par l'État. Mais en 1516, Thomas More développe dans son ouvrage *L'Utopie* une critique sévère de ce système capitaliste anglais et propose « *un projet de société communiste* », dont se sont inspiré-e-s nombre de coopératrices et de coopérateurs ensuite.

À la fin du XVIIe siècle, le libéralisme économique fait son apparition et oppose des droits naturels économiques de l'individu qui ne sauraient supporter d'être gênés par une quelconque autorité, fût-elle celle du roi.

Le capitalisme s'installe en Europe sans entraves. Il se déploiera avec le capitalisme industriel à la fin du XVIIIe et début du XIXe siècle. Il se livrera à une poursuite de profits exponentiels au détriment des personnes employées à la production.

Face aux violences exercées sur les ouvrières et les ouvriers, face à l'accumulation de profits, centralisée dans les seules mains des propriétaires qui « possèdent » non seulement leurs entreprises, mais également les enfants, les femmes, et les hommes qui travaillent à l'intérieur, face à un capitalisme destructeur de vies et de dignité, un mouvement socialiste critique du capitalisme et de l'économie politique classique vit alors le jour. Ce mouvement donnera naissance à l'économie sociale qui s'inscrit, de par son objet, dans le champ de l'économie politique. Pour Léon Walras l'économie sociale, située à côté de l'économie pure et de l'économie appliquée, « *décrivait les phénomènes du travail, de sa rémunération, de la répartition des revenus* » (F. Espagne, 1997) et si pour Charles Gide (1890), l'Économie Sociale est un système mixte entre le privé, le public et la coopération ou le patronage, il s'agit pour les deux hommes « *de légitimer la complémentarité entre l'économie pure (science de la production de la richesse par la mobilisation de l'intérêt individuel, science des rapports aux choses) et l'économie sociale (science de la répartition de la richesse, de la justice sociale, du rapport des hommes entre eux)* » (D. Demoustier, 2001, *op. cit.*).

Les questions de Platon et d'Aristote resurgissent alors avec les penseurs du XIXe siècle et résonnent encore de nos jours. En effet, les débats internes contradictoires actuels entre Économie Sociale et Économie Solidaire semblent bien leur faire échos, de même pour les SCOP les débats sur l'appartenance, la participation à l'Économie Sociale, à l'Économie Solidaire, à des groupements d'entreprises non coopératifs, la transmission, le sociétariat...

3. Une triple filiation sous protection

Les premières expériences de coopération de travail en France sont recensées dans le Jura, au XIIIe siècle, avec les « *fruitières du Jura* ». Les producteurs y apportent le lait pour le transformer en fromage, assument ensemble sa distribution pour, au final, se partager les bénéfices au prorata de la quantité de lait fournie. Ce type d'organisation de travail n'est pas qualifié de coopératives mais est cependant établi à partir d'une pratique de coopération de production et de distribution. Nous pouvons donc l'admettre au titre de « précurseurs des coopératives » en attente d'une entité juridique coopérative qui reconnaîtrait la famille coopérative.

Des coalitions ouvrières à l'association ouvrière

La révolution de 1789 et la « loi Chapelier » (1791), interdisant les coalitions ouvrières, déclenchent une nouvelle forme de résistance. Les ouvrières et les ouvriers qualifié-e-s passent outre ses interdictions et organisent des ateliers de production, des sociétés de secours mutuels et des sociétés de prévoyance qui resteront clandestins jusqu'en 1884. À partir de 1830, la résistance populaire au capitalisme industriel s'auto-organise d'une part en associations de consommation, afin d'améliorer le pouvoir d'achat des ouvriers, et d'autre part en associations de production, propriété collective, pour améliorer les revenus et les conditions de travail des ouvriers. « *Dans les deux cas, il s'agit de s'approprier collectivement le rôle et le revenu de l'entrepreneur ou du marchand, considérés comme des intermédiaires "parasites"* » (D. Demoustier, 2001, *op. cit.*).

« *Le monde ouvrier prend conscience de deux échecs : échec de l'action politique lors de la Révolution de 1830 et échec de l'action revendicative et de la stratégie de négociations en 1831 et 1834 avec la répression de la révolte des Canuts, à Lyon* » (F. Espagne, 1997, op. cit.). Issues des luttes ouvrières au XIXe siècle, les coopératives se sont créées pour combattre la misère et l'exploitation et offrir responsabilité et autonomie aux personnes y œuvrant. Si « *le mouvement coopératif est la fille de la nécessité et de la misère* » (J. Gauthier, 2006), il est surtout, pour nous, l'incarnation courageuse d'une autogestion collective inscrite dans un projet économique et politique.

L'exode rural considérable, lié à l'industrialisation, désorganise les ouvrières et les ouvriers qui perdent leurs repères et leurs relations sociales loin de leurs territoires d'origine, isolé-e-s dans un monde culturel inconnu, obligé-e-s de travailler dans les villes pour survivre et qui sont à la recherche d'un eldorado qui s'avère très vite un enfer.

Des médecins, dont Philippe Buchez, compagnons de Fourrier et de Saint-Simon, s'offusquent des conditions de vie des ouvrier-ère-s et interrogent le rapport capital et force de travail. C'est bien à partir d'un constat, celui de la souffrance des ouvrières et ouvriers, que s'ensuivent des interrogations de fond sur le rapport capital/travail qui donneront naissance à de nouvelles organisations du travail : les associations ouvrières. Nouvelles entités juridiques, les associations ouvrières de menuisiers (1832), de bijoutiers (1834), sont les premières coopératives de production en France. Elles se construisent autour d'un projet collectif pour « *affranchir les salariés, en faisant disparaître l'hostilité qui existe aujourd'hui entre les chefs d'industrie et les ouvriers* ». Les associations ouvrières s'organisent avec des valeurs démocratiques autour des composantes « *capital-travail-talents* ». Ces composantes fédérées dans la démarche d'entrepreneuriat, seront déclinées en slogan du mouvement coopératif jusqu'à la fin des années 1960. Ces nouvelles formes d'organisations, indissolubles, sont basées sur la reconnaissance des compétences, *les talents*, évalués par les collègues de travail, des opératrices et opérateurs qui permettent et alimentent par leur travail accompli (grâce à leurs talents) un capital à l'organisation. Ces talents préconisent les compétences du XXe siècle. Le capital social appartient à l'association ouvrière et à elle seule : c'est la concrétisation du principe « *des réserves impartageables* » toujours en vigueur dans les SCOP qui assurent avec une admission perpétuelle d'associé-e-s, la pérennité des organisations. Bien entendu, sans les personnes réalisant la production au sein de l'entreprise, celle-ci ne saurait exister. C'est pourquoi, face à une exploitation démesurée de l'Homme par l'Homme, des socialistes humanistes se sont associé-e-s aux ouvrières et ouvriers pour réguler les conséquences d'une concurrence libérée d'un monde industriel moderne. La coopération est alors une pratique sociale qui illustre une théorie. Elle n'est pas un dogme. Elle résulte d'une recherche à plusieurs qui évite l'étroitesse d'esprit et ouvre des champs d'expérience plus vastes.

De l'association à la coopération

En 1848, la bannière associationniste des ouvriers soutient la révolution et s'allie avec les républicains. La fermeture des ateliers nationaux, ateliers de chômeurs, et non des ateliers sociaux ouvriers réclamés par les ouvrières et ouvriers parisiens, conduira, la même année, à une révolte réprimée et mettra un terme à cette tentative d'organisation collective pour remplacer les manufactures, tenues responsables des conditions de vie désastreuses des ouvriers et des ouvrières.

En 1867, la loi sur la coopération (voir 6, page 46) induit le libre choix et le contrat va suppléer l'association, qui à l'époque, renvoyait à une soumission de l'individu au groupe. L'entreprise coopérative s'organise autour des composantes « *capital-travail-talents* ». Les coopérateurs et coopératrices, salarié-e-s associé-e-s, sont des entrepreneur-e-s qui construisent un projet collectif et s'organisent avec des valeurs démocratiques. Essentiel, le contexte politique impacte l'économie sociale issue d'une convergence entre les tendances chrétiennes et socialistes du XIXe siècle.

Pour exprimer une identité commune, malgré la différenciation et les divergences qui émanent de part et d'autre, le terme « *économie sociale* » s'impose lors de l'Exposition Universelle à Paris en 1867.

La première fédération nationale de coopératives de travailleurs enregistrée dans l'histoire est la fédération française, établie en 1884.

Ces tensions n'empêcheront aucunement la tendance anarcho-syndicaliste du mouvement ouvrier français de militer pour une gestion collective comme celle appliquée à la Verrerie Ouvrière d'Albi qui rassemble la CGT et les coopérateurs. La Verrerie Ouvrière d'Albi est accompagnée par Jean Jaurès, qui appelle à l'union des syndicats et des coopératives (1895). De son côté, Jules Guesde, socialiste scientifique, a déclaré la coopération de production hors contexte socialiste (1879), considérant la recherche immédiate d'une amélioration de leurs conditions de travail par les ouvrier-ère-s comme une trahison à la lutte des classes.

Du côté politique, les soutiens furent nombreux, en particulier dans les années 1900-1930 avec le parti Radical qui partageait le slogan « *abolition du salariat* ». Mais à partir de 1930, les différents gouvernements de droite et de gauche qui se succèdent, adoptent une nouvelle démarche qui consiste à moderniser le salariat, à le border. Alors qu'elles avaient largement contribué au succès du Front populaire en 1936, les coopératives se retrouvent marginalisées, isolées par les accords de Matignon qui établissaient l'État providence et organisaient les conventions collectives, les congés payés, la sécurité sociale, les retraites... C'est en 1937 que la Chambre consultative des Associations ouvrières de production se transforme en Confédération générale des sociétés coopératives de production avec une décentralisation à travers des fédérations régionales.

En interne, à la fin des années 1950, la Confédération Générale des SCOP intégrait les communautés de travail constituées de militants syndicalistes chrétiens avec des idées proches de celles du communisme et ouvrait ainsi le mouvement corporatiste ouvrier réfractaire aux « curés et aux bourgeois » à de jeunes praticiens de la coopération.

De 1950 à 1970, le mouvement gaulliste a formulé son regret de ne pas voir le mouvement coopératif s'adapter aux grandes entreprises, « *les gaullistes de gauche* » souhaitant établir un nouveau modèle économique. Le gouvernement socialiste éprouvera le même regret en 1981.

La transformation du mouvement coopératif, lié aux évolutions de l'Économie Sociale, est à rapprocher du développement de l'enseignement de l'Économie Sociale au XIXe siècle, qui sort des cours de droit, et s'affiche comme le résultat d'une recherche interdisciplinaire, garantie d'une ouverture intellectuelle et d'un large état d'esprit. Charles Antoine, édite son cours d'économie sociale à Paris en 1914, dans lequel il expose l'économie sociale selon trois domaines de références : le droit naturel, la théologie et l'économie politique. Son objectif est de « *rechercher, déterminer les lois générales des sociétés* » car l'économie sociale est soumise aux lois de la morale et doit connaître son objet et rester fidèle à sa fin propre (C. Antoine, 1914).

Le renouveau de l'économie sociale propice aux SCOP

Après quelques décennies de silence, Henri Desroche, en 1977, réintroduit le concept d'Économie Sociale en France lors de son *Rapport de synthèse ou quelques hypothèses pour une entreprise d'économie sociale,* pour le Comité National de Liaison des Activités Mutualistes Coopératives Associatives (CNLAMCA), puis dans son ouvrage *Histoires d'économies sociales*, où il décrit une « *pluralité créatrice de travail, d'emplois, de sociabilité, de libertés équitables, d'équité libérante* ». La charte de l'Économie Sociale quant à elle stipule en 1980 : « *l'Économie Sociale est au service de l'homme* » et d'emblée affiche la prédominance de la communauté humaine, au cœur du système, contrairement à l'économie libérale privée qui privilégie le capital financier. Le rapport social et capital se trouve inversé et crée cette spécificité qui instaure une divergence essentielle entre une coopérative de l'économie sociale et une entreprise de l'économie capitalistique libérale (J. Defourny, 2010). Pourtant, les partenaires initiaux (coopératives de consommateurs, syndicats) se sont avérés de farouches opposants aux coopératives de production. D'une part, les coopératives de consommateurs refusent l'ouverture de la coopération salariale, d'autre part, les syndicats refusent « *les patrons-ouvriers ou petits bourgeois coopératifs* ».

Les années 1980-1990 furent les années de la reconnaissance de l'économie sociale en France et en Europe. Le droit reconnaît officiellement l'Économie Sociale en France par le décret du 15 octobre 1981, à l'initiative de M. Rocard, et la création en France de la délégation à l'Économie Sociale en 1981 ainsi que l'Institut de développement de l'Économie Sociale en 1983. En 1982, La loi Deferre sur la décentralisation, en donnant plus de pouvoirs aux collectivités locales, ouvrait aux SCOP de nouvelles perspectives.

En Europe, la prise en compte de l'économie sociale relève de la DGXIII et du Comité consultatif européen des coopératives, mutuelles, associations et fondations.

Ensuite, *« deux évolutions majeures ont caractérisé le mouvement. La première a trait à la professionnalisation des coopératives, la seconde est liée à la décentralisation »* (A. Antoni, 2000). Dans le mouvement, la décentralisation se met en place dès 1974 ; le Congrès des SCOP lance le réseau de relais-régionaux, via des délégué-e-s régionaux subordonné-e-s hiérarchiquement à la CG SCOP. Le Conseil National en 1984 décidait de placer les délégué-e-s régionaux sous la responsabilité des Unions Régionales. En 1985 un contrat de plan fut signé entre l'État et la CG SCOP.

Depuis 2000, de nouvelles formes de coopératives sont nées : les coopératives d'activités (CAE) d'après un rapport de la Caisse des dépôts et consignations en 1993, les Sociétés Coopératives d'Intérêt Collectif (SCIC) en 2001, et les Sociétés Coopératives Européennes (SCE) en date du 18 juillet 2003 du *Journal Officiel* de l'Union Européenne, applicable en France à partir du 18 août 2006.

La création d'un ministère délégué dédié auprès du Ministère de l'économie et des finances de 2012 à 2014 a contribué à la visibilité de l'Économie sociale et solidaire. La participation du Président de la CGSCOP à la commission temporaire créée par le Conseil économique, social et environnemental (CESE) dans le cadre de la préparation du projet de loi relative à l'économie sociale et solidaire a témoigné d'un intérêt pour les SCOP par le gouvernement. Qu'en sera-t-il après le changement de gouvernement opéré ? Quelle application de la loi ?

> La triple filiation : politique, économique et sociale, est un héritage transmis par des femmes et des hommes engagé-e-s dans un processus de recherche-action permanent. Pour cette raison, il nous importe de les présenter maintenant.

4. DES FEMMES ET DES HOMMES AUX PRATIQUES SOCIALES INNOVANTES

Au-delà de leurs divergences et de leurs différences, les femmes et les hommes à l'origine du mouvement coopératif partagent *« la recherche du bonheur, l'épanouissement de la personne humaine et la maîtrise de l'économie au bénéfice de l'homme »* (T. Jeantet, *op. cit.*). Leurs contributions à la recherche et à l'expérimentation de nouvelles formes d'entreprises sont pour nous des sources d'enseignements et des rappels pour des pratiques genrées équitables.

Le collectif de femmes, constitué par Désirée Gay, Jeanne Deroin, Louise Michel et Pauline Roland, participe à l'émancipation des ouvrières et des ouvriers en développant le mouvement coopératif dès 1848. De par leurs réflexions et leurs pratiques, elles ont initié un nouveau monde du travail instaurant de nouvelles relations entre les femmes et les hommes, dans de nouvelles organisations du travail mixte, malgré les oppositions et les harcèlements de leurs collègues hommes. Ainsi à Proudhon qui clamait « *l'atelier n'est pas fait pour les femmes !* », Jeanne Deroin avait répondu « *Changez les conditions de l'atelier, mais n'en chassez pas les femmes !* ». Par ailleurs, elles ont aussi initié des écoles et des centres de formation pour toutes et tous en vue d'instituer une éducation coopérative et technique pour une évolution des personnes et dans l'intérêt du collectif. Grâce à elles, le monde du travail s'élargissait et procurait l'occasion d'un développement personnel et collectif. La démocratisation de l'entreprise passait par une éducation indispensable de toutes les personnes, quel que soit le genre. Dès sa création, le mouvement coopératif a su saisir les enjeux de développement liés à la formation et mettre à disposition des écoles, des centres de formations, des conférences pour favoriser la coopération et la responsabilité.

Les femmes références dans le mouvement coopératif soulignent une autre différence avec le monde de l'entreprise non coopérative privée, dont les figures emblématiques appartiennent à une seule et unique minorité de l'humanité, masculine, avec Taylor, Ford...

Désirée Gay portera une pétition le 3 mars 1848 au gouvernement provisoire pour demander du travail et des secours pour les femmes qui revendiquent l'ouverture d'ateliers nationaux pour les femmes. Elle deviendra la responsable de ces ateliers.

Marie Moret (1840-1908), directrice des services de l'enfance et secrétaire de Jean-Baptiste Godin, est une des premier-ère-s associé-e-s de l'Association coopérative du Capital et du Travail dont elle est membre du conseil de gérance de 1880-1881. Elle est l'auteur de *Documents pour une bibliographie complète de J.-B. Godin* en trois volumes, 1901, 1902-06, 1910.

Louise Michel (1830-1905), fervente militante de la Commune et de l'éducation pour toutes et tous, y compris lors de sa déportation en Nouvelle-Calédonie auprès des enfants des déporté-e-s, puis dans les écoles de filles. Elle militera jusqu'à la fin de sa vie pour propager les idées de la Commune. Elle fut la secrétaire de la société de moralisation qui ambitionnait d'aider les ouvrières.

Pauline Rolland (1805-1852), militante du phalanstère de Boussac, en 1847, développe des idées modernes sur l'éducation. Elle crée, avec Jeanne Deroin et

Gustave Lefrançois, l'association des institutrices et instituteurs et professeurs socialistes qui promulgue l'égalité des sexes dans un programme d'éducation. Elle joue un rôle-clé avec Jeanne Deroin dans la création de l'Union des associations de travailleurs. Élue au comité central, elle sera déléguée des institutrices, ce qui lui vaudra d'être emprisonnée avec Jeanne Deroin, puis d'être déportée en Algérie en février 1852. Elle fut la secrétaire de la première association des coopératives en 1864. Elle s'est fait connaître pas ses écrits dans les journaux féministes. Elle dirige le cercle républicain des femmes (1848). Nous présenterons Jeanne Deroin et son modèle de coopération plus loin.

Des penseurs coopératifs en recherche action

Claude Henri de Saint-Simon (1760-1825) a mis en exergue la vertu de l'Homme au travail et considère le regroupement comme un moyen de socialisation. Il cherche à promouvoir « le *bonheur social* » à travers l'industrialisme, en opposition au libéralisme, créateur de bien-être pour la classe ouvrière. Il s'insurge contre les oisifs qui possèdent le pouvoir politique et vivent grâce au travail des ouvrier-ère-s et des chefs d'entreprise. Il propose une démocratie universelle et égalitaire dans l'entreprise, avec un droit d'usage et non de propriété des moyens de production, des réserves impartageables financées par les profits, une redistribution aux personnes qui produisent, un fonctionnement d'association et non de subordination concrétisé par un nouveau statut d'associé-e travailleur-co-entrepreneurs.

Ce projet a-capitaliste ressemble beaucoup au fonctionnement en cours des SCOP en 2011.

Charles Fourier (1772-1837), fervent défenseur du solidarisme rejoint les théories de Jean-Jacques Rousseau qui considère l'Homme comme naturellement bon et perverti par la société. Charles Fourier revendique une auto-organisation de la société et n'attend rien de l'État. Il exhorte les ouvriers à participer au capital de l'entreprise.

Pierre-Joseph Proudhon (1809-1865) plaide pour une société où les individus jouissent de la double qualité (producteur/consommateur, employeur/employé) et se soutiennent mutuellement. Grâce aux associations de consommation, les marges « *de la fourche à la fourchette* », slogan décliné aujourd'hui « *du producteur au consommateur* » se réduisent pour partager équitablement la production de produits vitaux en supprimant les intermédiaires. Cette politique accroît par ailleurs le pouvoir d'achat des associé-e-s. Les associations ouvrières de production quant à elles procurent aux associé-e-s des revenus plus décents que ceux proposés par les formes d'entreprises existantes alors. Une majorité de personnes au double statut d'associé-e/salarié-e est toujours nécessaire en SCOP.

Fréderic Le Play (1806-1862), catholique, défend les associations ouvrières et les secours mutuels. Il invite les patrons à gérer socialement les organisations, au nom des principes catholiques, pour améliorer la compétence des salariés : la Responsabilité Sociale des Entreprises, préconisée aujourd'hui.

Charles Gide (1847-1932), professeur à la Faculté de droit de Paris et au Collège de France, président du mouvement du christianisme social, ni libéral, ni socialiste, a tenté de créer une troisième voie vers « *la république coopérative* ». Pour lui, l'économie sociale est une alternative à l'économie libérale. Il a de ce fait contribué énormément à la reconnaissance institutionnelle de l'économie sociale. Il a créé l'école de Nîmes, en 1885, haut lieu de réflexion sur la coopération en France. C'est à Genève, lors de la conférence dénommée « Quatre écoles de l'économie sociale », que Charles Gide va développer un nouveau modèle : l'école nouvelle pour rassembler tous les économistes qui ne se rattachent ni à l'école libérale, ni à l'école catholique et souhaitent « *une orientation nouvelle des esprits* » (C. Gide, *op. cit.*). Cette école repose sur les principes :
- « *à chacun son rôle* », c'est-à-dire à l'individu tout ce qui est du ressort de la vie individuelle, à l'État, tout ce qui est du ressort de la vie sociale,
- « *la méthode de la science, car c'est tout simplement le chemin pour arriver à la vérité* » associe théorie, pratique et méthode historique pour rechercher les causes de l'existant.

L'étude des développements historiques des sociétés permet de chercher la chaîne qui relie les phénomènes d'aujourd'hui aux phénomènes d'autrefois, et les générations présentes aux générations passées.

La pratique de l'école nouvelle a pour objet de modifier l'Homme en modifiant d'abord le milieu dans lequel il vit, avec l'intervention de l'État, « *expression visible du lien invisible qui unit les hommes dans une même société* ». L'école nouvelle s'attache à tout ce qui change et souhaite participer au changement ; « *c'est le föhn qui souffle en ce moment dans le monde économique... C'est ce souffle nouveau qui fait fondre les vieilles doctrines...* ». Elle se définit comme « *l'école de l'égalité et de la solidarité* », les valeurs liberté, égalité et fraternité représentant l'idéal, alors que la solidarité est un fait. Charles Gide décline trois types de solidarité :
- la solidarité naturelle, individuelle,
- la solidarité volontaire, avec l'intervention économique de l'État ou la participation de l'individu aux obligations légales (service militaire, impôts...),
- la solidarité choisie militante.

Ces solidarités sont l'expression d'une coopération ou « *association pour la vie* » qui s'opposent à la concurrence ou « *lutte pour la vie* » (M. Penin, 1998).

Ces principes de solidarité définissent une nouvelle école économique qui se veut école d'une troisième voie, à côté de l'individualisme et du communisme.

En 1900, Charles Gide rédige un rapport sur l'économie sociale pour l'Exposition Universelle qui légitime la complémentarité entre « l'économie pure » c'est la science de la production de la richesse par la mobilisation de l'intérêt individuel (science des rapports des hommes aux choses) et « l'économie sociale » (science de la répartition des richesses, de la justice sociale, du rapport des hommes entre eux), avec une introduction du rôle de l'État qui légifère pour améliorer la condition ouvrière, selon Léon Walras (D. Demoustier, 1989 et 2001, op. cit.). Charles Gide s'est alors éloigné de l'alternative de « république coopérative » pour se rapprocher d'une économie plurielle qui accueillerait une nouvelle économie. C'est peut-être là le passage du projet purement politique et révolutionnaire à un projet réformiste et économico-social.

> Véritables recherches-actions, toutes ces idées et théories émanant d'observations à partir du terrain et d'engagements militants pour améliorer des conditions de vie et de travail seront expérimentées par les associations ouvrières et donneront vie aux travaux des théoricien-e-s précité-e-s.

5. Des modèles de coopération humanisés

Nous présentons ci-dessous par ordre alphabétique, par choix délibéré de non-discrimination, celles et ceux dont les noms furent associés aux six modèles de coopération répertoriés dans le tome 7 du *Nouveau traité d'économie sociale* paru en 1830 à Paris (Imprimeur et éditeur Sautelet et Compagnie) : le modèle Beluze, le modèle Buchez, le modèle Jeanne Deroin, le modèle Godin, le modèle Louis Blanc et le modèle Proudhon. Ce traité présente pour nous l'avantage de répertorier plusieurs modèles de coopération historiques qui montrent la diversité des modèles et explicitent les origines du modèle coopératif des SCOP que nous connaissons aujourd'hui.

Le modèle Beluze : pour la coopération inter-coopérative

Ce modèle rassemble les coopératives de travail, de consommation et de crédit. Ouvrier menuisier, Jean-Pierre Beluze (1821-1908) est le fondateur de la « Société de crédit au travail » (1863) à la fois caisse d'épargne pour le travailleur, société de crédit mutuel entre membres et banque de crédit et d'escompte. Son objet est de « *réunir les épargnes des travailleurs pour les prêter à d'autres travailleurs qui les fassent fructifier par le travail, l'économie et la prévoyance* ». Par ailleurs, son enquête à propos d'un dispositif international coopératif a abouti à « *porter sur les fonts baptismaux le label qui deviendra à partir de 1885, l'Alliance Coopérative Internationale* » (H. Desroche, 1989).

Le modèle Beluze a suscité de nombreuses caisses, banques mais il est très certainement aussi à l'origine des outils financiers coopératifs.

Le modèle Buchez : pour la coopération coopérative

Ce modèle œuvre pour une société fondée sur l'association ouvrière et un « *capital ouvrier* » commun. Philippe Buchez (1796-1865), disciple de Claude Henri de Saint-Simon (1760-1825) a mis en exergue la vertu de l'Homme au travail. Il considère le regroupement comme un moyen de socialisation et défend l'idée d'une société basée sur les associations ouvrières perpétuelles qui détiennent un capital social collectif. Il cherche à promouvoir « *le bonheur social* » à travers l'industrialisme, en opposition au libéralisme, créateur de bien-être pour la classe ouvrière. L'État-entreprise coordonne et redistribue les richesses.

C'est dans le journal *L'Atelier*, fondé par Philippe Buchez, que seront présentés trois modèles de statuts de l'association ouvrière, à l'origine des statuts SCOP.

Le modèle Buchez préconise un double engagement de constitution d'un capital commun indivisible abondé par des prélèvements annuels sur les bénéfices et l'élection d'une gérance par les travailleur-eus-s toujours en vigueur dans les SCOP.

Le modèle Jeanne Deroin : pour la coopération militante mixte

Avec *l'Union des associations ouvrières,* dont l'objectif était de créer des ateliers sociaux de métiers basés sur une organisation collective et mixte de production et de distribution, ce modèle ambitionne de pallier la paupérisation consécutive aux pratiques des manufactures capitalistes. En 1849, Jeanne Deroin (1803-1894) appelle à la création de la fédération des Associations ouvrières. Elle questionne les rapports au travail des femmes et des hommes et appelle à une solidarité mixte qui permettrait une autonomie financière aux femmes et les libérerait du joug patriarcal. Féministe avant-gardiste, elle veille à une équité des genres au sein des ateliers et associations. Accusée d'avoir conspiré contre le gouvernement, elle sera emprisonnée avec ses collègues initiatrices et initiateurs de la fédération, dont Pauline Roland (voir ci-dessous).
Le modèle Jeanne Deroin conforte la vision d'un projet politique collectif élargi des SCOP et la nécessité d'une organisation mixte fédérée dans un réseau.

Le modèle Godin : pour la coopération participative

Avec le familistère de Guise, ce modèle poursuit le but d'assurer le confort des salarié-e-s dans un esprit communautaire. Ainsi Jean-Baptiste Godin (1817-

1888) matérialise le projet de phalanstère de Fourier en instituant, dans un premier temps, des caisses de secours pour les ouvriers, puis en construisant le fameux familistère à Guise dans l'Aisne, entre 1860 et 1880. Le Palais Social à proximité du lieu de production, permettait aux salarié-e-s une vie communautaire confortable avec un logement décent, des services collectifs éducatifs, de santé et de mutuelles. « *Ne pouvant faire un palais de la chaumière ou du galetas de chaque famille ouvrière, nous avons voulu mettre la demeure de l'ouvrier dans un palais ; le Familistère, en effet, n'est pas autre chose, c'est le palais du travail, c'est le PALAIS SOCIAL de l'avenir* » (J. B. A. Godin, 1875). L'entreprise sera transformée en Association coopérative du Capital et du Travail en 1880 et continuera son activité de production sous forme de SCOP jusqu'en 1968.

Le modèle Godin articule la démocratie participative avec la formation et la prévention des risques psycho sociaux au travail en recherchant un développement économique et social équilibré dans les SCOP et pour assure des conditions de vie respectables pour les salarié-e-s et leurs familles.

Le modèle Louis Blanc : pour la coopération commanditée par l'État

Au sein d'associations ouvrières de production, dites « *ateliers sociaux* ». Louis Blanc (1811-1882) invite la fraternité à remplacer la concurrence sous la commande de l'État.

Le modèle Louis Blanc rappelle les interactions des valeurs coopératives avec les valeurs républicaines et les objectifs sociaux et sociétaux des SCOP et des SCIC.

Le modèle Proudhon : pour la coopération mutualisée

Ce modèle met en valeur la double qualité de consommateur/producteur, de l'acheteur/vendeur, du salariant/salarié, du commanditaire/commandité dans une société où « *les bons de circulation* » suppléent la monnaie. En effet, Pierre-Joseph Proudhon (1809-1865) plaide pour une société où les individus, jouissant de la « *double qualité* », se soutiennent mutuellement et réduisent, autant que faire se peut, les marges pour vivre le plus entremêlés et concourt au modèle de la coopération ouvrière des SCOP du XXIe siècle.

Le modèle Proudhon institue la double qualité en vigueur dans les SCOP et invite aux circuits courts réactualisés au XXIe siècle.
Chacun de ces modèles participe à sa manière au modèle de la SCOP que nous connaissons aujourd'hui. Ils nous rappellent ses origines multiples et éclairent la diversité des expériences que nous pouvons retrouver en 2010 à l'intérieur de chacune. Ces modèles sont des marqueurs de l'Histoire Coopérative qui reconnaissent le rôle essentiel de la personne humaine puisqu'ils se nomment

à partir des personnes qui les ont initiés. Érigé-e-s en actrices principales et acteurs principaux, ces modèles n'auraient cependant pas pu être exercés sans l'aide de toutes les personnes citées ici et celles inconnues qui ont également participé à l'Histoire coopérative et laissé leurs empreintes dans le mouvement et l'inconscient collectif coopératif ici et ailleurs. De la sorte, *Robert Owen* (1771-1858) co-créateur des villages communautaires au Royaume-Uni a développé l'intérêt économique des circuits courts, les AMAP d'aujourd'hui entre autres.

Remettre au goût du jour les origines éminemment politiques du mouvement coopératif pour les revisiter et les réinterroger à l'aune du contexte politique actuel nous semble vital pour alimenter cette « *utopie féconde, idéologie du mouvement coopératif qui permet d'innover le rapport des gens à l'entreprise* » (F. Espagne, 2007). Cette innovation fertile qui a fait ses preuves à des époques différentes et a su s'adapter pour répondre aux besoins des femmes et des hommes qui se voulaient libres, qu'en est-il à ce jour ?

> En conclusion, la genèse des coopératives nous rappelle la triple filiation des coopératives politique, économique et sociale, la résistance de femmes et d'hommes, connu-e-s et inconnu-e-s, à un système désavoué de servitude salariale et leurs réponses innovantes dans le monde du travail et dans un projet de société. Le projet coopératif comporte, de manière intrinsèque, un projet politique, au sens athénien du terme, puisqu'il participe à la vie de la cité en créant une activité, en participant à la vie économique et en développant un contrat social. Des modèles multiples ont créé de nouvelles organisations, qui elles-mêmes ont évolué au cours du temps. Pour notre gouverne, la coopérative ouvrière de production est née de plusieurs modèles associatifs, sous les tutorats de Buchez, Fourier, Deroin, Saint-Simon et Proudhon.
>
> La recherche d'un nouveau modèle d'entreprise, d'un système alternatif au système capitalistique libéral, voire pour certaines expériences d'un nouveau mode de vie (phalanstère, familistères, villages d'harmonie, communautés) dès le commencement des premières organisations, laisse à voir « *une économie impliquée* » (H. Desroche, 1983), une entreprise coopérative encastrée dans l'économie et le politique au service des citoyen-ne-s et des territoires. Les prémices d'un Développement Durable ont même été posées au familistère de Guise, tant sur le plan de la construction des bâtiments (utilisation de la chaux, ergonomie, orientations des bâtiments pour un chauffage solaire...) que sur le plan de la RSE (accès à la formation, à la culture, crèches et écoles, gestion du temps de travail) et d'un projet global (réduction des déplacements pour réduire la fatigue des personnes, programme d'éducation pour toutes et tous, accès à la culture...). La reconnaissance des genres et de leurs

complémentarités est un progrès social et politique édifiant et significatif à préserver dans le contexte actuel comme une denrée précieuse.

Des associations ouvrières, aux coopératives et aux SCOP, l'histoire coopérative est aussi jalonnée de dates-clés, qui laissent trace de l'évolution juridique des SCOP et renvoie à des contextes politiques et sociaux. Nous procédons donc maintenant à une rétrospective du droit coopératif français.

6. LES LOIS FONDATRICES

La loi L231-1 et suivante du 24 juillet 1867 du Code du commerce

La loi de 1867 détermine, pour toutes les entreprises à capital variable, les règles de la variabilité du capital qui permet d'augmenter ou de diminuer celui-ci sans enregistrement au registre de commerce, et la responsabilité durant 5 années, des obligations existant au moment de son départ pour l'associé-e sortant de la société. Cette loi autorisait, mais n'obligeait pas des procédures coopératives. Elle a apporté des réponses adaptées aux coopérateurs et coopératrices pour un contrôle des admissions et la double qualité avec un caractère nominatif et non négociable des parts de capital et la possibilité d'exclusion par l'Assemblée ; elle a aussi favorisé des réserves collectives impartageables en vue du remboursement du capital et préservé la prise de pouvoir par des investisseurs en limitant les augmentations de capital. Il était plus aisé de constituer une SCOP SA car la loi n'indiquait pas de montant minimal obligatoire, et elle laissait la possibilité d'établir des variations à l'intérieur de la structure des règles de fonctionnement pour la participation aux assemblées et pour les votes. Si la loi de 1867 offrait des solutions multiples aux coopératives, elle ne les codifiait pas et laissait ainsi un vaste champ possible d'interprétation et de mise en œuvre.

La loi particulière aux SCOP de 1915

La loi de 1915 est celle qui donne à la SCOP son premier statut légal et consacre l'appellation de Société Coopérative Ouvrière de Production. Très inspirée des idées de Charles Fourier, elle est favorable au droit de propriété privé. Elle parle de sociétaires et de la redistribution des bénéfices (au moins un quart) aux salarié-e-s, associé-e-s ou non. Elle rend possible une rémunération du capital. L'intérêt servi aux parts sociales est libre, sans aucun plafond. Elle a été conçue pour fixer les conditions de participation aux adjudications publiques et aux avances de l'État. L'appellation de SCOP a été adoptée vers 1937 par l'organisation représentative des SCOP et a supplanté celle d'association ouvrière avec l'avènement de la loi de 1947.

La loi de 1947, dite loi de Paul Ramadier, institue les statuts de la coopération

Les définitions et règles émanant des différentes lois spécifiques coopératives étaient hétéroclites et donnaient une vue d'ensemble plutôt incohérente de la coopération. Aussi, pour y remédier, deux tentatives d'un projet de loi unitaire et générale pour les coopératives, menées par Waldeck-Rousseau en 1893-1896 et Brunet, et la commission Matignon en 1927-1940 avaient précédé la loi générale du 10 septembre 1947 sur le statut général de la coopération.

L'Alliance Coopérative Internationale (ACI) avait, de son côté, mené un travail sur les principes coopératifs, qui servit de recommandation à la loi de 1947, dont le but était de donner un cadre de référence commun aux différentes familles sans abroger les règles particulières en vigueur.

Portée par Paul Ramadier, président socialiste du Conseil, ancien membre du conseil judiciaire de la Fédération des coopératives de consommation, la loi de 1947, concerne toutes les coopératives et complète les lois spécifiques à chacune des familles coopératives : coopératives agricoles, de consommateurs, marines, bancaires, de productions. Elle est à l'origine du statut coopératif. Elle ne se substitue pas aux lois particulières. Inspirée par le modèle de Rochdale, la loi de 1947 stipule l'objectif de produire dans des conditions qui soient le plus favorable possible avec le principe de la double appartenance et de la gestion de service et non de profit, et le principe démocratique avec le principe d'unicité des voix. Elle a le mérite de rassembler de fait les organisations coopératives, quel que soit leur champ d'activité, autour d'un socle commun de valeurs coopératives. Elle incorpore les principes coopératifs au droit français et consolide les us et coutumes des familles coopératives qui avaient été intégrés dans les lois particulières. Les coopératives ne peuvent pas être reconnues coopératives sans être sociétés. Elles ont obligation de mentionner leurs doubles qualités de SCOP SARL ou SCOP SA.

7. LES LOIS DE MODERNISATION ET DE RÉNOVATION

La loi du 19 juillet 1978 loi n° 78-763

La loi de 1978 est la loi fondamentale des SCOP, loi d'identité des SCOP (*Guide juridique des SCOP*, 2003) qui a été suivie et accompagnée par la CG SCOP durant quatre ans en vue de maintenir les intérêts du mouvement coopératif. Elle résulte d'un choix idéologique en faveur des idées de Buchez avec un sociétariat fort et des réserves impartageables. Elle spécifie qu'une Société Coopérative Ouvrière de Production est une société à capital variable sous forme de SARL ou SA, régie par le Code du commerce. Cette loi identitaire permet une accessibilité plus aisée au sociétariat, avec une candidature validée en Assemblée générale à la majorité simple au lieu d'une ratification au 2/3 auparavant. Les principes coopératifs de double appartenance lient le contrat de travail au sociétariat et précisent que le sociétariat peut être rendu obligatoire. Pour finir, elle améliore la protection sociale des dirigeants, protection qui sera consolidée par une directive de l'UNEDIC (n° 31-94) du 23 septembre 1994.

La loi de 1983

Cette loi permet aux SCOP SA l'émission de titres participatifs.

La loi de 1985 : une entorse aux principes coopératifs

La loi de 1985 ouvre le capital des SCOP à des investisseurs extérieurs avec un droit à intérêt prioritaire et des voix proportionnelles à leur capital, dans une limite de 50 %. Cette entorse aux principes coopératifs qui abolit la règle « une personne = une voix », a été abrogée et remplacée par la loi de 1992. Cette loi se voulait en réponse aux difficultés de la Verrerie Ouvrière d'Albi (VOA) dont le Comité Interministériel de Restructuration Industriel (CIRI) menaçait d'interrompre le financement. Or cette loi de 1985 s'est soldée par un échec pour la VAO car elle n'a pas permis de trouver les investisseurs extérieurs escomptés, hormis la Confédération Générale des SCOP qui ne pouvait assurer seule la mobilisation importante de capitaux nécessaires. La CG SCOP n'a alors pas pu s'opposer à la demande du seul investisseur candidat qui demandait la sortie du statut coopératif. Cette loi de 1985 a été « *la fossoyeuse de la VOA* » (F. Espagne, 2007, *op. cit.*).

Négociée par une minorité confédérale pour tenter de sauver la VOA, cette loi est un rappel de la nécessaire adhésion de la majorité des acteurs à une modification ou à une évolution juridique ; elle est un douloureux souvenir d'une démocratie bafouée.

De plus, cette expérience tend à pointer une difficulté à concilier une structure coopérative et un mécanisme capitaliste.

Les mouvements coopératifs, sauf bien sûr la CG SCOP, et le gouvernement n'ont pas su tirer des enseignements coopératifs de cette histoire puisqu'ils ont repris cette disposition pour l'intégrer dans la loi de 1992 régissant toutes les familles coopératives, au risque de vider de sa substance le mouvement coopératif. Le mimétisme envers le capitalisme n'avait pourtant pas été une réussite.

Cette possibilité d'actionnaires externes peut être considérée comme « *une entorse aux principes coopératifs* » selon François Espagne puisqu'elle contredit les principes coopératifs fondamentaux de loi de 1947, à savoir la double qualité, et la gestion a-capitalistique et l'égalité des sociétaires. Elle accentue la possibilité de non-coopérateurs et coopératrices tel-le-s que défini-e-s, à savoir associé-e-s et salarié-e-s.

La révision coopérative apparue dans cette loi sera reprise dans un arrêté relatif à la révision coopérative le 29 mars 1989.

La loi de 187

Cette loi offre la possibilité aux SCOP d'émettre des certificats coopératifs d'investissement pour les coopératrices et coopérateurs.

La loi n° 92-643 du 13 juillet 1992, loi de modernisation des Coopératives

C'est une loi de réforme des lois de 1947 et de 1978, une loi d'instrumentation (*Guide juridique des SCOP, op. cit.*) qui portent entre autres points sur :
- *la dénomination* : société coopérative de production, avec la possibilité de maintenir la dénomination antérieure de la société coopérative ouvrière de production ou société coopérative de travailleurs,
- *le capital social* : de 2000 à 20 000 francs pour une SARL et 10 000 à 120 000 francs pour une SA, la possibilité d'apports de capitaux extérieurs minoritaires,
- *la constitution de groupes coopératifs* rassemblant les coopératives mères et les filiales,
- la révision coopérative,
- la possibilité sous certaines conditions très strictes de transformer les coopératives en sociétés de droit commun.

Mais ce qui la caractérise aux yeux de certain-e-s coopératrices et des coopérateurs comme une loi de « *désidentification coopérative* » (F. Espagne, 1996, *op. cit.*) est la possibilité de faire appel à des capitaux externes par des associé-e-s, personnes physiques ou personnes morales, sous réserve de limites financières (50 % du capital) et de limites des droits de vote (35 % des voix), même si cette règle préserve la majorité du capital et des voix aux associé-e-s salarié-e-s. La coopérative peut à tout moment décider du remboursement du capital d'un-e associé-e externe non employé-e selon les règles statutaires, soit par l'organe de décision (gérant-e, conseil d'administration ou comité directeur) soit par la majorité simple (51 %) ou la majorité qualifiée (2/2 dans les SA et ¾ dans les SARL). L'associé-e externe, associé-e de second rang, perd sa qualité d'associé-e dès le remboursement effectif, sans pouvoir s'opposer à la décision.

La loi de 92 est une loi de « *désidentification coopérative* » (*idem*) parce qu'elle a supprimé la notion de prééminence de la loi générale de 1947. Elle traduit une unification de la pensée d'un système capitaliste, partagée par l'État. Suite à la disparition de grandes coopératives, c'est une réponse aux plaintes de coopératives concernant leurs insuffisants moyens financiers et le développement de leurs capitaux propres. Réponse qui modifie, selon nous, le sens de la coopération : la coopération devient un objet d'une entreprise comme les autres et non plus un projet intrinsèque. La recherche financière a eu raison du projet politique dans les années 1990. Le mouvement n'a pas su créer des outils coopératifs suffisants pour éviter un mimétisme capitaliste qui s'est avéré, fort heureusement, quasi inopérant. Cette loi préserve malgré tout la majorité aux associé-e-s salarié-e-s de la coopérative.

Selon le principe de la primauté des lois particulières sur les lois plus générales, les SCOP sont régies prioritairement par :
- la loi particulière aux SCOP du 19 juillet 1978 modifiée par la loi du 13 juillet 1992 ; cette loi a remplacé la loi modifiée de 1915 ; le statut général de la coopération de la loi de 1947 a été modifié par la loi de 1992,
- les dispositions générales du *Code Civil* applicables aux sociétés : la loi du 24 juillet 1867 sur les sociétés à capital variable par exemple, la loi du 24 juillet 1966 sur les sociétés commerciales et la loi du 4 janvier 1948 sur les sociétés civiles.

D'autres textes ont trait au fonctionnement des SCOP tel celui fixant les conditions d'établissement de la liste des SCOP (décret n° 79-376 du 10 mai 1979 abrogé le 10 novembre 1993), celui relatif à la reconnaissance de la qualité de société coopérative ouvrière de production (décret 93-1231 du 10 novembre 1993), aux parts sociales émises (décret n° 79-67 du 18 janvier 1979), et souscrites par les salarié-e-s (décret n° 79-558 du 27 juin 1979), l'épargne salariale (décret n° 887-554 du 17 juillet 1987) et plus particulièrement la participation, l'intéressement et l'actionnariat salarial, la taxe professionnelle (instruction du 25 mars 1993 du SLF), l'article 54 du code des marchés publics attribuant un droit de préférence aux SCOP puis la loi sur les SCIC en 2001 et celle sur les Sociétés Coopératives Européennes en 2003.

En conclusion de l'histoire juridique des SCOP, nous pouvons entrevoir un droit français coopératif quasi autonome car d'une part, il se construit et s'interprète selon les principes coopératifs (voir le statut légal) et d'autre part, la SCOP est une société *sui generis* qui se distingue du genre de la société commerciale. La SCOP est assurément une identité singulière de production, *une entreprise genrée coopérative*, pourrions-nous dire.
Cependant, le caractère dommageable constaté est l'absence d'autosuffisance du droit coopératif qui se voit encore dans l'obligation de se référer au droit des sociétés en tous genres. Devant l'absence de réponses à des situations de fonctionnement des SCOP, les lois régissant les SA ou SARL sont considérées

comme globalement applicables aux SCOP, sous condition de demeurer conformes aux règles du droit coopératif.

La jurisprudence coopérative à l'égard des SCOP est relativement faible de par le petit nombre de litiges enregistrés auprès des tribunaux sur l'application de la loi 1978. Ceci résulte, entre autres causes, d'une clause dans les statuts des SCOP obligeant une consultation en premier lieu de la Commission d'arbitrage de la Confédération, en cas de litiges à l'intérieur d'une SCOP ou entre plusieurs SCOP.

L'insuffisance du droit coopératif impose une vigilance extrême et un travail de veille juridique à la CGSCOP pour continuer le projet d'obtention d'un droit coopératif autosuffisant dans une juridiction plurielle et éviter la contamination des SCOP par le droit des sociétés capitalistes non coopératives.

Nous continuons cette première partie avec une radioscopie actuelle nationale et régionale (Rhône Alpes) des SCOP.

II. RADIOSCOPIE NATIONALE ET RÉGIONALE DES SCOP

INTRODUCTION

Afin d'appréhender au mieux le terrain, nous présentons d'abord l'état national puis, l'état de la région Rhône-Alpes pour que les lecteur-trice-s aient une vue d'ensemble des SCOP. Ensuite, nous exposerons les institutions politiques et techniques des SCOP, pour ensuite introduire les 16 SCOP du terrain d'étude.

Ce travail de recensement national et régional a pu être réalisé grâce à un travail de recherche spécifique réalisé avec la contribution de Corinne Lefaucheux et Jean-Baptiste Nivet, du service de documentation de la Confédération générale des SCOP (CGSCOP) de 2007 à 2013 complémentaire aux données statistiques du portail « SCOPENTREPRISES » (http://www.scop.coop), du dossier intitulé *1996-2006 : 10 ans de croissance* dans les numéros 622 de la revue *Participer* de mars-avril 2007. Ces résultats statistiques émanent des analyses de la centrale des bilans de la Confédération Générale des SCOP qui, chaque année, traite les dossiers déposés par les SCOP pour l'inscription sur la liste ministérielle en vue de la reconnaissance du statut coopératif. Ces dossiers permettent une analyse des données démographiques, économiques, sociales et statutaires des SCOP.

Tous les ans, en effet, la Confédération Générale des SCOP examine les déclarations effectuées par les SCOP avant de transmettre la demande d'inscription au ministère de l'emploi. Elle pré-valide en quelque sorte les dossiers. Les chiffres-clés 2012 résultent de l'étude des données économiques des données démographiques. Les données démographiques sont issues d'un questionnaire annuel et reflètent les chiffres de l'année 2012. Quant aux données économiques, elles sont saisies à partir de la liasse fiscale produite par les SCOP adhérentes ; les nouvelles SCOP (n'ayant pas encore déposé de liasse fiscale) et les SCOP en situation de liquidation ne sont donc pas comptabilisées. Les données démographiques sont issues de la base de données de la CG SCOP arrêtées au 31 décembre 2012. Certains légers écarts peuvent être constatés entre les données globales par secteur ou par métier en fonction de la qualité des éléments fournis par les Scop.

1. Une radioscopie nationale

À la fin de 2012, selon la centrale de bilan de la CG SCOP, 2 165 SCOP, dont 161 SCIC, sont répertoriées, dont environ 75 % de SARL et 25 % de SA. Elles étaient 1 893 fin 2009.

Elles rassemblent 43 860 salarié-e-s, 39 107 salarié-e-s en 2010, 39 893 en 2009. Si nous incluons le nombre des salarié-e-s des filiales non coopératives, basées en France ou à l'étranger, rattachées à 150 SCOP françaises, nous pouvons estimer le nombre d'emplois relatifs aux SCOP à plus de 50 000 emplois. Les 248 nouvelles SCOP de 2012 ont créé 1 600 emplois. Les SCOP continuent de se développer depuis 15 ans avec une progression constatée de 6 %, 1,6 % pour 2009, de 4,2 % pour 2010 et une augmentation de 3,8 % d'emplois en 2012, 1,2 % d'emplois en 2009. Sur 2010 une baisse d'emplois de 2 % avait été enregistrée. Leur taille moyenne est de 20,3 personnes.

Nous avons porté notre attention sur les dernières statistiques disponibles, c'est-à-dire celles de 2012 qui présentent les résultats de l'exercice des SCOP adhérentes. Les SCOP réalisent un chiffre d'affaires de 3,9 milliards d'euros, une valeur ajoutée de 1,8 milliard d'euros et 130 millions d'euros d'excédents nets de gestion. Elles ont consolidé leurs fonds propres de + 1,271 milliard € (soit +3,5 % en un an) en attribuant 44,1 % de leurs résultats aux réserves impartageables.

TABLEAU N° 1

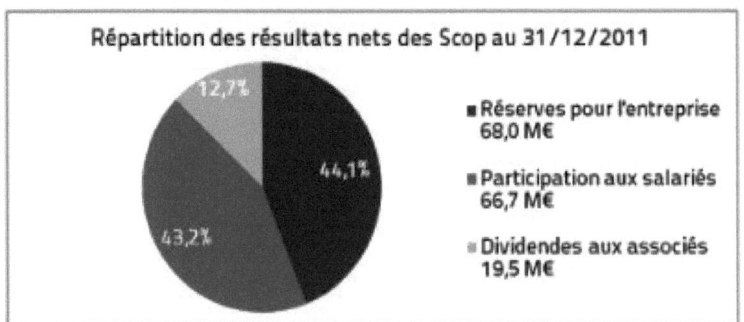

Source : http://www.les-scop.coop/site/fr/leschiffres-cles

Les SCOP sont moins défaillantes que les autres entreprises françaises puisqu'elles accusent une variation de − 6,7 % entre 2006 et 2009, contre + 34,2 %. Elles sont aussi plus pérennes sur une période de 5 années, avec 66,1 % de SCOP pérennes sur 5 ans au lieu de 50 % d'entreprises capitalistes ; sur une période de trois ans le taux de survie en SCOP est de 82,5 % alors qu'il est de 66 % pour la moyenne nationale des entreprises françaises (Source Insee). Au-delà de 20 ans, 22,6 % de SCOP devancent la moyenne nationale de 18,2 % (Source Diane).

Les données démographiques prennent en compte les chiffres de l'année 2012. En France, les SCOP totalisent 43 860 salarié-e-s hors filiales dont 23 371 salarié-e-s sont associé-e-s. Les 248 SCOP créées en 2012 (208 en 2010, 166 en 2009 et 198 en 2008) ont généré plus de 1 600 emplois. Le taux de sociétariat à plus de 2 ans est égal à 80 %.

La taille moyenne de 20,3 personnes par SCOP dissimule une grande diversité de positions. En effet, les petites SCOP de moins de 10 salarié-e-s représentent la majorité en nombre de structures avec 59,4 % et seulement 11,1 % des salarié-e-s. À l'inverse les 8,5 % de SCOP de 50 salariés et plus pèsent pour 57,1 % en nombre d'emplois. Les moyennes SCOP, qui rassemblent de 10 à 49 salarié-e-s, présentent une analogie statistique puisqu'elles regroupent 32,1 % de SCOP et 31 % d'emplois.

En 2012, 248 nouvelles SCOP sont créées par 1 920 co-entrepreneurs. Ce chiffre est supérieur à la moyenne annuelle sur les quatre dernières années (217 créations). Ces nouvelles entreprises résultent de créations *ex nihilo* d'entreprises (70 %) de transformations d'associations (15 %), de transmissions d'entreprises saines (10 %) et de reprises d'entreprises en difficultés (5 %). Sur 4 ans (2008-2012), ce sont 870 nouvelles SCOP et SCIC qui ont été créées avec l'appui du réseau des SCOP.

Aujourd'hui 10 grandes SCOP (en 1996 deux grandes SCOP) :
- *ACOME,* avec 1 096 personnes, travaille dans le secteur du câble, de la fibre optique et des systèmes de chauffage. Son siège est basé à Paris et son usine à Mortain (50),
- *UTB*, Union Technique du bâtiment est une SCOP créée en région parisienne en 1933. Elle emploie aujourd'hui 880 salarié-e-s, dont 1/3 sont associé-e-s et œuvre en plomberie, couverture, étanchéité, climatisation et en restauration de monuments historiques,
- *EBS Le Relais,* en Nord Pas de Calais avec 673 salarié-e-s
- *SCOPELEC,* avec 619 salarié-e-s à Revel (31) construit des infrastructures pour Télécoms et installe des solutions pour entreprises,
- LS Service avec 608.
- Puis L'Audacieuse 477, GAT 464, Coopaname 451, ANER 414, ECF CER CA 400

Les moyennes SCOP, c'est-à-dire celles qui oscillent entre 10 et 49 salariés représentent un peu plus du tiers d'emplois au niveau national. Quelques exemples de SCOP notoires :
- *la Verrerie Ouvrière d'Albi*, avec Jean Jaurès, a prouvé la possibilité d'une nouvelle organisation du mouvement ouvrier. En revanche, elle n'a pas résisté aux difficultés financières sous forme coopérative ; le mouvement n'a pas pu mobiliser suffisamment de fonds et la société fut rachetée, avec l'aval des salarié-e-s, qui pensaient ainsi sauver leurs emplois en 1989.
- *Chèque déjeuner*, créée par des syndicalistes sous forme de coopérative de consommation en 1964, transformée en SCOP en 1972, compte plus de mille salarié-e-s. Son métier d'origine, l'émission de chèque-restaurant, a été développé avec les chèques Domicile, Lire, Culture, Cadhoc et Domicours. Le modèle a été exporté dans huit pays européens à travers une trentaine de filiales. La gestion des filiales questionne le modèle coopératif et pourrait être l'objet d'une recherche ultérieure, de même que la place des syndicats dans la SCOP. Le modèle économique et la transmission sont aujourd'hui questionnés.

Mentionnons d'autres SCOP de plus petites tailles mais qui n'en sont pas moins connues et reconnues du grand public : l'Imprimerie Nouvelle à Marseille et Paris, Alternatives Économiques, Le Moulin Roti en Bretagne, le Théâtre du Soleil à Vincennes, Ethiquable en Ariège, Alma, Ardelaine, La Cité de la Création, Terres Vivantes en Rhône-Alpes.

2. LES SECTEURS D'ACTIVITÉ PROFESSIONNELS

En France, les SCOP se répartissent en 7 secteurs d'activité. Les trois secteurs fondateurs et historiques du mouvement coopératif sont le Bâtiment Travaux Publics, la Métallurgie et la Communication. Les autres secteurs, plus récents, sont les prestations de services matériels, les prestations intellectuelles et culturelles et les autres secteurs comme la promotion des arts ou les courses nautiques. Les SCOP des trois « nouveaux » secteurs, de taille plus petite, à forte valeur ajoutée, se développent depuis les années 1980. Très performantes, elles rassemblent des salarié-e-s de formations supérieures, engagé-e-s et fortement responsabilisé-e-s. Elles répondent aux demandes exponentielles sociétales de services en tous genres : conseil, culture, formation, informatique, loisir, service aux personnes, service de proximité...

Les SCOP peuvent exercer dans la quasi-totalité des domaines professionnels, compte tenu de la réglementation de l'exercice de certaines professions par un code spécifique sectoriel, qui pose un cadre de gouvernance spécifique. Ainsi, si les SCOP d'architectes ou de géomètres peuvent intégrer des associé-e-s ingénieur-e-s, secrétaires, informaticien-ne-s, dessinateur-trice-s, les architectes et les géomètres inscrits à leur ordre professionnel doivent détenir le maximum de capital et de sièges au conseil d'administration. Les lamaneurs et autres professions libérales sont également réglementés par leurs corps de métiers.

Par contre, la législation relative à certaines activités, ou une incompatibilité entre l'organisation interne de la société (pouvant être utilisée par les associé-e-s) et la forme, leur interdit de fait le statut SCOP. Ainsi, les cabinets d'avocats, de médecins, de notaires ne peuvent prétendre au statut SCOP (*Le droit des sociétés coopératives de production*, 2003). En 2012, ce sont 36 % dans les services de toutes natures, 25 % dans le BTP et 18 % dans l'industrie en 2012.

3. UN ÉTAT DU CAPITAL ET DU SOCIÉTARIAT NATIONAL

En 2008 le capital social total des SCOP s'élève à plus de 205 millions d'euros (205 555 869 €) et affiche une augmentation de 1,6 % en un an et de 27,5 % sur 5 ans.

En 2009, il est de plus de 203 millions d'euros (203 463 504 €). Ce capital se répartit entre les salarié-e-s associé-e-s (87 %), les associé-e-s ex-salarié-e-s (7 %) et les associé-e-s externes (6 %).

Le collège des associé-e-s salarié-e-s totalise donc 94 %, selon la règle expliquée auparavant.

Le taux de sociétariat pour les salarié-e-s était de 53 % en 2008 et en 2009 de 58 %. Le taux de sociétariat à plus de deux ans était de 89 % en 2008 pour 87 % en 2009. En 2012 il est de 80 %.

TABLEAU N° 2

Population entreprises et emplois	
Coopératives adhérentes	2 165
Dont Scop	2 004
Scic	161
Salariés (hors filiales)	43 860
Nombre d'associés-salariés	23 371
Pourcentage salariés associés après 2 ans d'ancienneté	80 %
Taille moyenne (salariés)	20,3

Principaux agrégats financiers	
Chiffre d'affaires	3,9 milliards d'€
Valeur ajoutée	1,8 milliards d'€
Résultat net	+ 130 millions d'€

Source : http://www.les-scop.coop/sites/fr/les-chiffres-cles/

Pour maintenir le pouvoir des salarié-e-s au sein des SCOP, le nombre d'associé-e-s importe au mouvement, bien plus que le montant du capital, car il s'agit de maintenir un système démocratique à l'intérieur de l'organisation.

De nouvelles dispositions pour inciter les plus jeunes salarié-e-s à devenir associé-e-s, et plus particulièrement les femmes, devraient être étudiées pour stabiliser le capital lors du départ des plus de 55 ans. Certaines SCOP récompensent le risque encouru par l'associé-e en attribuant un pourcentage de dividendes plus élevé que d'autres, c'est-à-dire qu'elles votent :
« *30 % de dividendes pour marquer la différence associé-e-s salarié-e-s, pour impliquer plus les associés* » (M) et pour inciter les non associé-e-s à le devenir.

4. UNE LECTURE GENRÉE DU CAPITAL SOCIAL À ÉTUDIER

Si nous effectuons une lecture genrée du tableau ci-dessus, nous pouvons remarquer que les femmes salariées sont moins nombreuses que leurs collègues hommes (entre 20 % pour les moins de 26 ans, jusqu'à 29 % pour les 26-40 ans, 28 % pour les 41-55 et 23 % pour les plus de 55 ans). En tant qu'associées salariées, elles sont encore moins nombreuses comparativement aux hommes et leur pourcentage de capital est inférieur au pourcentage de leur sociétariat. Nous notons également une déclinaison de leur présence au-delà de 55 ans. Les femmes représentent presque 20 % des sociétaires salarié-e-s (19,75 %) et possèdent collectivement 16 % du capital social des salarié-e-s. Le pourcentage de femmes en nombre de personnes est identique depuis 2006 alors que le pourcentage du capital est en baisse depuis 2007, puisqu'il a perdu 1 % (cf. tableau n° 3, ci-dessous).

TABLEAU N° 3 :
LES FEMMES ASSOCIÉES SALARIÉES EN SCOP EN 2009

TRANCHE D'ÂGE	% SALARIÉE	% ASSOCIÉE SALARIÉE	% CAPITAL
- 26 ANS	20 %	13 %	8 %
26-40 ANS	29 %	24 %	22 %
41-55 ANS	28 %	23 %	18 %
+ 55 ANS	23 %	19 %	16 %

Source : l'auteure, d'après statistiques CG SCOP.

Une étude spécifique permettrait d'actualiser les données et de tenter de comprendre pourquoi les associées femmes sont moins nombreuses (en regard de leurs nombres) et possèdent moins de parts de capital. Si les secteurs d'activités historiques des SCOP étaient réputés plus « masculins », qu'en est-il au XXIe siècle avec le développement du secteur des services ? Nonobstant cela, ce tableau ouvre des questions : leurs qualifications sont-elles inférieures à celles des hommes ? Leurs salaires sont-ils des bas salaires ? Le temps partiel expliquerait-il un prélèvement sur salaire inférieur qui doterait moins le capital ? Quid des murs, plafond et sol de verre en SCOP même si les statistiques nationales démontrent une avancée de la question dans le mouvement ?

5. UN SYSTÈME COOPÉRATIF : DU LOCAL AU GLOBAL

Quelle (s) que soi (en) t leur (s) taille (s), leur (s) activité (s), leur (s) origine (s), les SCOP partagent les valeurs et les principes coopératifs définis par l'Alliance Coopérative Internationale (ACI) dans la Déclaration sur l'Identité Coopérative Internationale. Elles sont donc partie prenante du système coopératif, composé de strates locale, départementale, régionale, nationale, européenne et internationale. Nous avons choisi de visiter le système coopératif à partir de l'organisation internationale, qui rassemble toutes les coopératives, puis celle de l'Europe avec deux organisations qui sont Cooperatives Europe (ACI Europe) et CECOP. Ensuite, nous verrons l'organisation nationale en France, soit la Confédération Générale des SCOP, pour terminer avec l'organisation régionale que nous nommons « Union Régionale des SCOP ». Nous n'intégrons pas dans ce schéma (cf. schéma n° 1, ci-dessous) les organisations sectorielles représentées par les trois fédérations du BTP, de la communication et de l'industrie dans un souci de représentation générique et non dans un rejet, d'autant plus que nous considérons ces organisations avec grand intérêt, au vu de nos expériences pratiques de tentatives de regroupement national des SCOP de formation. La dimension collective la plus micro restant celle de la SCOP elle-même, que nous développerons ultérieurement.

SCHÉMA N° 1 :
LES INSTITUTIONS POLITIQUES ET TECHNIQUES DES SCOP

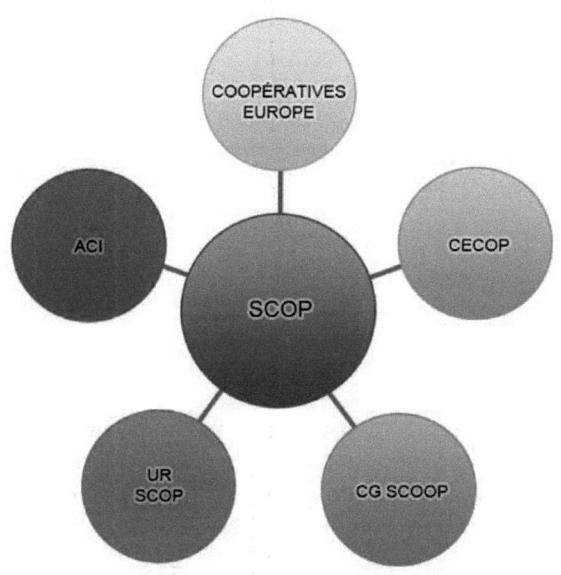

Source : l'auteure, 2011.

L'alliance Coopérative Internationale (ACI)

Cette dernière défend depuis 1895, année de sa création à Londres, les valeurs et les principes coopératifs au niveau international, réaffirmés en 1995 à Manchester. Son siège se trouve à Bruxelles.

Forte de ses 230 organisations membres, présentes dans plus de 100 pays et représentant 760 millions de personnes, l'ACI a été l'une des premières Organisations Non Gouvernementales à obtenir un statut consultatif auprès des Nations Unies et auprès de son Comité Économique et Social (ECOSOC). Elle entretient aussi des relations étroites avec le Bureau International du Travail (BIT), qui se sont concrétisées, notamment, par l'adoption en juin 2002 de la Résolution 193 du BIT, dont l'objet est la promotion des coopératives, et la conclusion en février 2004 d'un protocole d'accord entre les deux organisations pour le renforcement de la coopération et de l'échange d'informations. La liste des activités et contacts entretenus par l'ACI avec les organismes spécialisés des Nations Unies et autres organisations internationales (Banque mondiale, Codex Alimentarius, Organisation Mondiale pour la Santé) est longue, et reflète l'étendue du champ d'activités, développées par les coopératives. Peu d'organisations ont en effet la capacité d'intervenir aussi bien sur des questions d'accès au financement des entreprises d'agriculture, de logement, de commerce, de santé... Vaste programme pour l'ACI, dont les ressources sont limitées, et qui a donc décidé de souligner la contribution que peuvent apporter les coopératives à la lutte contre deux problèmes majeurs auxquels nous sommes confrontés au niveau mondial : la pauvreté et le Sida. Assurer la reconnaissance et la représentation des coopératives au sein des instances internationales est une mission qui se place dans le prolongement direct des actions entreprises par les structures nationales. Mais le rôle de l'ACI ne se limite pas à ce rôle d'ambassadrice.

L'ACI apporte aussi une assistance technique aux membres qui le souhaitent. Elle peut intervenir pour appuyer leurs démarches auprès des autorités nationales ainsi que travailler à l'élaboration d'une législation coopérative, à la création de coopératives et autres demandes allant dans le sens d'une meilleure connaissance et du développement de la coopération. Elle a ainsi apporté, par exemple, un appui déterminant aux coopératives européennes dans leurs démarches auprès de la Commission européenne sur le dossier de la norme comptable internationale IAS 32. L'ACI offre un lieu d'échange, d'information et d'expériences. Elle contribue à une meilleure connaissance mutuelle des mouvements coopératifs dans le monde. Pour revenir à l'exemple de l'IAS 32, l'ACI a été d'une aide précieuse dans la diffusion d'informations sur ce thème et la mobilisation des coopératives dans le monde. Et c'est par son intermédiaire que les mouvements coopératifs en Europe et aux États-Unis, confrontés à des problèmes similaires, ont pu échanger les résultats de leurs travaux respectifs. À l'heure de la mondialisation, il est en effet difficile d'imaginer que des évolutions ou des problèmes rencontrés dans une région du monde resteront localisés. S'organiser et coopérer au niveau mondial est donc plus nécessaire que jamais pour promouvoir non seulement une économie coopérative mais encore plus une société coopérative internationale dans un monde hétérogène.

Pour mieux répondre à ces attentes, l'ACI a entrepris depuis quelques années une restructuration interne profonde et une redéfinition de ses tâches sous l'impulsion d'un nouveau Conseil d'administration élu à Séoul en 2001, présidé alors par Ivano Barberini. Il revient aux membres de s'approprier leur organisation, et de participer à ses activités, afin que celle-ci reflète au plus près la réalité coopérative. L'ACI veille à continuer de promulguer l'équité entre les personnes à tous les niveaux techniques et politiques, sur les traces des femmes et des hommes du XIXe siècle, comme en témoigne l'élection à la présidence de Pauline Green en 2009. Elle encourage le développement des coopératives et leurs reconnaissances à travers la campagne préparatoire de l'année internationale des coopératives, décrétée par l'ONU par la résolution A/RES/64/136 du 18 février 2009. En Europe, elle est relayée par l'ACI-Europe, intégrée à Cooperatives Europe, dont le siège est à Bruxelles.

Cooperatives Europe

À partir du terrain, dès 2004, Cooperatives Europe entame un travail de rassemblement des organisations coopératives européennes en vue de les rendre plus visibles et plus actives à la construction européenne. Cooperatives Europe a ainsi réuni le Comité de Coordination des Associations Coopératives Européennes (CCACE) et l'Alliance Coopérative Internationale-Europe (ACI-Europe). Le CCACE, créé en novembre 1982, était une plateforme informelle de 19 organisations de coopératives, parmi lesquelles la Confédération Européenne des Coopératives de Production et de travail associé (CECOP), des coopératives sociales, des entreprises participatives et le Groupement National de la Coopération (GNC). Le but du CCACE était de promouvoir les entreprises coopératives et de défendre leurs intérêts au niveau européen. Grâce au lobbying permanent auprès de la Commission Européenne, le CCACE (lors des négociations sur l'amendement de la norme comptable internationale IAS 32), a obtenu entre 2002 et 2004, une note relative à la norme IAS 32 pour les coopératives, à savoir que les coopératives doivent seulement prévoir une procédure permettant de refuser le remboursement qui sauvegarde le capital. En effet, cet amendement risquait de déstabiliser la structure financière des coopératives, puisqu'il prévoyait que tout instrument financier susceptible d'être remboursé sur demande du prêteur soit considéré comme une dette. Dans ce cas, les parts sociales des coopératives, remboursables sous certaines conditions, auraient été inscrites en dettes et non en capital. Cooperatives Europe propose dans son rapport d'activité (2005-2006, page 5) des réponses particulières aux nouveaux défis européens qui sont « l'emploi, la cohésion sociale et la compétitivité, la responsabilité sociale et le développement durable ». Pour cela, une des missions octroyées à Cooperatives Europe consiste à « renforcer l'identité, la visibilité et l'image coopérative et faire reconnaître la différence et la valeur ajoutée coopératives ». Toutes les coopératives européennes (de consommation, financières et de production) regroupées dans cette même organisation, affichent une cohérence économique, politique et sociale européenne, de la région européenne de l'Alliance Coopérative Internationale avec 123 millions de membres, 160 000 entreprises coopératives et 5,4 millions d'emplois. Cooperatives Europe est la plus importante organisation européenne à promouvoir le modèle coopératif d'entreprise pour un progrès économique et social durable.

CECOP – Confédération européenne des coopératives de Production et de travail associé, des coopératives sociales et des entreprises sociales et participatives

La CECOP, créée en 1979 à Manchester, est installée depuis 1982 à Bruxelles. Organisation sectorielle des coopératives, elle associe 25 fédérations nationales dans 16 pays européens, qui affilient 50 000 entreprises environ avec 1,4 million de salarié-e-s. Ces derniers génèrent un chiffre d'affaires consolidé de 50 milliards d'euros. La CECOP rassemble majoritairement des PME industrielles (métallurgie, mécanique, électronique, automobile et alimentaire) auxquelles s'ajoutent ces secteurs d'activité : la construction et les travaux publics, l'industrie du bois et de l'ameublement, l'électroménager, l'habillement, les activités de transport, les activités liées aux médias, l'éducation, la culture, l'environnement, le tourisme, l'entretien, l'assainissement, les espaces verts, la logistique. Le secteur d'activité en développement exponentiel depuis ces vingt dernières années s'avère être le secteur des services sociaux, des soins médicaux et celui des services aux personnes. Outre les PME et les TPE, la CECOP compte aussi des grands groupes coopératifs transversaux comme en Italie, CCC-ACAM dans le secteur de la construction, CNS dans le secteur tertiaire et CGM pour les coopératives sociales. Au Pays Basque espagnol, le Groupe Coopératif de Mondragon, intersectoriel avec une majorité de coopératives industrielles, constitue le 7e groupe entrepreneurial espagnol et emploie plus de 100 000 salarié-e-s.

La CECOP possède une double identité puisqu'il est à la fois l'organisation sectorielle de Cooperatives Europe pour l'industrie et les services, et l'organisation régionale pour l'Europe de CICOPA, créée en 1947, pour l'industrie et les services de l'Alliance Coopérative Internationale, comme l'illustre le schéma n° 2 ci-après.

SCHÉMA N° 2 :
LA CECOP

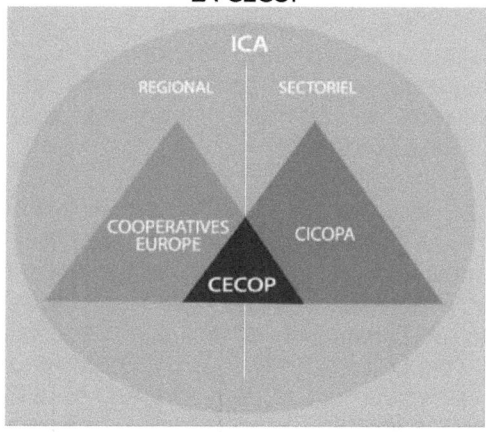

Source : CECOP, 2011.

La Confédération Générale des SCOP
La CG SCOP est l'institution politique nationale des SCOP, qui y adhèrent librement. Elle représente le mouvement SCOP auprès des différentes instances politiques, économiques et sociales. Certain-e-s des élu-e-s siègent au Conseil Supérieur de la Coopération et au Conseil Économique, Social et Environnemental (CESE). La CG SCOP représente ses adhérents auprès de la Commission, de l'Union européenne, du Parlement européen et des instances coopératives européennes au sein du CECOP et de Cooperatives Europe.

Les représentant-e-s politiques de la CG SCOP sont élu-e-s lors du congrès national qui a lieu tous les quatre ans. Les candidatures pour le Conseil National sont validées par les adhérent-e-s en région lors des Assemblées Régionales qui précèdent le Congrès. La Présidence, le Comité exécutif (5 à 9 membres), la Présidence de la Commission d'arbitrage et de la Commission de contrôle sont élus par l'Assemblée Générale du Congrès. Les règles de vote au Congrès sont établies selon le principe de base « une personne = une voix », selon le nombre de sociétaires représenté-e-s ou ayant mandaté une autre personne présente. Cependant, le fonctionnement affiché et pratiqué ne saurait satisfaire les coopérateurs et les coopératrices à la recherche d'une démocratie coopérative au sein de toutes les instances. Ces personnes qui pratiquent au quotidien la recherche d'une « démocratie avancée » à l'intérieur de leurs SCOP, pourrions-nous dire, sont souvent celles qui osent prendre la parole lors des congrès, en dépit des réactions de la salle qui consent à leur expression historique.

La question d'une démocratie confisquée fut cependant posée lors du Congrès en 2008, en présence d'une candidature unique à la présidence. Le Congrès précédent, encore présent dans les mémoires, avait été le témoin d'un duel quelque peu violent entre un homme et une femme. Cette fois-ci, les joutes oratoires entre candidat-e-s furent supprimées de fait avec cette candidature exclusive. Pas de débats contradictoires entre leaders, mais des débats quelque peu aseptisés et caduques encadrés par une hégémonie politique. En 2012, encore une candidature unique avec cette fois des modifications de fonctionnement du politique annoncé.

De plus, la parité n'est toujours pas pratiquée dans le mouvement qui a résisté à l'élection d'une femme dans les plus hautes instances en 2008. Pour preuve une seule femme élue avec 8 hommes dans l'équipe dirigeante (élue au dernier congrès en 2012) et la rédaction des nouveaux supports de communication qui inscrivent Présidents de commission et non pas Présidence ou Président-e-s. Les coopérateurs et coopératrices françaises d'aujourd'hui ont encore du travail à accomplir pour réaliser une équité déjà appelée en 1848 par nos consœurs Jeanne Deroin, Pauline Roland, Louise Michel, Marie Moret et par l'ACI aujourd'hui.

Organisation de décision de la politique nationale du Mouvement des SCOP, la Direction Nationale se réunit une fois par trimestre. Elle regroupe le Comité exécutif de la Confédération Générale des SCOP, les Président-e-s des Unions régionales des SCOP, ainsi que les Président-e-s de Fédérations professionnelles à titre consultatif. Elle assure l'animation des relais du réseau que sont les Unions Régionales de SCOP et les Fédérations Professionnelles, ainsi que les instances financières au service des SCOP. Pour cela, elle réunit une fois par trimestre les Président-e-s des Unions régionales, les Fédérations et les établissements financiers.

La Commission d'arbitrage, quant à elle, veille à l'exercice de bonnes pratiques coopératives dans les SCOP. Saisie par un-e ou des sociétaires, elle tente une médiation entre les opposant-e-s à l'intérieur du mouvement coopératif d'une même SCOP ou entre des adhérent-e-s du mouvement, exerçant dans des SCOP différentes. Pour chaque affaire, un tribunal arbitral est constitué de trois arbitres.

Des activités techniques dévolues à des technicien-ne-s employé-e-s par la CG SCOP et/ou à des politiques chargé-e-s d'une mission particulière, complètent les activités politiques de la CG SCOP. Cette dernière doit aussi son fonctionnement aux expertises d'une équipe technique qui œuvre dans l'ombre mais mérite d'être présentée ici, même si elle n'est pas mentionnée sur le site des SCOP. Cette omission interroge la place des salarié-e-s, la relation au pouvoir des élu-e-s et la qualité des interrelations entre équipe politique et équipe technique (cf. schéma n° 3 page suivante, source : http://www.les-scop.coop/site/fr/leschiffres-cles).

La force d'un réseau

Notre réseau accompagne les Scop dans toutes les étapes de leur création et de leur développement. Il assure la représentation et la promotion des valeurs coopératives auprès des acteurs politiques, économiques et sociaux, à la fois au niveau local et national.

Réformée en 2012 à l'occasion du 35e Congrès national des Scop de Marseille, la nouvelle gouvernance permet une organisation décentralisée et participative du Mouvement.

> **Les Congrès régionaux** réunissent tous les 4 ans les adhérentes du Mouvement de chaque Union régionale.
Ils valident les activités et les comptes de l'UR, désignent les membres du conseil d'administration qui élisent la présidence et son bureau, ainsi que le second représentant à la Direction nationale.

> **Le Congrès national** réunit tous les 4 ans les coopératives adhérentes du Mouvement, représentées par des délégués.
Il valide le rapport d'activités et financier, fixe la politique générale du Mouvement et nomme les membres des Commissions d'arbitrage et de contrôle.

> **La Convention nationale** est composé des membres des conseils d'administration des UR, Fédérations, Socoden et Union Sociale.
Elle est organisée en deux temps : une assemblée générale pour valider le rapport moral, d'activité et financier de la Direction nationale pour l'année écoulée, et une « Université » conçue comme un temps d'échanges et de communication tournée vers l'extérieur.

> **Le président & le Bureau de la Direction nationale** est composé d'au moins un vice-président, 1 secrétaire et un trésorier et se réunit au moins 6 fois par an.
Il gère la Confédération, arrête les comptes et propose les projets, budgets et actions à la Direction nationale.

> **La Direction nationale** rassemble, au moins 3 fois par an, 2 représentants par Union régionale, dont le président (avec voix délibératives), les présidents des Fédérations de métiers, de Socoden et de l'Union Sociale (avec voix consultatives).
Il désigne le président confédéral et les membres du bureau, veille à la mise en œuvre des orientations issues du Congrès, arrête les projets, actions et budgets et les évalue.
Elle examine les demandes d'admission et de radiation de Scop et Scic.

> **La Confédération générale des Scop** est composée d'une équipe de salariés permanents et est dirigée par le Bureau de la Direction nationale.
Elle assure la représentation nationale du Mouvement auprès des acteurs politiques, économiques et sociaux.
Elle anime, coordonne et appuie le réseau dans tous les domaines juridique, financier, lobbying, innovation, communication, etc.

> **Les Unions régionales**
Alsace Lorraine Champagne-Ardenne > Aquitaine > Auvergne > Bourgogne Franche-Comté > Ile-de-France Centre Orléanais Haute-Normandie Dom-Tom > Languedoc-Roussillon > Limousin Berry > Midi-Pyrénées > Nord-Pas-de-Calais Picardie > Ouest > Paca Corse > Poitou-Charentes > Rhône-Alpes
Une équipe de permanents assure le suivi des actions de chaque UR et est supervisée par un bureau et un conseil d'administration, composés d'élus Scop de la région.

> **Les Fédérations de métiers**
BTP > Communication > Industrie
Une équipe de permanents assure le suivi des actions de chaque fédération et est supervisée par un bureau et un conseil d'administration, composés d'élus Scop de la profession.

> **La Commission de contrôle** vérifie la bonne tenue des comptes confédéraux.

> **La Commission d'arbitrage** arbitre les litiges au sein du Mouvement.

> **L'Union Sociale**
Une équipe de salariés permanents, sous la direction d'un bureau et d'un conseil d'administration composé de membres élus de Scop, veille à la bonne gestion des prestations sociales des salariés Scop et de leur famille.

Confédération générale des Scop
37, rue Jean Leclaire 75017 Paris - Tél. 01 44 85 47 00 - les-scop@scop.coop - www.les-scop.coop

Une équipe nationale technique au service des SCOP

Pour faire vivre la CG SCOP, une équipe pluridisciplinaire réalise de multiples tâches au service du mouvement des SCOP, que ce soit pour parfaire les situations des SCOP, pour expérimenter de nouvelles formules, pour consolider ou pour faire valoir au plus grand nombre l'identité SCOP. Ainsi, un service juridique, un service communication, un service statistique et des délégué-e-s travaillent sous la coordination d'une direction générale.

- *Un service juridique* conséquent basé à Paris au siège de la CG SCOP. Pour pallier l'insuffisance du droit coopératif et tenter la reconnaissance d'un droit coopératif auto suffisant dans une juridiction plurielle, la CG SCOP organise une veille juridique permanente et participe à l'élaboration des textes qui régissent le droit coopératif dans l'intérêt de ses membres et d'une société plurielle démocratique,
- *Un service communication* assure la communication interne avec le magazine *Participer* et la lettre des SCOP. La communication externe est relayée par la CG SCOP.
- *Un service statistique, la Centrale des bilans de la CG SCOP* établit chaque année les statistiques nationales et régionales à partir des bilans fournis par chaque SCOP adhérente lors de la demande de l'inscription sur la liste ministérielle, et des bilans annuels émis lors des Assemblées Générales,
- *Une Union Sociale* gère les prestations sociales des salarié-e-s et de leurs familles grâce à une équipe salariée composée d'un bureau et d'un Conseil d'administration d'élu-e-s membres de SCOP,
- *Une directrice Générale* coordonne et anime les équipes sous la responsabilité de la présidence,
- *Un délégué* est salarié par la CG SCOP en vue de développer les SCIC.

Les ressources financières de la CG SCOP

Elles proviennent des droits d'adhésion, des cotisations versées par les SCOP, des intérêts et revenus de ses biens, des subventions qui pourraient lui être accordées entre autres par l'Union européenne, l'État, les collectivités publiques ou privées et les particuliers. Elle comprend aussi des sommes versées en contrepartie de prestations fournies par elle, de toutes les autres ressources autorisées par la législation en vigueur (article 9 des Statuts de la CG SCOP adopté au 34e Congrès en 2008).

La commission de contrôle vérifie l'état des comptes de la Confédération Générale des SCOP. Elle est censée alerter des dysfonctionnements et ne pas couvrir des dérives mégalomaniaques, comme celles d'un directeur qui a opéré pendant plusieurs années et a dilapidé des ressources collectives. Là aussi le questionnement du rapport au pouvoir devrait être instauré quotidiennement, individuellement et collectivement.

Les 13 Unions Régionales des SCOP

Il existe en France 13 Unions Régionales réparties sur l'ensemble du territoire national. La singularité de chacune est déterminée par la composition (de 4 à 11 départements), la superficie, l'histoire, les résultats économiques, l'environnement socio-économique et politique et par les hommes et les femmes.

La région Rhône-Alpes, qui nous intéresse plus particulièrement en tant que région de notre étude, se trouve toujours en troisième position, tant par le nombre de SCOP que par le nombre de salarié-e-s.

Selon les travaux d'Henri Mintzberg (1998), nous pourrions qualifier la structure de l'Union régionale « *d'adhocratie missionnaire* » ou « *d'organisation innovatrice* ». En effet, elle réunit autour de valeurs fortes héritées du XIXe siècle, des permanents qui sont, de manière paradoxale, « *des consultants militants coopératifs, "des résistants"* » (H. Gouil, *op. cit.*) à l'unique modèle libéral créateur de compétition, des alchimistes de l'individuel et du collectif, en charge de favoriser la coopération sur un territoire. Des militants coopératifs qui encouragent la suprématie de l'homme sur le capital. Ces consultants indépendants, expert-e-s, rattaché-e-s à la Convention Collective SYNTEC, de cabinets de conseils et de consultants, travaillent individuellement auprès de leurs clients adhérents, les SCOP (qui sont aussi leurs employeurs) en effectuant des prestations de conseils. Recruté-e-s sur la base de leurs compétences, et pas uniquement sur leurs qualifications, les permanent-e-s sont des juniors et des seniors formé-e-s à l'économie, d'un niveau d'études allant de bac + 2 à bac + 5. Ils et elles partagent les valeurs de l'Économie Sociale et détiennent une expérience professionnelle diversifiée. Ils et elles ont donc l'opportunité de développer au sein de l'Union Régionale des SCOP de nouvelles compétences et de travailler en équipe de manière à pouvoir répondre aux demandes des client-e-s (à savoir les besoins en suivi juridique, financier, ressources humaines et conseils de stratégie de développement).

Le suivi syndical des SCOP représente « le cœur de métier » de l'UR SCOP.
Il s'agit pour les délégué-e-s en charge des entreprises, selon une répartition interne à l'équipe, d'accompagner au quotidien la vie de l'entreprise. Véritables conseiller-ère-s syndicaux-cales- et consultant-e-s, ils et elles opèrent à la fois dans le champ juridique, financier et des ressources humaines, bien que « *nous ne soyons pas les meilleurs en RH* » (Délégué régional, avril 2006). De l'accompagnement de projet, au suivi de développement, voire parfois au dépôt de bilan, les délégué-e-s participent à l'histoire de l'entreprise coopérative, à sa stabilisation et au développement des compétences des personnes.

Ce travail syndical est pris en charge par les cotisations versées par les SCOP elles-mêmes. Les délégué-e-s des structures du mouvement, qu'elles soient régionales, fédératives, nationales, européennes voire internationales sont de fait les salarié-e-s des SCOP, chargé-e-s de mission semi-interne et semi-externe (du fait de leur rapport hiérarchique avec une Direction d'Union Régionale, Direction technique, elle-même employée par une Direction politique des organisations coopératives). La double Direction technique et politique engendre des difficultés de fonctionnement inhérentes à ce type d'organisation.

Or, le rapport de salarié-e-s des organisations coopératives ne semble pas être suffisamment identifié. Il gagnerait à être étudié régulièrement à travers des analyses de pratiques, animées par un tiers extérieur au mouvement. Les ancien-ne-s délégué-e-s des structures et les représentants politiques du mouvement ne peuvent assurer ce type de travail car ils ont occupé au sein de la structure une posture imprégnée d'affects. Dans un respect d'éthique professionnelle, il nous semblerait logique de changer de consultant-e régulièrement pour limiter les biais relationnels, comme il est d'usage dans des cabinets privés.

Les organismes financiers du mouvement

Basé sur les principes coopératifs de solidarité et de mutualisation des moyens et des compétences, le réseau SCOP dispose d'un portefeuille d'instruments financiers pour accompagner la création et le développement des SCOP. Ce sont 30 millions d'euros de fonds propres et 20 millions d'euros d'engagements dans les dossiers de SCOP. Comme nous avons pu le constater dans le chapitre II de la première partie, les SCOP, peu dotées en capital, sont amenées à solliciter des prêts financiers pour assurer leur création (*ex nihilo*, reprise, transmission) ou leur développement. Outre les dossiers de financements classiques et communs à toutes les SARL ou SA, le mouvement coopératif s'est doté d'outils particuliers, véritables leviers de création et de développement pour les SCOP demandeuses. Ces outils illustrent les principes coopératifs de solidarité et de mutualisation des moyens comme des compétences pour contribuer aux différentes étapes de la vie des SCOP.

Les décisions d'octroi de prêts sont en partie décentralisées auprès de Comités d'Engagements Financiers Régionaux (CEFR), dont les membres sont issus de SCOP et sont désignés par chaque Union Régionale. Une organisation financière en assure le fonctionnement : SOCODEN (Société Coopérative de Développement et d'Entraide), créée en 1965, est une société financière à laquelle toutes les SCOP sont associées. Elle finance en quasi fonds propres les SCOP en création, en développement ou en difficulté par des prêts participatifs ou personnels. Elle propose deux types de prêts :

- *des prêts personnels* qui ont pour vocation d'anticiper la formation du capital des associés,
- *des prêts participatifs* sans garantie dont la finalité est de financer plus particulièrement des investissements immatériels et le fonds de roulement.

SPOT SA souscrit au capital social des PME SCOP pour conforter les fonds propres et accompagner la transformation de l'entreprise en SCOP et/ou durant ses phases d'investissements. Le capital de SPOT SA se répartit entre SOCODEN (50,1 %) et IDES (49,9 %) ou Institut de Développement de l'Économie Sociale, société de capital-risque dédiée au financement de l'économie sociale. SPOT peut intervenir en complément d'un plan de financement mis en place avec SOCODEN et/ou d'autres organismes issus de l'économie sociale et solidaire pour des SCOP en bonne santé. Dans le cadre d'une participation en capital, l'intervention de SPOT est limitée dans tous les cas à 35 % du capital constitué.

SOFISCOP est une société de caution de mutuelle qui intervient en faveur des SCOP par la constitution d'un fonds de garantie mutuelle, caution pour les engagements financiers, afin d'éviter la prise de garantie sur les salariés de la SCOP. SOFISCOP, créée en 1992, est née de l'extension de la SCR PACA à toutes les SCOP des régions Provence-Alpes-Côte d'Azur et Rhône-Alpes et de SOFISCOP-Sud-Est, habilitée à garantir les entreprises de ces deux régions au titre de leurs crédits d'investissement.

Le montage des dossiers de financement est accompagné par les délégué-e-s des Unions Régionales référent-e-s des SCOP et une personne dont le poste est dédié aux engagements financiers du mouvement. Les dossiers sont présentés en commissions qui les valident ou pas. Les personnes qui siègent dans ces commissions sont des élu-e-s du mouvement, des technicien-ne-s du mouvement et des partenaires financiers : le Crédit Coopératif, et depuis 2011, le Crédit Agricole et France Active. Lorsqu'une SCOP souscrit un prêt auprès de SOCODEN, elle s'engage à deux obligations : d'une part, la souscription de parts au capital de SOCODEN, et d'autre part, elle admet la société financière en tant que sociétaire dans la SCOP au collège B. Durant les dix dernières années, SOCODEN a été présente dans une SCOP sur deux en création ou au cours de la vie de l'entreprise.

Par ailleurs, deux Unions Régionales des SCOP ont développé des outils de capital-risque complémentaires destinés aux SCOP : Pargest en PACA (1989) et Transmea en Rhône-Alpes (2009). Pour Pargest, le montant maximum d'intervention par SCOP est calculé en fonction du nombre de salarié-e-s (maximum 2 000 € par salarié-e). La décision et le versement se font sous 30 à 45 jours maximum. Pargest rassemble près de 3 millions d'euros de capitaux propres grâce à l'appui de nombreux partenaires et actionnaires qui sont le

Conseil Général du département 13 pour les interventions sur les Bouches-du-Rhône, le Conseil Régional de la région PACA, la Caisse des Dépôts et Consignations, la Caisse d'Épargne Provence-Alpes-Corse, la Banque Française de Crédit Coopératif, le Crédit Mutuel Méditerranéen, Esfin IDES et de nombreuses SCOP jouant le jeu de la solidarité. Transméa en Rhône-Alpes intervient dans le domaine de la reprise d'entreprise par le ou la salarié-e. Cette société de capital-risque lyonnaise dotée de 5 500 000 € est portée par l'Union Régionale des SCOP Rhône-Alpes (en partenariat avec la région Rhône-Alpes), soutenue par la Caisse des Dépôts et Consignations, le Crédit Coopératif, la MACIF, SPOT, SOCODEN et la Nouvelle Économie Fraternelle (NEF). Ces deux régions ont su mobiliser les partenaires politiques locaux en vue de favoriser le développement durable des SCOP sur les territoires. Les organisations politiques ont compris les enjeux de maintenir une activité de production qui occasionne non seulement des emplois en interne, mais contribue activement à la vie économique locale, départementale et régionale.

En 2009, compte tenu de la conjoncture, le mouvement national s'est mobilisé rapidement pour venir en aide aux coopératives les plus affectées par la crise dès 2008. Pour cela, la Confédération Générale des SCOP avait conclu un accord avec le Crédit Coopératif afin de mettre en place une cellule de crise, relayée par les Unions Régionales, et étudier rapidement les dossiers présentés pour assurer la pérennité des entreprises.

Le 10 février 2011, un nouvel accord a été signé avec le Crédit Agricole pour un partenariat durable, afin de favoriser le développement, la reprise et la transmission d'entreprises et afin de promouvoir et dynamiser l'économie des territoires. Après une première expérience de cinq ans autour des prêts bancaires et en garanties, une nouvelle convention a été signée avec France Active pour accompagner aussi les besoins en fonds de roulement des SCOP.

6. LA RÉGION RHÔNE-ALPES : UNE RÉGION COOPÉRATIVE DYNAMIQUE

Notre terrain de recherche, positionné en région Rhône-Alpes, nous convie à étudier plus particulièrement 8 départements : l'Ain, le Rhône, la Haute-Savoie, la Savoie, l'Isère, la Drôme, l'Ardèche et la Loire. L'Union Régionale Rhône-Alpes correspond exactement à la Région administrative et politique française actuelle. Ce qui n'est pas le cas de toutes les Unions Régionales SCOP, comme nous avons pu le lire précédemment.

Une histoire coopérative régionale ancestrale

La région Rhône-Alpes se singularise de par son histoire avec les canuts et le mouvement anarchiste et de par sa situation géographique avec un couloir rhodanien européen, qui la qualifie de région dynamique.

Lyon (69) a en effet joué un rôle important dans le mouvement coopératif et le mouvement ouvrier. Au début du XIXe siècle, la société ouvrière lyonnaise était très importante. Liée à l'activité de la soie, les canuts savaient lire et écrire et les chefs d'ateliers avaient des notions de dessin, de mécanique et de gestion.

Ils se sont organisés en groupements professionnels autonomes, avec en 1828, le Devoir mutuel (organisation mutuelle et de revendication) ; puis avec les Ouvriers ferrandiniers, ils installent les prémices d'un syndicat. D'abord aux côtés des bourgeois lors des Trois glorieuses (27-28-29 juillet 1830) qui signèrent la fin de la restauration, ils organisent ensuite une manifestation pacifique, seuls, pour réclamer un tarif minimum pour leur travail.

À l'époque de la Révolution, à Lyon, un peintre sur soie, dénommé François-Joseph Lange proposait un système d'organisation original pour permettre aux citoyens de vivre selon leurs besoins. Cette proposition se voulait être une réponse constructive à l'oppression des propriétaires.

Saint-Étienne (42) a été un espace de solidarité ouvrière minière et de la mutualité notoire. À ce jour, cette ville est encore imprégnée de cette culture.

Le plateau du Vercors, l'Ardèche et la Drôme ont été des hauts lieux de résistance aux oppressions politiques et religieuses, où se sont établies des organisations innovantes : des communautés de travail, éducatives et de vie.

L'Histoire coopérative et ouvrière Rhône-Alpine a déposé une empreinte chez les hommes et les femmes, lié-e-s au terroir qui s'incarne dans les SCOP, héritières d'une culture collective entrepreneuriale. Elle engendre des hommes et des femmes libres à la recherche d'une autonomie économique, sociale et politique.

Un développement coopératif constaté

L'Union Régionale des SCOP de Rhône-Alpes occupe toujours la troisième place nationale en nombre d'organisations adhérentes et en nombre de salarié-e-s, et ce depuis 2006, chiffres étudiés au début de notre étude. Situé dans *le triangle européen*, le couloir rhodanien, de par ses spécificités industrielle et internationale, est plus affecté par la crise en 2009 que le reste du territoire national. La région accuse une baisse de créations d'entreprise de 3,9 % par rapport à 2007 et une augmentation du chômage, soit 3,6 % en Rhône-Alpes alors qu'elle est de 2,6 % en France (CCI, Conjonctura, juillet 2009). En janvier 2011, la reprise est constatée avec quelques bémols. En effet, si près d'une entreprise sur deux voit son CA augmenter, 72 % de ces mêmes entreprises n'ont toujours pas retrouvé leur niveau d'activités d'avant la crise (CCI, Conjoncura janvier 2011). Cette situation concerne les services aux entreprises et les PME de plus de 50 salarié-e-s ; les TPE, elles, manquent de visibilité pour se prononcer sur une éventuelle reprise. La création d'entreprise demeure en baisse. Le taux de défaillances d'entreprise se réduit depuis le troisième trimestre 2009 avec - 8,9 % sur un an en région ; ce taux régional est identique au national.

Dans ce contexte régional, pour la période 2009, les SCOP continuent cependant leur développement tant en nombre d'entreprises qu'en nombre de salarié-e-s. Les créations de SCOP augmentent de 22,9 % pour + 6,3 % d'emplois et + 12,1 % de CA prévisionnel. En Rhône-Alpes, 50 % des SCOP sont créées grâce aux témoignages et aux communications des associé-e-s-salarié-e-s des SCOP.

L'ensemble de ces chiffres porte le bilan en 2013 à 339 SCOP et SCIC recensées en Rhône-Alpes. Ces SCOP opèrent dans tous les secteurs d'activité des SCOP françaises : le BTP, la communication (imprimerie), l'industrie et les nouveaux secteurs de services « *plus de petites, plus de services moins d'industrie* » (Q). Elles emploient 5 239 salarié-e-s (4 606 en 2009) dont 2.254 sociétaires. Ce dernier chiffre s'explique par les créations récentes et les durées de stage interne avant de candidater au sociétariat.

La tranche d'âge la plus représentée est celle des 41-55 ans, tranche qui détient le taux le plus élevé de sociétaires (67 %) avec un capital moyen par personne de 8 431 €. Avec 2 282 hommes et 1 078 femmes, les SCOP de Rhône-Alpes aux secteurs d'activités traditionnels embauchent plus d'hommes que de femmes encore à ce jour. Ceci étant à relier au nombre infinitésimal de filles et de femmes présentes dans les cursus de formation de ces secteurs d'activité et à la culture sociétale qui considère des secteurs et des métiers sexués. Par contre, 25 % de femmes dirigent ou codirigent les SCOP en Rhône-Alpes, soit une SCOP créée sur deux. Seule une SCOP rencontrée lors de notre recherche en Rhône-Alpes a maintenu volontairement l'objectif de parité pour les associé-e-s-salarié-e-s. Les personnes politiques de l'Union Régionale sont encore majoritairement des hommes avec cinq hommes et une femme au bureau, et sept hommes et deux femmes au Conseil d'Administration.

Lors des dix dernières années, l'Union Régionale Rhône-Alpes a progressé de 32,2 % en nombre d'organisations, principalement avec des SCOP du secteur des services. Elles réalisent un CA consolidé de 450 millions d'euros pour 2009, soit + 8 % par rapport à 2007. La stratégie actuelle de l'UR consiste à doubler sa taille (son poids économique) par le marché de la transmission d'entreprise dotée de la création d'un capital-risques, à accentuer le suivi avec des objectifs de croissance et développer l'animation de réseaux. D'où, l'installation d'antennes de l'Union Régionale, domiciliées au sein des SCOP dans les différentes villes des départements de l'Union Régionale : Romans, Saint-Étienne, Grenoble, Crest...

Pourquoi dès lors, ne pas voir aussi dans le contexte actuel de développement et d'innovation le modèle coopératif ? Pour aider les entreprises coopératives de Rhône-Alpes à passer le cap de la crise, l'Union Régionale renforce son appui technique et humain avec :
- une forte augmentation du temps d'appui consacré par les consultant-e-s de l'Union Régionale aux entreprises coopératives,
- des outils financiers engagés dès 2008 à hauteur de 1 974 000 euros pour le développement et la pérennité des entreprises de la région (+ 82 % par rapport à 2007), dont 435 000 € consacrés au renforcement des fonds propres (soit 3 fois plus qu'en 2007),
- la Reprise d'Entreprise par les Salarié-e-s (RES), initiée en 2006 pour accompagner la transmission des entreprises saines, la transformation d'association et la reprise d'entreprises en difficulté avec la création de Transméa, première société de capital-risque dédié à la reprise d'entreprise, coopérative ou pas.

En spécialisant son équipe dédiée au suivi, l'Union Régionale se réorganise pour tenter de gagner encore en qualité et en efficacité et pour rester au service des coopératives Rhône-alpines. Une réorganisation qui passe aussi, aujourd'hui, par un investissement plus complet sur la formation. Comprendre le fonctionnement d'une SCOP et découvrir le rôle de co-entrepreneur ou de nouveaux dirigeants constituent autant de défis difficiles à réaliser pour les futurs salarié-e-s associé-e-s. Pour cela l'Union Régionale propose des formations adaptées en direction des associé-e-s salarié-e-s et lance de nouveaux programmes en 2009 destinés aux dirigeant-e-s en exercice (Modules stratégie et développement, analyse financière, management coopératif).

En conclusion, comme nous l'avons constaté, l'histoire coopérative, humaine et sociale, a produit une histoire juridique coopérative féconde. Les lois se sont en effet déclinées au fur et à mesure des pratiques coopératives portées à la connaissance des législateurs pour les faire valoir et les entériner. Ces évolutions sont signées par des femmes et des hommes qui, conjointement, ont su associer leurs talents, leurs pratiques et leurs théories pour un intérêt général.

La vitalité actuelle des SCOP, exprimée à travers des statistiques nationales, laisse à entendre un intérêt d'actualité pour la structure et démontre un développement dans des nouveaux secteurs d'activité en lien avec des besoins sociétaux. L'état du sociétariat national révèle une augmentation du sociétariat avec l'âge et une différence entre les genres sur laquelle la CG SCOP pourrait s'attarder. Avec une croissance constatée, les entreprises coopératives se révèlent être un modèle pertinent par :
- une implication et une motivation des salarié-e-s associé-e-s,
- une mise en place d'outils financiers pour accompagner les besoins émergents,
- une politique de réserves impartageables.

Ces entreprises conjuguent efficacité économique, projet social et gouvernance participative. Nous découvrirons leurs pratiques de gouvernance au fur et à mesure, à travers une exploration de 16 SCOP.

III. GOUVERNANCE COOPÉRATIVE : DES STATUTS AUX PRATIQUES

Les SCOP de 2014, bénéficiaires d'un héritage culturel, doivent faire face à de nouveaux défis liés à l'environnement et à la conjoncture. Au croisement du champ politique, économique et social, elles sont censées favoriser autonomie et responsabilité de chacun-e sur son poste de travail pour développer un projet collectif et intergénérationnel avec des partenaires sur un territoire. Pour cela, comment s'organise une gouvernance coopérative compte tenu de la diversité des histoires, des groupes humains, des cultures métiers ?

1. UNE SCOP EST D'ABORD UNE SCOP

« Une SCOP est d'abord une SCOP. Ensuite, elle est SARL ou SA. »
(François Espagne, 2001)

Selon l'article premier de la loi du 19 juillet 1978, une SCOP est « formée par des travailleurs de toutes catégories ou qualifications professionnelles, associés pour exercer en commun leurs professions dans une entreprise qu'ils gèrent directement ou par l'intermédiaire de mandataires désignés par eux et en leur sein ».

Cette définition complète celle de l'article premier de la loi du 10 septembre 1947 présentant les coopératives comme « *des sociétés dont les objets essentiels sont :*

- *Premièrement, de réduire au bénéfice de leurs membres et par l'effort commun de ceux-ci, le prix de revient, et le cas échéant, le prix de vente de certains produits ou de certains services, en assumant les fonctions des entrepreneurs ou intermédiaires dont la rémunération grèverait ce prix de revient.*
- *Deuxièmement, d'améliorer la qualité marchande des produits fournis à leurs membres ou de ceux produits par ces derniers et livrés aux consommateurs.*
- *Troisièmement, et plus généralement, de contribuer à la satisfaction des besoins et à la promotion des activités économiques et sociales de leurs membres ainsi qu'à leur formation. Les coopératives exercent leur action dans toutes les branches de l'activité humaine ».*

Une SCOP a donc pour vocation de gérer directement la structure en supprimant le profit de l'entrepreneur, du patron sur le travail réalisé par les agents de production. Le profit est réalisé à partir de la vente de la production aux client-e-s, mais pas sur les salarié-e-s. Son action concerne le travail. Elle doit veiller à la qualité des produits fabriqués. La SCOP, de par son projet politique historique, s'engage non seulement à procurer des moyens nécessaires à la vie des coopératrices et des coopérateurs, mais en outre elle concourt au développement économique et social des personnes et de leurs formations.

En SCOP, les coopérateurs et coopératrices se regroupent pour mutualiser des outils de production et de distribution. Ce qui amène la définition suivante : « Une coopérative est un groupement de personnes poursuivant des buts économiques, sociaux et éducatifs communs au moyen d'une entreprise dont le fonctionnement est démocratique et collectif. Son statut est régi par la loi n° 47-1170 du 10 septembre 1947 » (Guide juridique des SCOP, op. cit.).

Les SCOP sont des entreprises commerciales car elles fabriquent et vendent leurs produits. Leurs spécificités résident dans leurs règles de fonctionnement, à savoir : une majorité d'associé-e-s, salarié-e-s de la SCOP, participe à l'élection des dirigeant-e-s et aux décisions de gestion : les SCOP ou Sociétés Coopératives Ouvrières de Production sont des sociétés commerciales dont les salariés sont associés majoritaires, élisent leurs dirigeants, participent aux décisions, à la gestion et aux résultats selon les principes coopératifs économiques (idem).

De par son projet politique, une Scop est d'abord une SCOP. Ensuite, elle est SARL ou SA. Les SCOP sont des sociétés *sui generis* selon l'article 832 du *Code Civil*. Leur spécificité réside dans l'objet institutionnel qui est le fonctionnement autogéré d'un système pour l'amélioration de la situation de ses membres. Dans une SCOP les salarié-e-s s'unissent pour partager des moyens de production et de distribution. Il s'agit bien de mettre en commun des activités dans un intérêt collectif tout en y retirant des intérêts particuliers ; de fait les associé-e-s salarié-e-s sont des co-entrepreneurs qui codécident, cofinancent et partagent la responsabilité. Nous les nommons coopératrices et coopérateurs.

Lorsque la SCOP réalise un profit, c'est sur la vente de produits faite aux client-e-s. Elle ne fait pas de profit sur les salarié-e-s. La recherche de service prévaut sur la recherche de profit : son objectif est d'abord de donner du travail aux coopérateurs et coopératrices, de servir leurs intérêts et de leur assurer une formation. La SCOP est fondée sur un projet commun et le désir d'œuvrer ensemble au développement de ce projet.

La spécificité SCOP se traduit par :
- la propriété collective,
- le pouvoir partagé,
- la réalisation de profit dans l'intérêt de ses membres associé-e-s salarié-e-s.

Ce sont ces qualités qui la distinguent de l'entreprise privée capitaliste qui, elle, déclare la propriété individuelle, le pouvoir aux dirigeants et le profit aux actionnaires non salarié-e-s. Intriguée par les pratiques de management coopératif d'un gérant de SA, je l'ai interrogé sur le choix de l'identité juridique de son entreprise. Sa réponse : « *je veux transmettre un patrimoine à mes enfants* », répondait en partie à une question que je me posais concernant le nombre minoritaire de SCOP en France.

Bien évidemment, en SCOP la transmission familiale n'est pas une pratique instituée. La transmission possible aux familles des coopératrices et coopérateurs est celle d'un projet de vie, des valeurs et « *du plaisir de venir travailler le matin et de partager ce plaisir avec d'autres* » (C). L'ouvrage de *Ceux qui aiment les lundis*, Travailler en SCOP (J. R. Dantou, 2012) en témoigne avec de très belles photographies. La recherche de cohérence et ce plaisir « *quand je me retourne, ça n'a pas toujours été facile mais je n'ai pas eu l'impression de trahir mes idéaux* » ne sont-ils pas des héritages culturels supérieurs à des héritages immobiliers et financiers ?

Des associé-e-s salarié-e-s majoritaires

La définition de la SCOP (voir ci-dessus) explicite le principe de double qualité d'associé-e-s salarié-e-s des coopérateurs-trices. Néanmoins, si ces associé-e-s demeurent majoritaires, les SCOP accueillent la possibilité d'autres types d'associé-e-s minoritaires.

Selon la loi de 1985, les associé-e-s salarié-e-s doivent être majoritaires en nombre de personnes pour procéder aux votes en Assemblée Générale et en capitaux. La loi impose deux associé-e-s salarié-e-s dans une SCOP SARL et sept dans les SCOP SA, équivalent temps plein, en comptant la personne assurant la présidence, la direction générale ou la gérance en SCOP SA, même si cette dernière est liée uniquement par un mandat social. Aucun quota n'est fixé pour le rapport à établir entre le nombre d'associé-e-s travailleurs et travailleuses et le nombre de travailleuses et travailleurs. En réalité, les associé-e-s salarié-e-s représentent 86 % des associé-e-s et détiennent 90 % du capital au niveau national en 2009. L'article 5 de la loi de 1978 énonce la possibilité pour les SCOP d'embaucher des personnes sans obligation de cumuler la qualité d'associé-e.

Par contre, l'Article 9 de la loi de 1978 stipule que toute personne employée dans la SCOP peut devenir associée et pour faciliter cette situation, autorise une clause de sociétariat obligatoire inscrite dans leur contrat de travail à durée indéterminée. Dans un tel contrat, si la personne ne candidate pas, elle est considérée démissionnaire de son poste de travail au terme de l'échéance écrite dans le contrat de travail. Le non-sociétariat est dans ce cas une raison de rupture de contrat, soit parce que la personne ne candidate pas, soit parce que sa candidature n'est pas acceptée. Pour permettre la découverte du fonctionnement de la SCOP et la part de responsabilité et d'engagement mobilisés en tant que coopératrice et coopérateur, une phase de stage, oscillant entre 6 et 24 mois, est proposée de part et d'autre. À l'issue de la période déterminée, la candidature est examinée.

TABLEAU N° 4 :
LES SIX POSSIBILITÉS DE CANDIDATURE AU SOCIÉTARIAT

	1	2	3	4
Candidature volontaire	Admission par l'AG	Admission automatique Sauf rejet par AG Statuant à la majorité Requise pour la modification Des statuts	Admission automatique Sur simple demande	Souscription à émissions de parts Sociales réservées Aux salarié-e-s
Candidature obligatoire		Idem	Idem	

Source : Guide juridique des SCOP, 2003, page 71.

La candidature peut être « *ajournée* » pour prolonger la période d'observation. Dans ce cas, elle équivaut juridiquement à un refus et doit être explicitée pour être comprise et entendable par le ou la candidat-e. La personne dans cette situation est invitée à candidater de nouveau dans un délai qui lui est précisé. Si la candidature et refusée, la personne peut se représenter à la prochaine assemblée, soit prendre acte du refus et ne pas réitérer sa demande.

L'admission par l'Assemblée générale est le système de référence en SCOP, sauf si les statuts mentionnent un autre système d'admission. Les candidatures sont présentées à l'Assemblée Générale Ordinaire qui vote à bulletin secret.

La coopératrice ou le coopérateur démissionnaire ou licencié-e pour faute grave perd à la fois son contrat de travail et sa qualité d'associé-e. C'est un élément important liant la personne à la coopérative. C'est le double statut, signifiant fondamental des coopératives (Loi de 1978).

Des associé-e-s extérieur-e-s ou investisseur-e-s extérieur-e-s minoritaires sous contrôle. Selon la loi de 1985, les associé-e-s extérieur-e-s sont des personnes physiques ou morales à qui auraient été reconnu un droit à des intérêts prioritaires et des voix partiellement proportionnelles à leur capital. Leur nombre de parts ne peut toutefois excéder 49 % du capital et leur droit de vote est limité à 35 %. Ils demeurent minoritaires en SCOP. L'intérêt principal d'associé-e-s extérieur-e-s réside dans un projet de développement de SCOP bien évidemment avec de nouveaux apports en connaissance, en réseaux, mais aussi de développement territorial : « cela permet de renforcer les relations non marchandes et non administratives, nécessaires à la cohésion de ce territoire » (D. Demoustier, 2003).

Les coopératrices et coopérateurs en retraite, ou si dispositif particulier dans les statuts pour les coopératrices ou coopérateurs démissionnaires, peuvent conserver l'intégralité ou une partie seulement de leur capital. Ils participent au collège des associé-e-s salarié-e-s : leur voix est comptabilisée dans les 65 % et leur part de capital est intégrée dans les 50 %. Leur participation à l'Assemblée Générale s'organise selon le principe « une personne = une voix ».

De fait les associé-e-s salarié-e-s de SCOP ne peuvent pas être dominé-e-s par des actionnaires externes à la production puisque leur pourcentage est limité à 49 % par la loi. De cette manière les travailleurs-euses détiennent toujours la majorité du capital et des voix. C'est une spécificité coopérative qui distingue la SCOP d'une entreprise non coopérative.

__Le capital est variable__, selon les articles L231-1 à L321-8 du *Code du commerce* de la loi du 24 juillet 1867. Il est constitué par l'apport de parts sociales des sociétaires. Pour être sociétaire lors de l'admission, une seule part suffit (article 6, alinéa 1 de la loi du 1978). La détermination de la valeur de la part sociale est un point de l'ordre du jour de l'Assemblée Générale, qui approuve les comptes et fixe la valeur de remboursement des parts. Il peut être remboursé, à la demande de l'associé-e démissionnaire, ou exclu ou après son décès à ses héritier-ère-s selon sa valeur nominale, après décision de l'Assemblée Générale dans un délai de 5 ans. La valeur peut être imputée des pertes rattachées aux exercices durant lesquels la personne était associée.

Les variations du capital social ne sont pas sujettes à formalités particulières. Cette variabilité procure de la souplesse aux entrées et sorties des apports nouveaux et des remboursements des associé-e-s. Le remboursement des parts constitue une liquidité pour les associé-e-s.

Une obligation de souscription aux augmentations de capital
Comme dans toute société, obligation est faite aux associé-e-s de SCOP d'apporter du capital et de participer aux pertes dans la limite du capital. Mais en sus, en SCOP il existe des obligations particulières pour les associé-e-s salarié-e-s à abonder le capital (article 6, alinéa 2, loi de 1978). L'engagement de souscrire à l'augmentation du capital se traduit majoritairement par un prélèvement mensuel sur salaire inscrit dans les statuts (article 11). Celui-ci varie entre 1 et 5 %. Le montant prélevé chaque mois est porté au compte courant nominatif et transformé en parts sociales en fin d'année, après signature du bulletin de souscription en fin d'année. L'engagement ne peut excéder 10 % du salaire brut perçu dans la SCOP.

En cas de non-respect de cet engagement (refus de libérer en parts sociales pour alimenter le capital les sommes prélevées mensuellement, refus de prélèvement sur salaire), l'associé-e est « *considéré-e comme démissionnaire trois mois après avoir été invité à se mettre en règle* » (Article 18, alinéa 3 des statuts).

Le respect des engagements est de la responsabilité du dirigeant qui doit veiller au respect des règles statuaires. En cas de non-respect, sa responsabilité serait engagée et plus particulièrement lors d'un dépôt de bilan, dans le cas d'une action en règlement de passif.

La souscription au capital d'une SCOP, dont le CA est inférieur ou égal à 40 millions d'euros et dont le total du bilan n'excède pas 27 millions d'euros, donne droit à une réduction d'impôts pour le contribuable.

La souscription régulière au capital atteste de l'engagement des salarié-e-s associé-e-s à développer et pérenniser la SCOP. C'est un signal positif pour les partenaires et les banques.

Des parts sociales à intérêt prioritaire

Ces parts sont réservées uniquement aux associé-e-s de second rang, non salarié-e-s de la SCOP. Cessibles et non négociables, elles sont garanties d'un droit de priorité sur les intérêts servis aux autres catégories de parts sociales. Dans la mesure où des droits leur sont servis, ces associé-e-s ne participent pas à l'Assemblée générale. Au cas où aucun droit ne leur serait servi durant trois ans, elles ou ils peuvent voter en Assemblée Générale, selon la règle générale « une personne = une voix » ou selon des règles statutaires spécifiques pouvant être proportionnelles au capital détenu.

La loi autorise les SCOP à ne distribuer aucun intérêt aux parts sociales, ce que font la plupart des SCOP (F. Espagne, 2007, *op. cit.*). À défaut, « *les coopératives ne peuvent servir à leur capital qu'un intérêt dont le taux, déterminé par leurs statuts, est au plus égal au taux moyen de rendement des obligations des sociétés privées, publié par le ministre chargé de l'économie* » (Article 14, loi du 10 septembre 1947).

L'objectif d'une coopérative est d'optimiser le service rendu à ses adhérents et non son propre profit ou le rendement du capital investi. Ainsi, en dehors de dispositions de droits ou statuts spécifiques, les coopératives ne peuvent servir à leur capital qu'un intérêt dont le taux est limité (au taux moyen de rendement des obligations des sociétés privées).

Peu doté-e-s en capital au départ, les salarié-e-s qui créent une coopérative ont rarement par eux-mêmes les moyens d'en asseoir la solidité financière. C'est pourquoi il est prévu dans les statuts même d'une SCOP qu'au moins 16 % des bénéfices – et dans la pratique 40 % - soient obligatoirement affectés à un fonds de réserves qui reste le patrimoine de l'entreprise, sans qu'aucun-e associé-e puisse prétendre en prélever une part.

Des réserves impartageables

Principe coopératif notoire, les réserves impartageables expriment la propriété collective, l'indépendance et la volonté de pérenniser l'entreprise. Aujourd'hui, elles assurent un bouclier efficace contre les opérations d'achats et de délocalisation. La singularité du capital d'une SCOP proviendrait des réserves impartageables, donc pérennes, qui demeurent dans la société. La part de réserves impartageables consolide les fonds propres et rassure les associé-e-s, les banquiers et les créanciers. Elles garantissent l'indépendance et la pérennité de la SCOP pour la génération actuelle, mais également pour les futures générations. Les réserves impartageables constituent un patrimoine collectif qui sécurise l'entreprise et son développement ; « *c'est les acquis, ça vient du travail des anciens* (F) *avec l'obligation de renforcer le capital social (...) plus le capital social sera important, plus on sera stable* » (G) « *alors ne vous reposez pas sur vos lauriers* » (F).

L'impartageabilité des réserves financières permet la constitution d'un patrimoine propre car il est impossible d'incorporer les réserves dans le capital social ou de les distribuer. Ce capital n'est ni rémunéré, ni remboursable, ni cessible. Cette règle préserve la SCOP d'une prise de contrôle par des investisseurs externes. La question des réserves impartageables est une question récurrente des SCOP : « *jusqu'où on va pour le capital et les réserves ? À quoi ça sert ? Quel type de ratio* ? (O) » Un débat au sein du mouvement aiderait les SCOP qui se questionnent et qui souhaitent échanger des points de vue et des expériences à ce propos. Par ailleurs, les réserves impartageables symbolisent une conquête économique communautaire des capitaux de la société et une séparation entre le pouvoir et la propriété. Elles sont un élément déterminant du socle coopératif qui le différencie du socle entrepreneurial non coopératif, qu'il soit familial ou financiarisé. Ce sont ces réserves qui expliquent (en particulier aujourd'hui) la bonne santé des SCOP, tous métiers confondus, et leur croissance régulière depuis quinze ans. De l'aveu même des banquiers qui les suivent, les SCOP ont mieux surmonté les crises économiques des quinze dernières années que les PME classiques, lesquelles ont disparu, ont été rachetées ou démantelées.

Une ristourne coopérative : la part travail

La ristourne coopérative, une emblématique pratique coopérative fondamentale des principes coopératifs partagés, est redistribuée en SCOP de manière originale en part travail. « *Nulle répartition ne peut être opérée entre les associés si ce n'est au prorata des opérations traitées avec chacun d'eux ou le travail fourni par lui* » (Article 15, 1er paragraphe, loi du 10 septembre 1947).

La performance économique de la coopérative s'évalue en termes de valeur créée pour le coopérateur et non en termes de valeur produite pour l'actionnaire. Ainsi, au-delà des réserves impartageables qui assurent la pérennité de l'entreprise, une part des excédents peut être « *rétrocédée* » aux coopérateurs. Cette ristourne coopérative, qui s'apparente à un « *trop-perçu* », prend la forme d'une remise pour les coopératives d'usagers ou d'entreprises, au prorata des achats effectués. Elle prend la forme d'une participation au résultat ou de « *part travail* » pour les coopératives de production. Dispositif né en 1967, la participation permet aux salarié-e-s de percevoir une partie des bénéfices réalisés par l'entreprise, étant donné que le régime de participation aux bénéfices de leur entreprise pour les salarié-e-s (ordonnance de 1967) étant rendu obligatoire pour toutes les entreprises de plus de 50 salarié-e-s, et facultative pour les PME et TPE de moins de 50 salarié-e-s. Alors que moins de 3 % des PME et TPE de moins de 50 salarié-e-s versent de la participation en France, ce sont 98 % des SCOP qui disposent d'un accord de participation.

La participation se caractérise par son caractère collectif : tous les salarié-e-s de l'entreprise bénéficient de l'accord de participation, sous réserve éventuellement d'une ancienneté minimale de 3 mois ou de 6 mois, et se calcule d'après le temps de travail effectué et non pas selon le salaire. La contribution de chaque personne qui participe à la production est prise en considération dans les SCOP. Cette ristourne correspond aux accords de participation et ne peut être inférieure à 25 % des excédents de gestion.
Un décret du 1er février 1969 a adapté la participation aux engagements des coopératrices et des coopérateurs à l'égard de SCOP, avec la règle de répartition des Excédents Nets de Gestion. Les articles L 3321-1 et R 3323-9-27 à R 3323-11 du *Code du travail* en précisent les modalités et plus expressément l'article R 323-10 qui énonce la possibilité d'une « *réserve spéciale de participation* », qui doit être constituée avant de clore l'exercice, tout comme la Provision Pour Investissement (PPI). La ristourne se calcule sur les ENG après impôts et se déduit de l'IS, de même que la PPI.

La part travail versée à toutes et à tous les salarié-e-s, appartient au régime des salaires et, de ce fait, supporte les cotisations sociales afférentes aux salaires. Le montant imparti équivaut au montant brut diminué des charges sociales, salariales et patronales dont la CSG et la RDS. Cette part travail est comptée dans les revenus imposables.

Mais, si la part travail est affectée à la constitution de la réserve spéciale de participation, c'est-à-dire qu'elle est bloquée durant 5 ans (sauf pour cas de déblocages anticipés stipulés dans l'accord de participation), il y a exonération d'impôts sur le revenu hormis les contributions CSG et RDS.

Suite à la loi sur les revenus du travail, une disposition de la loi n° 2008-1258 du 3 décembre 2008 a été prise en faveur des revenus du travail permettant aux SCOP d'appliquer à la participation un délai de blocage de 5 ans. Cette possibilité préserve « *le principe de blocage antérieur afin de ne pas mettre en péril les fonds propres issus pour partie de la transformation en capital social de la* participation » (*SCOP Info*, n° 21, décembre 2008).

Pour cela, les SCOP doivent signer un avenant à l'accord de participation pour maintenir le blocage de 5 ans, avec le maintien de déblocage anticipé possible. La réserve spéciale de participation demande une attention particulière de gestion car la sortie au bout de 5 ans peut déséquilibrer la trésorerie de la SCOP. Une partie des sommes, bloquées en compte courant d'associé-e-s, peut être transformée en parts de capital.

En cas de difficultés de l'entreprise, les sommes en compte courant sont garanties au même titre que les salaires alors que le capital n'est pas une créance pour la SCOP. Sauf cas de jurisprudence (Cour de cassation de 1995) où la Cour a condamné les Assedic de l'Isère (en tant que représentant du FNGS) à payer les sommes versées volontairement par les salarié-e-s à un PEE. Cette décision « *trouve a fortiori à s'appliquer lorsqu'il s'agit de participation transformée en parts sociales* » (*Guide juridique des SCOP, op. cit.*).

Une clé de répartition des résultats statutaires

Une clé de répartition des résultats financiers est inscrite dans les statuts et constitue une base essentielle du fonctionnement spécifique des SCOP. Décidée par l'ensemble des fondateurs et fondatrices lors de la constitution de la SCOP, elle est chaque année soumise à l'ensemble des associé-e-s en Assemblée Générale.

En vue d'assurer la pérennité de l'entreprise et de récompenser le travail salarié, avant de distribuer des dividendes, une clé de répartition des Excédents Nets de Gestion (Loi de 1978), après déduction des pertes antérieures et de l'Impôt sur Société, institue trois attributions : 15 % pour la réserve légale minimum, une dotation au fonds de développement et une ristourne aux salarié-e-s d'au moins 25 %. Ces indications instaurent un minimum légal et obligatoire.

Or, nous constatons une clé de répartition qui majore le pourcentage à la fois à la part travail, la fameuse ristourne aux travailleurs et travailleuses, et à la part qui vise la pérennité de la SCOP. La part dividende y est minorée. « *On essaie de ne pas servir de dividendes trop élevés, 10 % (...) on n'a pas fait trop d'efforts pour devenir associé (...) il y avait trois millions de réserves, donc ça va. À un moment c'est quasiment immoral, déjà la participation est importante. Sinon là on pervertit le système que ce soit en versant la participation ou les intérêts des parts sociales* » (H).

De manière coopérative, à la recherche d'un traitement équitable, la participation est le plus souvent répartie selon la durée du temps de travail et non sur le salaire : une autre façon de signifier la reconnaissance de la complémentarité et l'importance de la place de chacun-e dans l'organisation et dans le poste de travail qui lui est dévolu.

À partir des statistiques fournies par la centrale de bilans de la CG SCOP, nous constatons en 2009 :
- une part totale de 50 % réservée aux salarié-e-s (40 % sous forme de participation, 10 % sous forme d'intéressement) qui traduit une volonté très nette de la part des SCOP à privilégier les coopératrices et les

coopérateurs et une politique de redistribution qui institue le rapport personnes-capital et propriété collective,
- 39 % d'attribution aux réserves impartageables qui attestent de la volonté délibérée des SCOP de consolider l'entreprise coopérative et de préserver leurs outils de travail, y compris pour les générations futures,
- une part réduite à 11 % qui rémunère les parts de capital. En tout état de cause, la rémunération totale de ces parts de capital ne peut excéder ni la part travail, ni la part des réserves. La répartition maximale ne saurait dépasser 33,3 % pour chaque catégorie.

Il nous importe de nous attarder quelque peu sur la résonance des ENG en SCOP car ce terme, employé sciemment à la place de bénéfices, distingue, là aussi, les SCOP des sociétés commerciales non coopératives. La différence est notoire car il s'agit d'un résultat de conséquences de gestion, plutôt qu'un but de rémunération et de valorisation du patrimoine des actionnaires. Ce résultat permet d'assurer à l'entreprise son développement et sa pérennité (P. Liret, 2010). Pérenniser une entreprise, c'est d'abord pérenniser la structure pour la génération qui l'a créée. Aujourd'hui, près des deux tiers des SCOP sont des sociétés nées entre 1970 et 1980. Mais pérenniser une entreprise, c'est aussi savoir la transmettre aux générations futures. Chaque année, le mouvement SCOP fête le centenaire de trois à quatre entreprises, de taille et de métiers divers.

Une Assemblée générale souveraine

L'Assemblée générale (AG) en SCOP réunit la totalité des associé-e-s. Elle a le pouvoir de nommer et de révoquer les membres de la direction : de la gérance, du conseil d'administration, du conseil de surveillance, et du directoire sous proposition du conseil de surveillance. Elle approuve le rapport de gérance, le bilan, l'affectation des résultats, mais aussi les modifications de statuts, d'engagements d'associé-e-s. La fusion avec une autre société et la dissolution sous soumises à son approbation. Les statuts peuvent lui attribuer d'autres pouvoirs. Elle détient donc une majorité de pouvoirs et la loi de 1978 lui reconnaît le droit de gérer directement. En pratique, l'AG délègue aux représentants de direction la plus grande partie des pouvoirs, sauf ceux énoncés auparavant. En AG, la règle une « personne = une voix » s'applique sauf dispositions contraires formulées dans les statuts, comme par exemple le droit de vote pour les associé-e-s externes de second rang.

Pour les associé-e-s détenant des parts à intérêt prioritaire, nous avons vu qu'ils votaient uniquement en AG si des intérêts n'étaient pas servis durant 3 ans. Une AG spéciale des associé-e-s titulaires de parts à dividende prioritaire sans droits de vote est convoquée, avant l'AG pour permettre à un-e délégué-e de participer à l'AG. Sa présence n'est pas comptabilisée pour calculer la majorité ou le quorum.

Un régime fiscal spécifique aux SCOP

Régies par le *Code général des impôts* (CGI), les SCOP sont assujetties à l'Impôt sur les Sociétés (IS), au titre de PME avec une particularité puisque le CGI établit dans l'article 214 que les SCOP peuvent déduire « *la part des bénéfices nets qui est distribuée aux travailleurs* » dans les conditions prévues par la loi de 1978. Si elles ont signé un accord de participation, les SCOP sont autorisées à déduire le montant de la réserve de participation et une provision pour investissement du même montant. Dans ce cas les dividendes (intérêts au capital) et éventuellement des réintégrations produisent de l'IS, ainsi que le report à nouveau comptable déficitaire.

Pour bénéficier du régime fiscal de la SCOP, celle-ci doit respecter les règles suivantes :
- la détention de la majorité des parts sociales par les associé-e-s salarié-e-s,
- avoir un fonctionnement conforme à la loi de 1978,
- être reconnue en tant que SCOP et inscrite sur la liste ministérielle du travail,
- ne pas avoir fait d'appel public à l'épargne.

L'assiette de l'IS peut être réduite avec un accord de participation, une réserve de participation, une PPI, une absence de rémunération du capital ou une réduction minimale des réintégrations prévues par la loi fiscale.

Afin de renforcer le capital social, des SCOP optent délibérément pour une majoration d'attribution au capital social qui appelle le paiement de l'Impôt Société.

L'Imposition Forfaitaire Annuelle (IFA) est due lorsque le CA HT est supérieur à 15 000 000 €. Sa suppression est annoncée pour 2014.

Par ailleurs, les SCOP bénéficient d'une exonération de la taxe professionnelle (Article 146 du *Code Général des Impôts*) devenue depuis janvier 2010 exonération de la Contribution Économique Territoriale 2010 (Article 1447-0 du *Code Général des Impôts*). Cette exonération résulte « *du rôle important qu'elles jouent par ailleurs dans le maintien de l'emploi, en particulier dans des régions affectées par la crise, il est normal que les collectivités locales contribuent en même temps que l'État au régime fiscal de faveur accordé à ces sociétés* » (E. Alphandéry, Ministre du budget, JO du Sénat du 15 juillet 1993).

L'exonération leur est accordée compte tenu du respect des contraintes juridiques et financières énoncées antérieurement. Leurs contributions économiques territoriales se traduisent par l'ancrage local, l'organisation d'un mécanisme de constitution de fonds propres au profit des générations futures de salarié-e-s et la détention du capital par une majorité de salarié-e-s associé-e-s. Ces conditions protègent les SCOP des OPA et les salarié-e-s de délocalisations inopinées, sans pénaliser les collectivités territoriales puisque ces dernières reçoivent chaque année une compensation de la part de l'État pour les pertes financières résultant de l'exonération (Article 1465 A, des I ter, I quater, I quinquies et I sexies de l'article 1466A et article 1466 F du *Code Général des Impôts*). Les SCOP établissent ainsi un type de contrat social avec les citoyen-ne-s et les collectivités publiques en répondant à la crise ainsi dénommée.

« Derrière la question de la coopération instituée, on produit de l'intérêt général. Donc c'est normal qu'on n'ait pas la taxe professionnelle à payer. Il n'y a pas d'enrichissement personnel. » (I)

Une responsabilité juridique du gérant, de la gérante ou PDG

La gestion est assurée par un mandataire choisi au sein des associé-e-s salarié-e-s (Article 1-alinéa 1 de la loi du 19 juillet 1978) lors de l'Assemblée Générale. Il ou elle bénéficie du régime de protection sociale générale. Si une SCOP est gérée par trois gérant-e-s, deux tiers doivent être employé-e-s salarié-e-s.

La responsabilité civile de la gérante ou du gérant est engagée s'il y a violation des lois applicables aux SCOP, des statuts et si des fautes de gestion sont commises. La responsabilité pénale existe si par exemple le sigle SCOP est utilisé sans inscription sur la liste ministérielle, si l'inscription SCOP ne figure pas sur les documents commerciaux, si les bilans présentés sont faux, si les réserves sont partagées entre associé-e-s. Ces fautes sont passibles d'amendes et parfois d'emprisonnement. En cas d'ouverture d'une procédure de redressement ou de liquidation judiciaire, la responsabilité de la gérante ou du gérant est retenue si les trois conditions suivantes sont rassemblées : un dépôt de bilan, une insuffisance d'actifs et une faute de gestion déterminante pour le dépôt de bilan. L'action pour combler le passif est réalisée à la demande de l'administrateur judiciaire, le représentant des créanciers, le commissaire à l'exécution du plan, le procureur de la république ou le tribunal. Ceci dans un délai de trois ans à partir du jour du jugement du plan de redressement judiciaire ou de la liquidation de l'entreprise coopérative.

2. DES SYSTÈMES DE CONTRÔLE EXTERNES DE LA GOUVERNANCE COOPÉRATIVE

Les SCOP ont une obligation légale de répondre à deux contrôles externes liés au statut coopératif :
- l'inscription sur la liste ministérielle,
- la révision coopérative.

Une inscription sur la liste ministérielle

Cette inscription est une obligation annuelle (article 54 de la loi du 19 juillet 1978 et décret n° 93-1231 du 10 novembre 1993) à laquelle chaque SCOP souscrit pour obtenir la reconnaissance par le Ministère du travail de l'identité SCOP. Un dossier type doit être transmis dans les délais, six mois maximum après la clôture des comptes, à la Confédération Générale des SCOP, qui vérifie le dossier et le valide avant de le transmettre aux DTEFP concernées. La liste départementale est envoyée au Ministère du travail au plus tard le 1er décembre pour un établissement de la liste ministérielle publiée au *Journal Officiel*.

L'agrément préalable à l'inscription sur la liste est confié au Préfet (décret n° 97-34 du 15 janvier 1997) qui délègue aux Directeurs départementaux du travail, de l'emploi et la formation professionnelle (DTEFP). Cette inscription confère le droit de s'afficher en tant que SCOP. Sans cette inscription sur la liste ministérielle, l'entreprise ne peut se déclarer SCOP. Elle est passible de condamnation si elle enfreint cette règle.

Une révision coopérative

La révision coopérative est une obligation légale, créée par la loi n° 83-657 du 20 juillet 1983, d'abord pour certaines catégories de coopératives. Puis elle s'est étendue aux SCOP SARL en 1992, qui peuvent alors se soustraire au commissaire aux comptes.

Elle est un des outils opérationnels de suivi et de contrôle qui occasionne une rencontre annuelle entre l'entreprise SCOP SARL ou SCOP SA et le mouvement, pour un rendu quinquennal pour les SCOP SA. Elle est censée être un regard extérieur sur la vie de l'entreprise, un moyen d'évaluer le fonctionnement coopératif et ses performances.

Le rapport de la révision coopérative est transmis aux dirigeant-e-s et aux associé-e-s de la coopérative, réuni-e-s en Assemblée Générale. Une attestation est adressée au Ministère du travail pour l'inscription sur la liste ministérielle, relative à la reconnaissance de la qualité de société coopérative de production. La révision coopérative se donne pour objectif de :
- s'assurer du respect des principes coopératifs,
- procéder à une analyse de gestion,
- suggérer des actions pour améliorer le fonctionnement et la situation de la coopérative.

La procédure se décline en cinq phases :
- *la phase préparatoire* qui permet d'élaborer une enquête avec le dirigeant, le CA et les partenaires sociaux,

- *la phase de diffusion et de récolte du questionnaire* durant une période déterminée (15 jours) qui correspond à la conduite d'entretiens auprès d'un échantillonnage représentatif de l'entreprise,
- *la phase du traitement de l'information* sur tableur Excel,
- *la phase de l'analyse des données,*
- *la phase de la restitution à la SCOP.*

Le questionnaire interroge les représentations des salarié-e-s sur :
- la typologie et la qualification, des salarié-e-s, associé-e-s,
- la présentation et représentation de l'entreprise par et pour
- les salarié-e-s,
- la politique de formation,
- la communication interne,
- l'organisation,
- la situation capitalistique de l'entreprise,
- le climat social,
- les conditions de travail.

La révision coopérative est un des outils de gestion et de communication des coopératives, utile à l'élaboration du projet de développement. Elle convie les associé-e-s salarié-e-s à examiner si le fonctionnement de la structure est adéquat avec les grands principes coopératifs. La révision coopérative vient questionner l'identité coopérative. Elle procure l'opportunité de s'arrêter pour analyser la situation de la SCOP afin de présenter une photographie et une radiographie de la SCOP, à un instant donné ; ce portait est coréalisé par les associé-e-s et la personne réviseure déléguée.

Cependant, la révision coopérative gagnerait en crédibilité et en qualité auprès des coopératrices et des coopérateurs, et de l'extérieur, si elle était conduite par des auditeurs externes. En effet, menée par des consultant-e-s, qui sont les délégué-e-s de l'Union Régionale des SCOP, donc les employé-e-s des associé-e-s salarié-e-s des SCOP auditionnées, les conditions et les comptes rendus de cette révision sont contestables d'un point de vue de l'éthique professionnelle, parce que les délégué-e-s entretiennent avec les SCOP des relations de « *conseillers* » tout au long des exercices. Cette posture rend donc caduque leur légitimité à deux niveaux :
- de par la relation employé-e-employeur qui contredit la place de tiers externe et peut engendrer des relations d'influences,
- de par leurs statuts et qualifications : toutes et tous ne sont pas des professionnel-le-s de l'audit.

La révision coopérative, assumée par une personne partie prenante et juge de la situation de l'entreprise, apparaît dommageable à l'exercice. La situation actuelle de la révision coopérative illustre une confusion entre audit et conseils.

Le mouvement gagnerait à différencier les réviseur-e-s- délégué-e-s des conseiller-ère-s, et à commander les révisions coopératives à des cabinets externes formés à la culture coopérative. Une SCOP aurait ainsi deux interlocuteurs-trices avec des missions bien différenciées. La révision coopérative devrait être assurée par des professionnel-le-s ayant une formation pluridisciplinaire et une culture coopérative, ou mieux par une équipe pluridisciplinaire sensibilisée à la culture coopérative. Il s'agirait là d'un nouveau métier qui pourrait être engagé dans une démarche de RCNP par un organisme de formation externe aux Unions Régionales et à la Confédération Générale des SCOP ou dans le cadre d'un Diplôme Universitaire national voire international.

Prestation d'audit facturée par l'association de révision coopérative, sous la direction de l'UR SCOP, la révision coopérative est contestée par certaines SCOP, qui la considèrent comme « *une manne financière pour les UR SCOP* » et une « *ponction supplémentaire* » pour les SCOP qui s'acquittent d'une cotisation au mouvement coopératif régional et national. Il est juste de la reconnaître comme un moyen de cofinancement conséquent de l'Union Régionale, qui s'ajoute à la cotisation.

Pour parachever cette étude de l'application des règles juridiques, nous présentons ci-dessous sous forme de tableau une comparaison statutaire entre les SCOP SARL et SA et les entreprises SA et SARL non SCOP.

3. UNE COMPARAISON DES STATUTS D'ENTREPRISES

Une Société Coopérative Ouvrière de Production, ou Société Coopérative de Production, devenue Société Coopérative et Participative en 2010, plus communément dénommée SCOP, est une société de personnes commerciale française de type SARL ou SA, qui peut exercer dans presque tous les domaines d'activité. Néanmoins une SCOP, SA ou SARL, possède des caractéristiques particulières qui la différencient d'une SA ou SARL Non Coopérative et justifie l'appellation SCOP SARL ou SCOP SA.

Pour mieux appréhender la spécificité du statut coopératif, nous comparerons les règles juridiques d'une entreprise SCOP et d'une entreprise Non Coopérative avec les deux tableaux ci-dessous. Le premier tableau concerne les statuts d'une SCOP SARL et une SARL Non Coopérative (SARL NC), et le deuxième tableau présente le statut d'une SCOP SA et d'une SA Non Coopérative (SA NC). Les données correspondent au minimum requis, sauf indications contraires notées.

TABLEAU N° 5 : COMPARATIF SCOP SARL ET SARL NC

	SCOP SARL	SARL Non Coopérative
Associé-e-s Pouvoir	2 Associé-e-s salarié-e-s A.S majoritaires 1 associé-e = une voix Sauf asso. externe (1)	2 Associé-e-s Proportionnel au capital détenu
Conseil de surveillance	Non sauf SI + 20 Associé-e-s	NON si moins de 25 salarié-e-s Voir si dispositions particulières
Capital	Variable 30 € minimum, soit une part de 15 € par associé-e REMBOURSÉ/DÉPART	Fixe ou variable (RARE) 1 € minimum fixé librement dans les statuts Non remboursé (sauf si capital variable) Peut être vendu/valeur de l'entreprise sur le marché
Capital individuel	50 % maximum	PAS DE LIMITE
Statut gérant-e-	Salarié-e Élu-e par A.G. Régime général S.S. Allocation-chômage	Salarié-e ou non Pas d'allocation-chômage
Commissaire aux comptes	Non sauf si 2/3 seuils réglementaires atteints (2)	Non sauf si 2/3 seuils réglementaires atteints (2)
Révision Coopérative	OUI	NON
Cotisation	OUI- 0,5 % CA (moyenne)	NON
CFE et CVAEC	Non Si au moins 50 % du capital détenu par les salarié-e-s	Oui Selon dispositions depuis janvier 2010
Impôts/Sociétés	Oui mais possibilités de défiscalisation à 100 % (3)	Oui
Participation	Oui 40 à 50 % du résultat Défiscalisée d'IS Non imposable/IRPP	Oui si + 50 salarié-e-s 5 % du Résultat
Répartition du résultat	Part salariale Part entreprise Part associé-e (4)	Libre avec priorité à la rémunération du capital
Réserves	15 % du résultat (minimum) Exonérées/IS si accord de participation IMPARTAGEABLES	5 %/ Résultat -Assujetti/IS Distribuable après 5 ans
Patrimoine	Plus-value = réserves impartageables Pas de distribution sauf constitution d'une réserve de revalorisation de parts	Distribution de plus-value cessation de parts ou liquidation ou distribution de réserves

Source : l'auteure, d'après CGSCOP2011

TABLEAU N° 6 : COMPARATIF SCOP SA ET SA NC

	SCOP SA	SA Non Coopératives
Associé-e-s Pouvoir	7 Salarié-e-s associé-e-s A.S majoritaires 1 associé-e = une voix Sauf asso. externe (1)	7 associé-e-s Proportionnel au capital détenu
Conseil surveillance	Oui	Oui
Capital	18 750 €- Variable	37 000 €- Fixe
Capital individuel	50 % max Remboursé au départ	Proportionnel/capital non remboursé, sauf si capital variable Peut être vendu suivant valeur de l'entreprise sur le marché
Statut gérant-e	Si salarié-e Régime général S.S. Allocation-chômage	Salarié-e ou non Pas d'allocation-chômage
Comm.aux comptes	Oui	Oui
Révision coopérative	Oui	Non
Cotisation	Oui-0,5 % CA	Non
CFE et CVAEC	Non si au moins 50 % du capital aux asso. salarié-e-s	Oui Selon conditions
Impôts sociétés	Oui Possibilités défiscalisation (5)	Oui
Participation	Oui- 40 à 50 % du résultat Défiscalisée d'IS Non imposable/IRPP	Oui si + 50 salarié-e-s 5 % du résultat
Répartition du résultat	Part salarié-e Part entreprise Part associé-e (4)	Libre avec priorité/rémunération du capital
Réserves	15 % du résultat mini Exonérées/IS si accord de participation Fonds de développement doté chaque année	5 % résultats assujettis/IS Distribuable après 5 ans
Patrimoine	Plus-value = réserves impartageables Pas de distribution sauf constitution d'une réserve de revalorisation de parts	Distribution plus-value cessation de parts ou liquidation ou distribution de réserves

Source : l'auteure, d'après CGSCOP, 2011.

Légende des tableaux comparatifs d'entreprises SCOP et NC

(1) Sauf dispositions particulières pour les associé-e-s extérieur-e-s qui ne peuvent détenir plus de 35 % du capital voire 49 % si la société mère est une SCOP.
(2) Non si révision coopérative annuelle, et si moins de deux seuils réglementaires atteints, à savoir les trois seuils réglementaires étant :
- total du bilan : 1,5 million d'euros,
- chiffre d'Affaires H.T. : 3 millions d'euros,
- nombre moyen de salarié-e-s : 50.

(3) Défiscalisation à 100 % si :
- signature d'un accord de participation
- Mise en réserve égale au montant mis en participation
- Réserves affectées à la PPI à investir dans les 4 ans
- Aucune distribution de dividendes

(4) La part salarié-e-s = part travail sous forme de complément de salaire ou de participation bloquée durant 5 ans.
La part entreprise = la part des réserves.
La part des associés-e-s = les intérêts au capital = les dividendes

La lecture de ces tableaux, permet d'identifier les différences notoires entre SCOP SA ou SARL, et SA et SARL Non Coopératives. Les spécificités des SCOP apparaissent au niveau de la constitution humaine et financière, d'un point de vue individuel (statut de l'associé-e, du gérant-e, limite de parts de capital) et d'un point de vue collectif (clé de répartition des résultats, plus-value collective).

Les singularités juridiques des SCOP les engagent à un fonctionnement différent de celui des entreprises de droit commun. Distinctes du groupe intitulé « entreprises de droit commun », elles se particularisent dans le champ économique et politique à partir d'un projet d'entreprise collective, tel que la définit la Recommandation 193 de l'Organisation Internationale du Travail de juin 2002 à savoir :

« Une coopérative est une association autonome de personnes volontairement réunies pour satisfaire leurs aspirations et besoins économiques, sociaux et culturels communs au moyen d'une entreprise dont la propriété est collective et où le pouvoir est exercé démocratiquement. » (www.aci Statement on the Co-operative Identity).

Kofi Annan, Secrétaire Général des Nations Unies de 1997 à 2006 a insisté à plusieurs reprises sur la contribution politique et sociale des coopératives car, selon lui : « *... ce sont des organisations axées sur la personne et fondées sur l'équité, la solidarité et l'assistance mutuelle ; les coopératives sont un élément catalyseur du développement de l'esprit d'entreprise et un facteur important de*

stabilité et de cohésion sociale. Aujourd'hui les coopératives contribuent à la consolidation de la paix en favorisant le développement économique et social à l'échelon local (...). Le modèle économique sur lequel elles s'appuient, à savoir l'initiative personnelle et l'entraide, facilite la conciliation sociale politique. Par ailleurs les coopératives permettent aux individus de s'affranchir d'une tutelle et offrent un cadre tout désigné aux processus démocratiques locaux. »
(1er juillet 2006, Journée Internationale des coopératives).

Ces définitions consolident les définitions historiques et rendent compte de leurs fonctionnements démocratiques et équitables. Si la première déclaration reconnaît dans la coopérative une organisation d'entrepreneuriat collectif démocratique, la deuxième constate sa participation à la stabilité et à la cohésion sociale. Elles insistent aussi sur une autonomie possible des personnes dans un cadre de référence démocratique. Les coopératives, dès lors, retrouvent leurs identités politiques et économiques originelles, avec des variables liées aux origines de la création.

4. Une taxonomie de création SCOP

Nous avons vérifié précédemment la portée de la question de la gouvernance coopérative pour une SCOP en vertu des statuts qui posent le cadre d'un fonctionnement coopératif. Les statuts SCOP, en effet, instituent une gouvernance coopérative, avec une double référence de « *gouvernance politique* » et de « *gouvernance managériale technique* », en écho au double statut d'associé-e-salarié-e qui lui-même établit une double responsabilité de l'acteur-trice en référence à sa double qualité de politique et de technicien-ne. « *Ce gouvernement d'entreprise est original, basé sur une démocratie vivante. Il est en progrès, mais doit être constamment adapté et améliorer en même temps qu'est vérifiée et contrôlée l'application des règles qui le définissent* » (Étienne Pflimlin, 2006).

À la recherche d'une gouvernance coopérative multiparadigmatique, nous avons observé et relevé sur le terrain des applications possibles d'une gouvernance coopérative en vue de proposer « *un idéal type* » de gouvernance coopérative. En effet, c'est à partir des investigations sur le terrain que nous interrogeons la théorie, afin de proposer un idéal type construit sur la base des meilleures pratiques des SCOP de l'échantillon. Celui-ci permettrait en effet de guider au mieux les praticien-ne-s au quotidien dans leurs quêtes et interrogations.

Un projet politique originel et original

Les statuts de la SCOP définissent le cadre juridique d'une entreprise collective et intemporelle par les trois principes fondamentaux coopératifs suivants :

- la propriété collective subordonnée à l'usage,
- le pouvoir partagé,
- le profit dans l'intérêt de ses membres.

Si ces trois préceptes sont déterminants pour la stabilité et la pérennité de la SCOP, néanmoins, le système de la gouvernance de SCOP s'organise autour d'un projet politique singulier, dont l'essence est liée au mode de création de la SCOP (*ex nihilo*, transmission, mutation ou réanimation) et aux personnes qui l'animent, d'où une taxonomie de création suivante.

Un projet politique prononcé pour les SCOP ex nihilo

Les SCOP créées *ex nihilo* résultent d'un projet collectif réfléchi et maturé qui tente de réunir des projets individuels dans une temporalité rythmée par les personnes initiatrices du projet. Les créateurs et créatrices portent un idéal de vie, un idéal de société dans lequel s'imbrique un idéal professionnel. À la recherche de pratiques professionnelles en adéquation avec leurs idées et leurs projets sociétal et individuel, ces personnes choisissent de réaliser leur vie professionnelle en intégrant les valeurs qui les habitent. D'où des projets politiques clairement identifiés et exprimés.

Ainsi « *la génération de la rupture pour les fondateurs en 1970 (...) dans un contexte sociopolitique qui analyse la propriété, le rapport propriété/usage* » (I) a été déterminante pour le projet politique de la SCOP qui inclut la notion de projet dans le projet politique de l'entreprise. Celui-ci est défini entre autres par un questionnement inhérent à la propriété privée et à la notion d'usage de biens. Pour les fondateurs et fondatrices, le projet politique de la SCOP consiste à articuler l'individuel et le collectif sur un territoire dans une dynamique solidaire avec un autofinancement : « *on veut transformer la société (...) ; la SCOP est une machine à créer des emplois et à développer l'économie locale et solidaire et à démonter le système qui permet de gagner de l'argent pour immobiliser des biens qui ne servaient pas.* » (I) La SCOP s'organise alors en communauté de travail. La création d'emplois suit le cours de développement d'activités portées par « *des gens de projets* ». La mutualisation de moyens permet une vie confortable avec un salaire égal au SMIC : jardin collectif, voitures collectives, crèche, déjeuners collectifs... Ces moyens choisis, et non imposés, évoluent au fil du temps, de la réalisation de projets et des besoins des personnes. Ils sont des réponses appropriées dans un contexte déterminé pour répondre à des besoins ponctuels et collectifs.

La SCOP pratique une coopération interne et externe, une solidarité. Les individus participent à la réalisation et au développement d'une économie locale et solidaire qui a de fait développé des emplois en interne et en externe et a favorisé des participations à des réseaux locaux. La SCOP a sollicité la commune pour l'obtention d'un pôle d'excellence rural en soutien de ses projets. Le label certifie un territoire créateur de liens et porteur d'avenir. Il vise à consolider des liens entre le privé et le public et à valoriser la culture de l'Économie Sociale et Solidaire. Au fil du temps et des besoins repérés, le projet politique très ancré sur un territoire local s'est déployé vers une économie internationale et solidaire, vers un projet global. Le choix d'un partenaire international résulte d'une étude globale des organisations productrices de coton biologique, et pas uniquement de leurs modes de production, sur place à travers des rencontres humaines et des visites de sites. La qualité du produit certes, mais aussi du projet politique global, a été déterminante dans le choix de la coopération internationale. « *Nos commandes participent au développement d'une structure égyptienne orientée vers la prise en compte de l'environnement et de la dignité humaine dans ses méthodes* ». Le projet politique de la SCOP intègre dès sa création une démarche écologique qui interroge le rapport à la Nature et une démarche équitable entre le Nord et le Nord et le Nord et le Sud.

Sur ses terres, la SCOP a proscrit tout traitement chimique de ses procédés de fabrication et elle a installé une station d'épuration des eaux usées en vue de protéger l'environnement. Puis la recherche de coton biologique l'a conduite tout naturellement en d'autres lieux qui préservent la nature en produisant selon la méthode Demeter. La dimension et la dynamique du projet politique ont cheminé du local au global en conservant ses orientations politiques. Les choix politiques orientent non seulement les discours et les écrits, mais aussi les pratiques. Ils servent de référence aux pratiques.

Dans un contexte de récession et de crise pour l'emploi, le projet politique d'une troisième SCOP vise à vouloir produire des emplois, car « *l'intérêt c'est de créer des emplois, SCOP ou pas SCOP* » (F) en développant l'activité, et en accompagnant des créations d'activités même si elles ne sont pas en SCOP. L'objectif est de permettre à des personnes de travailler et d'avoir des revenus suffisants dans un cadre choisi, en corrélation avec leurs intérêts et le contexte d'activité. Ce projet révèle la reconnaissance d'une économie plurielle à laquelle les SCOP participent dans un état d'esprit d'ouverture et de coopération externe au mouvement. La SCOP poursuit le but de générer des emplois, voire de « *sauver des emplois sans avoir peur d'innover en dehors des champs d'action historiques* ». Le projet politique ouvre les portes de la SCOP sur un vaste monde économique. Il convie les acteurs et les actrices à une veille permanente et à une recherche de solutions de solidarité pour composer avec un monde du travail épanouissant.

L'élaboration d'un projet politique d'une création *ex nihilo* nécessite du temps, comme nous l'avons entendu lors des entretiens. « *À la base trois fondateurs salariés d'une SA classique. Moi ça faisait longtemps que j'avais le souhait de créer mon entreprise, eux aussi. Au fil des discussions on s'est rendu compte* qu'on avait des intérêts communs. Il s'est passé neuf mois de gestation ; c'est notre bébé, notre entreprise ; on a envie qu'elle vive bien. C'est un projet politique, c'est clair : le principe même de la SCOP c'est le partage avec un investissement personnel et un enrichissement équitable. La démarche de SCOP c'est dire on s'enrichit tous ! » (M). Le temps de « gestation » indique d'une part un besoin de temps d'élaboration, amplifié par le collectif et d'autre part, une fabrication d'objet unique qui nécessite l'assentiment du groupe constitué. Dans l'attention portée à l'élaboration du projet, précurseur d'un engagement sur du long terme, apparaît le risque de propriété des fondateurs, au risque de générer une tension avec de futur-e-s sociétaires, associé-e-s de second cercle. Ce projet questionne deux rapports essentiels qui sont le rapport au pouvoir et le rapport à l'argent pour les trois créateurs qui envisagent un autre fonctionnement que celui expérimenté ensemble dans une entreprise classique. Cette nouvelle SCOP (créée en 2006) revendique la conception d'un projet politique encastré dans l'économie : « *le but est de créer un outil de travail humain différent avec le désir de démontrer qu'une telle société est viable dans le temps* ». Le projet politique envisage d'emblée une qualité des conditions de travail et une faisabilité économique.

Si l'engagement induit une période d'élaboration, de réflexion plus ou moins longue selon les individus, leurs degrés de connaissance entre les uns et les autres et le projet, la dimension politique du projet est revendiquée dès le départ. Créer une SCOP est bien un choix politique dans la démarche qui s'enquiert à la fois du rapport à l'argent, du rapport au pouvoir et du rapport au temps, voire au désir d'immortalité.

Le projet collectif de la SCOP s'articule avec un désir d'autonomie des individus vis-à-vis d'une société réfutée qui prône un asservissement au patronat. Certaines SCOP revendiquent leur appartenance à un mouvement créatif contestataire d'un mode unique établi. Nouveaux designers d'entreprise, héritiers d'une culture collective « *des enfants de 68* » choisirent le « *statut de SCOP pour dire que les gens qui allaient en vivre devaient prendre leur destin en main (...) avec le désir de fonctionner en autarcie, loin des modèles. (...) Une idée politique de la SCOP, une idée de l'autonomie, le fil rouge c'est l'autonomie : la valeur la plus comprise, la plus revendiquée même si elle est un peu floue (...). Le travail de l'indépendance pose la question de l'intérêt général d'un développement du sens commun. Pour le plaisir de travailler, d'avoir une communauté de travail si possible prospère. Un modèle républicain* » (B). La création de la SCOP est portée par un choix politique collectif qui réunit ici le désir et la préférence d'une autonomie partagée. L'autonomie revendiquée engage les individus dans un projet politique collectif qui laisse cependant poindre un risque d'affaiblissement du développement du sens commun auquel la SCOP doit être attentive. L'affirmation d'un fonctionnement en dehors des modèles communs place la SCOP dans une dynamique d'innovation au sein d'une économie plurielle.

« Le travail doit d'abord rendre heureux. Le rôle d'une SCOP c'est d'être un laboratoire, un terrain d'expérimentation, notamment de démocratie participative et de proposer des idées qui peuvent inspirer les autres entreprises » (Liaisons sociales, juin 2003). La SCOP affiche un double objectif : celui de faire vivre la démocratie en interne et celui de promouvoir des expérimentations de démocratie participative dans les autres entreprises. Les origines culturelles et politiques des fondateurs animent l'entité coopérative instigatrice de nouveaux modèles, aiguillon pour les autres entreprises.

Un projet politique de création ex-nihilo prend racine dans un territoire, dans un environnement choisi. Quand les personnes créatrices cherchent à harmoniser leurs vies privée et sociale, familiale et professionnelle, la prise en considération de l'environnement importe beaucoup pour l'installation de la SCOP. Cette décision est également capitale pour l'identité de la coopérative qui s'y établit et pour son développement. L'implantation géographique est un des éléments de la carte d'identité qui participe à sa notoriété, à sa reconnaissance et peut expliquer son projet politique.

Pour *« les fondateurs parisiens amoureux de la montagne, le projet coopératif c'est l'Homme (...). Aujourd'hui une coopérative c'est simplement vivre différemment dans l'entreprise avec la transparence et les responsabilités. On partage un planning plein et des problèmes avec l'esprit coopératif inculqué par les fondateurs »* (E). L'environnement montagnard et l'esprit coopératif sont les pierres angulaires du projet politique de cette SCOP qui suppose une adhésion à une culture locale prégnante et à une culture coopérative. Les fondateurs parisiens ont su s'intégrer à la culture locale et partager leur projet avec des autochtones qui ont adhéré à la culture coopérative. Les liens entre leurs passions partagées de la montagne et leur projet coopératif rappellent le lien entre l'Homme et le groupe, une cordée en quelque sorte nécessaire pour accomplir le projet de l'ascension. Leur esprit coopératif perdure, même si aujourd'hui les motivations peuvent être différentes, plus centrées sur des actions.

En tout cas, l'ancrage territorial d'hier et d'aujourd'hui, favorise de fréquents échanges locaux et crée une proximité de vie sur un plateau où tout se sait. La transparence s'impose alors sur un territoire où les informations se propagent rapidement, grâce à une proximité physique, voire une promiscuité, tel un rappel incessant aux sociétaires de leurs responsabilités partagées et de leurs engagements.

Pour autant, cette situation exige une grande vigilance pour ne pas sombrer dans un repli communautaire sectaire qui refuserait tout apport de l'Étranger ou pratiquerait la politique de l'autruche. L'histoire de cette SCOP nous enseigne la possible rencontre entre personnes d'origines et de cultures différentes. Si « *travailler et vivre au pays* » (PSU et CFDT, 1976) est un choix politique personnel qui permet d'harmoniser vie familiale et vie professionnelle, porté par un collectif, un tel projet peut être un projet de Développement Durable puisqu'il limite les déplacements des salarié-e-s et peut-être même la pollution. Il prend en compte leur bien-être compte tenu de leurs décisions de travailler et de vivre au même endroit et maintient l'emploi en zone de montagne. Quant au partage quotidien des emplois, du temps et des problèmes inhérents à l'activité avec l'esprit coopératif, c'est une occasion qui est donnée à chacun-e de pratiquer l'échange, pour l'accomplissement d'un ouvrage collectif initié par les créateurs.

L'échange est bel et bien au cœur de « la réciprocité éthique : dans la mesure où tu m'as donné, je trouve juste de te donner à mon tour » (O). Ce projet politique fait écho aux travaux de Marcel Mauss (1950) et ceux de Luis Vasquez, psychologue, en 1976. Induisant une culture de responsabilité et d'autonomie nécessaire « la réciprocité éthique » éclaire la dimension équitable permanente du projet politique coopératif.

Le projet politique des SCOP ex-nihilo résulte d'une volonté politique, individuelle et collective, de créer une entreprise coopérative différente des autres entreprises. Le temps de la gestation durant laquelle les questionnements sociaux, politiques et philosophiques sont posés et analysés par un collectif demeure l'atout essentiel dont bénéficient ces créations ex-nihilo. La situation pour les entreprises réanimées est très différente.

Un projet politique de survie pour les réanimations

Pour les coopératives créées lors d'une reprise à la barre, les « *réanimations* » dans le jargon des Unions Régionales, le projet politique s'inscrit dans une tout autre réalité. Suite à un abandon de la famille de l'économie non coopérative, l'instinct de survie conduit à un choix par défaut. Pour continuer l'activité et le travail sur place, pressés par la conjoncture et le calendrier du tribunal, la reprise par les salarié-e-s a été « *la meilleure solution car aucun moyen financier de reprendre* » (J). La formule SCOP devient la seule réponse possible aux demandes de maintien des emplois. Dès lors, le projet devient un projet collectif de survie qui démontre la nécessité d'une coopération et convoque à une révolution culturelle presque immédiate. Accepter un autre fonctionnement qui exige de l'autonomie et de la responsabilité partagée, c'est s'engager à renoncer à une culture de classes confortable pour des syndicalistes en but au patronat, car « *le patron, c'est nous !* ». Le projet politique en entreprise, porté auparavant par les mêmes salarié-e-s, s'avère obsolète ; leurs places changent, comme leurs rapports aux uns et aux autres en interne et en externe. Cette dimension politique du changement culturel est un facteur essentiel de réussite ou d'échec, la tentation de devenir calife à la place du calife n'étant pas écartée.

Bien sûr le statut coopératif positionne la SCOP dans un champ politique historique lors d'une réanimation, mais à la différence d'une création ex-nihilo, celui-ci n'est pas interrogé et rédigé dans le même contexte puisque le sauvetage des emplois hante les esprits des salarié-e-s. « *L'important c'est de continuer à fonctionner* » (G) afin de conserver l'activité pour maintenir un maximum d'emplois. Faire vivre la structure et les personnes sur place, pour continuer de travailler au sein des murs connus, constitue le projet politique immédiat de sauver des emplois. Il évoque le projet politique d'occasionner des emplois de SCOP créées ex-nihilo, et illustre, à sa manière, sa contribution au développement d'un projet territorial d'activité.

Les organisations politiques et syndicales locales interviennent alors en soutien avec la société civile (comité de soutien), les entreprises locales, les commerçants et les institutions dont les Mairies, la Région et l'État.

Cette solution, par défaut au départ, crée des engagements vis-à-vis de l'extérieur, de la cité car « *on ne peut pas décevoir ceux qui nous ont soutenus ; j'ai souvent utilisé ce slogan pour tenir les gens en haleine* » (G). Les liens sociaux tissés révèlent une solidarité locale qui dépasse l'enceinte de l'entreprise. L'intérêt général poursuivi dévoile une cartographie des réseaux sociaux qui se croisent sur le territoire au bénéfice du maintien d'une activité de production dont la vie locale bénéficie a fortiori. Le projet politique initial de survie alimentaire de la SCOP évoluera au fil du temps, empreint par cette reprise rendue possible grâce à l'accompagnement et la mobilisation du mouvement coopératif.

Ailleurs, la reprise de l'entreprise par les salarié-e-s fait suite à une lutte syndicale en 1981 après un dépôt de bilan du groupe fondateur. Intégré au projet d'entreprise, le projet politique, s'articule aujourd'hui autour de « *l'écoconception et du statut coopératif* » (A). Cette démarche environnementale vient compléter la démarche économique et sociale d'entreprise coopérative et indique la politique de Développement Durable de la SCOP.

Quant au statut coopératif, l'enjeu dans le cadre d'une reprise consiste à démontrer que « l'intérêt de la coopérative c'est de permettre aux gens d'être en plus grande autonomie, d'avoir plus d'initiatives, de responsabilités ». Or, la personne contrainte de devenir associée pour garder son emploi ne perçoit pas, dans un premier temps, cet intérêt de la coopérative. Changer de culture, abandonner la posture précédente, ne va pas de soi pour tout le monde.

Ces conditions de création dans le cadre de la réanimation remémorent celles des premières coopératives qui pourvoyaient aux fermetures des ateliers royaux dans une lutte pour la survie alimentaire des personnes habitées d'un désir d'indépendance. Aujourd'hui, le contexte politique et social mondialisé suscite chez les personnes considérées comme des objets lors de la liquidation d'une entreprise, un regain pour abolir une servitude silencieuse et la suppléer par un engagement responsable. Il s'agit bien d'établir un projet politique collectif et non individualiste qui emmène le groupe vers une reconnaissance identitaire groupale qui rompt avec une gestion individuelle capitaliste illustrée par le célèbre dicton : « *diviser pour mieux régner* ». Le projet politique initial des entreprises réanimées sous forme de SCOP, en rupture phénoménale avec le projet politique antérieur de l'entreprise non coopérative, a besoin d'un temps de latence post-création pour une appropriation par le plus grand nombre. Pour une alchimie de l'héritage de la dette en don, pour transmuter le projet politique, pour apaiser les rancœurs éventuelles, quelques années et travaux s'imposent.

La transmission du projet politique : un héritage annoncé

Par contre, dans le cadre de la transmission d'entreprise ou de mutation (par exemple d'une transformation d'association en coopérative), le projet politique se transmet avec plus d'aisance, d'autant plus s'il s'agit des mêmes personnes qui vivent la mutation. La transmission concomitante au départ des personnes fondatrices revêt un sens supplémentaire, car elle se charge d'une dimension intergénérationnelle. « *Les salarié-e-s de l'association commencent à piloter la chose, à la remettre sur pieds en 95, 96, 97. L'association est une coquille vide, la structure a grossi, s'est économiquement développée, le dernier fondateur part et on se demande que faire de cette chose-là ? Les membres de l'association disent : c'est les salarié-e-s qui la portent, donc il faut la leur transmettre* » (H). Lorsque les salarié-e-s ont la chance de se préparer à piloter l'organisation, la transmission se fait par étapes au fur et à mesure du contexte et de l'évolution de l'association.

Quand en plus, cette dernière est saine, la transmission s'expérimente avec plus de sérénité. « *On a hérité de quelque chose qui était existant, en bonne santé économique et financière qui ne nous a pas demandé d'amener du capital, donc c'était facile. On devenait tout à coup propriétaires de quelque chose qui était. On n'a pas eu à s'engager. On a repris avec beaucoup de plaisir et d'intérêt pour ça : devenir acteur de notre entreprise, ça crée des choses bien particulières, mais c'est autre chose que ceux qui reprennent* » (H).

Avec la mutation de l'association en SCOP, le projet politique initial de divulguer au grand public des pratiques écologiques se voit complété par une volonté politique d'accompagner les salarié-e-s, progressivement et selon leur rythme, vers le statut d'associé-e-s salarié-e-s qui leur confère de nouvelles responsabilités.

L'apprentissage de l'exercice de la démocratie coopérative en interne devient un réel projet politique. Faire vivre la démocratie au sein de l'entreprise coopérative mobilise beaucoup d'énergie et de temps. Une nouvelle philosophie pénètre peu à peu l'organisation et convie les associé-e-s salarié-e-s à s'interroger sur des concepts tels que celui de la propriété collective et intergénérationnelle. Même si auparavant l'association était propriétaire des biens, elle constituait une entité distincte du groupe des salarié-e-s. Maintenant en SCOP, la propriété, devenue collective et coopérative, traduit un élément tout à fait singulier du projet politique coopératif et engage les ex-salarié-e-s devenu-e-s associé-e-s salarié-e-s. Les biens (immobiliers, mobiliers, intellectuels) acquis par la SCOP sont entretenus par le collectif humain mais restent la propriété de la SCOP, voire du mouvement en cas de cessation d'activité saine. Cette formule a l'avantage de mettre à disposition des outils de travail aux jeunes générations sans qu'elles aient besoin de mobiliser des investissements lourds d'équipement. Cette transmission culturelle et matérielle participe à la fois à la création d'emplois nouveaux, à la politique de développement du territoire et à la démocratie.

Issu des pratiques de l'Éducation Populaire dans les années 1980, « *notre projet politique, nous, c'est d'éviter les jeux de pouvoirs (...). Pas d'enjeux de gagner, de perdre, il y a l'enjeu d'être à l'écoute, de se faire confiance...* » (P). L'intention « *est de construire de nouveaux rapports au travail privilégiant la coopération, la solidarité, la mutualisation de moyens, la participation active, la créativité, l'épanouissement de la personne et le respect de l'environnement.* » (P)

La mutation de l'association en SCOP n'a pas dénaturé cet ambitieux projet politique. L'invitation est lancée aux participant-e-s de dépasser leurs velléités d'individualisme et de compétition pour construire de nouveaux rapports au travail dans un environnement préservé, selon une culture originelle associative d'éducation populaire. Pour la réalisation de cette intention politique, des moyens ont été mis en place que nous développerons ultérieurement dans la partie « Management Coopératif. »

L'activité d'une autre SCOP est éclairée par une analyse sociopolitique de la violence grandissante dans les quartiers et des rapports de classes établis dans la société. Là encore, le changement de statut opéré en 1987, après neuf années de vie associative, a préservé le projet politique associatif et continue de donner du sens aux activités de production de la SCOP. La volonté politique des coopérateurs et coopératrices ambitionne « *d'apporter du lien social* » (L).

Leurs productions artistiques collectives se partagent avec les habitant-e-s d'un quartier, d'une rue, d'un immeuble, d'une ville. Les fresques réalisées renversent les préjugés établis des habitant-e-s qui sont alors valorisé-e-s : « *Les murs c'est la peau des habitants. Comment faire en sorte pour que les gens soient reconnus ? Avec les fresques, le rapport au quartier va changer. (...) S'il y a des gens qui viennent nous voir, c'est qu'on n'habite pas n'importe où, c'est qu'on n'est pas n'importe qui. Donc tous ces éléments vont apporter du plus, c'est notre métier, c'est un projet politique. Le mode de rapport à l'autre est différent.* » (L)

Ce projet politique entend favoriser un mode relationnel différent qui reconnaisse la personne, quel que soit son lieu d'habitation et établir des passerelles entre des communautés distantes. En créant un mur laïc à Jérusalem, à côté du mont des oliviers, rassemblant des symboles culturels des communautés établies avec des cofinancements de la ville de Jérusalem, des Affaires Étrangères et d'une association de Rhône-Alpes, la SCOP assume un engagement politique très fort au service d'une cause internationale. Ainsi, les fresques peintes dans le monde entier établissent « *des mini-révolutions dans des petits environnements* »; elles sont à la fois les actrices, les révélatrices et les témoins de l'évolution des liens sociaux et de l'exercice de la coopération. Engagée dans un projet politique international au service de la Cité, cette SCOP vit depuis trente ans la parité en interne, autre déclinaison de son projet politique.

Le projet politique de ces trois expériences de mutation associative en SCOP s'exerce à l'intérieur et à l'extérieur de la SCOP sur un territoire aux configurations variables selon le projet initié. Il confirme la recherche d'un fonctionnement démocratique et d'un ancrage territorial dans un espace-temps transgénérationnel.

5. Une entreprise collective et intemporelle autogérée

Une spécificité de la SCOP réside dans son objet institutionnel qui est le fonctionnement autogéré d'un système pour l'amélioration de la situation de ses membres, acteurs bénéficiaires (F. Espagne, *op. cit.*).Si le concept d'autogestion, aujourd'hui, n'a pas bonne presse dans la société française, pourtant il convient au fonctionnement SCOP : « *l'autogestion ? C'est l'alliance de l'autonomie et de la démocratie : l'autonomie comme refus de la domination des actionnaires ou des bureaucrates ; la démocratie comme participation effective de chacun aux décisions, à égalité de droits.* » (P. Singer, 2005)

À partir de cette définition, en dépassant les représentations négatives liées à l'autogestion, nous pouvons admettre la qualité d'un système autogéré par les coopérateurs et coopératrices, constatée sur le terrain. Co-entrepreneur-e-s

(École des Mines d'Alès, 2004), les associé-e-s salarié-e-s codécident, cofinancent et partagent la responsabilité. La singularité SCOP se traduit par la propriété collective, le pouvoir partagé et le profit dans l'intérêt de ses membres coopérateurs-trices salarié-e-s associé-e-s qui doivent être majoritaires (51 %) et détenir la majorité du capital (entre 51 % et 65 %). Affranchi-e-s des actionnaires externes et des bureaucrates, les associé-e-s salarié-e-s s'appliquent à l'exercice difficile de la démocratie. « *Stakeholder corporation, elle peut être vue comme une constellation d'intérêts coopératifs et compétitifs* » (Martinet et Reynaud, 2001, cités par F. Bataille-Chedotel et F. Huntziger, 2005), car il s'agit bien de mettre en commun des activités dans l'intérêt collectif, tout en y retirant des intérêts particuliers. Se former, veiller à la santé des individus, gérer son temps, être bénévole, militant, veiller à la démocratie : les capacités prioritaires d'une société sont à déterminer collectivement par elle-même (T. Coutrot, *op. cit.*).

En premier lieu, ce système de gouvernance autogérée suppose, pour les associé-e-s-salarié-e-s, des compétences techniques (P. Zarrifian, 2005) en communication et en gestion, une motivation politique d'acteurs du système (M. Crozier et E. Friedberg, 1997) pour un « *assumer responsabilité* » (M. Foucault, 1994), provoquant des tensions entre l'individuel et le collectif (J.-L. Laville et R. Sainseaulieu, op. cit.).En deuxième lieu, la solidarité suppose la recherche d'un bien commun par des individus qui ne sont pas soumis à une règle de comportement unique « *obéissant (...) à une rationalité normative ou communicationnelle et non seulement instrumentale.* » (T. Coutrot, op. cit.). L'autogestion est le projet politique inhérent à chaque SCOP, quelle que soit son origine de création : ex-nihilo, réanimation, mutation ou transmission.

En effet, toutes les équipes de sociétaires assument, en responsabilité partagée, une autonomie individuelle propre à satisfaire un intérêt général et à concrétiser le projet politique de la SCOP.

En conclusion, le projet politique générique de la SCOP est basé sur la primauté de la recherche de service et non de celle du profit, en réponse à l'objet social d'une SCOP, porteur d'une vision politique et humaniste avec la prédominance du capital humain sur le capital financier. Liée aux trois principes fondamentaux de la SCOP qui sont la propriété collective, le pouvoir partagé et le profit dans l'intérêt de ses membres, la dimension collective et intergénérationnelle du projet politique intègre, de fait, la dynamique de développement durable. Comme les statuts l'annoncent, dans la lignée familiale coopérative, le projet politique détermine les objectifs d'un système autogéré propre à chaque SCOP. Cependant, si l'Histoire et les statuts inscrivent les SCOP dans une démarche politique, chaque coopérative rédige son projet politique et le vit à sa manière selon plusieurs éléments de contingence dont les conditions de création (ex-nihilo, reprise, transmission) et les convictions des personnes en présence. À l'instar des projets politiques sociétaux, les projets politiques des SCOP évoluent selon le contexte socio-historique et politique qui touche les individus. Le projet politique est l'élément bâtisseur de la SCOP qui instaure une communauté de travail autour d'un projet collectif dont le sens est partagé. La dimension intergénérationnelle et la propriété collective fondent tous les projets politiques des SCOP, quelle que soit l'origine de la création, le secteur d'activité, la taille, le territoire... L'argent et le pouvoir y sont circonscrits de manière tout à fait particulière et différente des organisations non coopératives. Le partage des responsabilités, la solidarité, l'engagement, l'attention et la protection de l'environnement instituent des projets politiques au sein des SCOP. Actrices à part entière sur un territoire, leurs présences et leurs développements rendent possible une vie au pays, que celui-ci soit un pays d'origine ou un pays d'adoption. Grâce à l'autogestion, la recherche d'une démocratie permanente en interne et en externe est en route. Aussi, pour parfaire la Gouvernance Coopérative, l'énonciation d'un projet politique est recommandée, car il permet d'une part d'inscrire la SCOP dans la lignée coopérative et d'autre part, de la singulariser dans son engagement d'entreprise citoyenne, agissant dans la Cité. Le projet politique devient alors un véritable guide d'actions collectives et individuelles et un mémo indispensable en interne et en externe, dans un contexte local et global.

La SCOP est une entité politique, économique et sociale qui ne saurait se satisfaire d'un projet d'entreprise dénué de sens politique. L'identification du projet politique balise son développement pour les coopérateurs et les coopératrices qui choisissent la voie à emprunter ensemble. Définir ou redéfinir un projet politique en entreprise est un acte de citoyenneté professionnelle. Reconnaître à la SCOP sa contribution internationale à l'élaboration d'un monde meilleur (ONU, décembre 2009) est un enjeu de tous les jours. Mais une fois le projet écrit et adopté, des tensions peuvent venir fragiliser le projet collectif.

6. DES TENSIONS COOPÉRATIVES REPÉRÉES

Pour Henri Desroche (1976), le projet d'une entreprise coopérative repose sur un projet politique collectif autour duquel s'agrègent des groupes identifiés qui peuvent entrer en tensions. En effet, les entreprises coopératives sont la concrétisation d'une « *utopie mobilisatrice* », reliquat « *d'une utopie communiste au service d'une économie solidaire* » émergente qui se veut émancipatrice de la domination du capitalisme (*idem*).

Cependant, pour s'émanciper dans un monde capitaliste, les SCOP ont eu besoin de fonds de financements et de consolidation. Elles vont alors consentir, en 1992, à un multi-sociétariat composé d'actionnaires externes, personnes physiques ou personnes morales. Cette nouvelle constitution crée de nouveaux apports humains et financiers, de nouvelles relations, mais donne aussi naissance à de nouvelles tensions entre des groupes d'acteur-trice-s aux motivations différentes, même si elles sont censées converger vers un projet politique commun.

Or, pour tâcher d'établir une entente constructive, il s'avère vital d'anticiper les tensions possibles, de les repérer quand elles sont à l'œuvre, pour les analyser dans le contexte et essayer de les résoudre. Le quadrilatère coopératif d'Henri Desroche (schéma N° 4 ci-dessous) nous propose quatre scénarios possibles de clivages entre les groupes d'acteur-trice-s d'une organisation autogérée, soit selon l'expression consacrée d'« *une pratique volontaire d'une socialisation autogérante* » (*idem*).

SCHÉMA N° 4 :
LE QUADRILATÈRE COOPÉRATIF

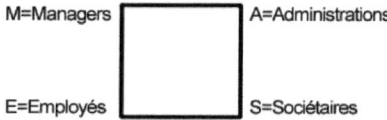

Les risques d'éclatement du quadrilatère coopératif

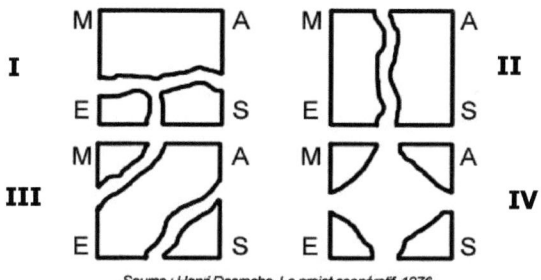

Source : Henri Desroche, Le projet coopératif, 1976.

D'après ce quadrilatère coopératif, les tensions possibles dans l'exercice de la gouvernance d'entreprise collective peuvent concerner quatre groupes distincts que sont les sociétaires, les managers ou dirigeant-e-s, les employé-e-s- ou salarié-e-s et les administrateurs-trices. Dès lors, « *les risques d'éclatement du quadrilatère coopératif* » sont multiples.

Premièrement, la tension peut se rapporter à un clivage entre deux blocs, celui des dirigeant-e-s et des employé-e-s face au groupe des administrateurs-trices et sociétaires (schéma II). Ceci pourrait se résumer en tension employé-e-s/employeurs, les managers étant des salarié-e-s.

Deuxièmement, les tensions portent sur trois groupes : le groupe des dirigeant-e-s avec les managers associés et les administrateurs-trices, et deux groupes distincts d'employé-e-s et de sociétaires (schéma I). Une nouvelle fissure traverse le quadrilatère coopératif et scinde les employé-e-s des sociétaires. Ce schéma laisse voir une nouvelle complexité de gestion coopérative.

Troisièmement, un nouveau schéma avec trois groupes d'acteurs et d'actrices, soit le groupe des managers, le groupe des administrateurs-trices associé-e-s au groupe des employé-e-s et le groupe des sociétaires (schéma III). Là aussi, une situation tripartite qui divise le groupe de dirigeant-e-s car les managers sont isolés. L'unité du groupe des administrateurs-trices avec le groupe des employé-e-s isole les deux autres groupes. La question du projet collectif semble difficile à acter.

Quatrièmement, les tensions atteignent leur paroxysme avec quatre groupes scindés aux quatre coins du quadrilatère coopératif, laissant béant l'espace du projet collectif. Chaque groupe se retrouve confiné dans un espace isolé des trois autres (schéma IV). Plus rien ne réunit les différent-e-s acteurs-trices. Ce schéma pourrait être l'annonce d'une fin annoncée d'un projet coopératif. Il illustre un repli identitaire qui fragilise le projet coopératif d'une organisation collective.

En adaptant le quadrilatère coopératif aux SCOP de 2011, nous identifions de **nouvelles tensions** qui résultent de la configuration même des SCOP. D'un point de vue collectif, ces tensions peuvent s'établir entre :
- les associé-e-s salarié-e-s et les associé-e-s non salarié-e-s,
- l'Assemblée Générale et la gérance salariée,
- le Conseil d'Administration et la gérance salariée,
- les associé-e-s salarié-e-s et les salarié-e-s non associé-e-s,
- les personnes physiques et les personnes morales, toutes deux sociétaires non salarié-e-s.

D'un point de vue individuel, des tensions intérieures sont possibles entre :
- l'associé-e avec le ou la salarié-e : ces deux identités étant constitutives de l'identité associé-e salarié-e d'une même personne,
- l'associé-e salarié-e dirigeant-e (manager ou/et membre du CA ou du directoire),
- l'associé-e salarié-e représentant du personnel, qui peut être aussi membre du CA.

Le quadrilatère coopératif d'Henri Desroche met en présence et en exergue la double qualité des associé-e-s salarié-e-s qui se trouvent écartelé-e-s à chaque extrémité du quadrilatère. Dans les SCOP, SARL ou SA, nous savons que le manager, soit la personne qui dirige par délégation, est à la fois sociétaire et employé et membre de l'Administration ; il agit en concoctant les quatre postures. De son côté, l'employé-e peut être aussi sociétaire et membre du CA, ou du Comité de direction (pour les SCOP = l'Administration) ou délégué-e syndical-e (que nous intégrons dans l'Administration). Pour finir, l'employé-e peut ne pas être sociétaire. Les associé-e-s salarié-e-s en Assemblée générale sont toutes et tous partie prenante de l'Administration. De fait, la SCOP offre la possibilité à l'individu d'appartenir à plusieurs groupes de références en son sein.

Par ailleurs, le multi-sociétariat admis en SCOP depuis 1992 auparavant, met en présence un groupe singulier de sociétaires, constitué des associé-e-s salarié-e-s toujours majoritaires, avec des associé-e-s ancien-ne-s salarié-e-s et avec des associé-e-s externes. Ces dernier-e-s, personne physique ou morale, de par leur intérêt pour la structure ou pour le développement du territoire, participent au capital social. Bien que réuni-e-s dans un même groupe de Sociétaires, leurs intérêts sont susceptibles de diverger. Nous pourrions donc faire apparaître des sous-groupes dans le groupe de Sociétaires. De par cette spécificité de double qualité, les clivages possibles identifiés par Henri Desroche s'intensifient en SCOP et, en conséquence, démultiplient les risques d'éclatements possibles. Nous pouvons en répertorier cinq autres :

La lutte des cases coopératives (schéma n° 5)

Le groupe d'Employé-e-s et de Sociétaires, qui englobe les associé-e-s salarié-e-s, peut entrer en tension avec un groupe « Direction » rassemblant managers et Administration. Un manque de compréhension, d'information, d'appropriation par les employé-e-s salarié-e-s du double statut ou une direction monolithique pourrait créer ce type de tension « lutte de classes coopérative ». Cette situation évoquerait une entreprise classique hiérarchique, s'il n'existait pas ce particularisme des sociétaires qui peuvent être salarié-e-s, ancien-ne-s salarié-e-s ou non salarié-e-s. Les sociétaires présent-e-s dans le premier groupe cité seraient en désaccord avec les autres sociétaires élu-e-s au Conseil d'Administration par exemple. Le groupe des sociétaires serait lui aussi divisé.

SCHÉMA N° 5 :
LA LUTTE DES CLASSES COOPÉRATIVES

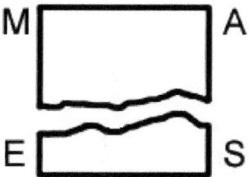

Source : l'auteure, 2011, d'après le quadrilatère coopératif d'Henri Desroche

La controverse du projet coopératif (schéma n° 6)

Le Manager, l'Administration et les Sociétaires composent un groupe face aux Employé-e-s. Ce schéma explicite les risques du non-sociétariat signalés par François Espagne à moult reprises. Les employé-e-s venu-e-s chercher un salaire immédiat ne voudraient ou ne pourraient pas intégrer les intérêts à moyen et long terme du projet coopératif. Par exemple ils refuseraient des concessions salariales pour sauver l'entreprise, selon les préconisations de l'alliance Manager, Administration et Sociétaires. Dans ce cas, les intérêts individuels à court terme l'emportent sur l'intérêt collectif au risque de liquéfier le projet coopératif.

SCHÉMA N° 6 :
LA CONTROVERSE DU PROJET COOPÉRATIF

Source : L'auteure, 2011, d'après le quadrilatère coopératif d'Henri Desroche.

Le leader contesté (schéma n° 7)

Le manager, employé-e- et sociétaire, est isolé face à une alliance des groupes Administration, Sociétaires et Employé-e-s. Dans cette situation, la tension reflète une discordance entre la direction technique et les autres groupes d'actrices et d'acteurs. La pratique managériale pourrait ici être remise en cause, tout comme un refus des propositions visionnaires du manager et du changement de par l'alliance précitée.

SCHÉMA N° 7 :
LE LEADER CONTESTÉ

Source : L'auteure, 2011, d'après le quadrilatère coopératif d'Henri Desroche.

Le putsch interne ou le CA fantoche (schéma n° 8)

Le Conseil d'Administration est seul face au groupe Manager-Sociétaires-Employé-e-s. La situation peut évoquer un « putsch interne » et questionne l'identité de l'équipe de direction, le projet politique et le rapport au pouvoir des un-e-s et des autres. Et ceci, d'autant plus que les membres de l'administration sont forcément sociétaires et majoritairement salarié-e-s associé-e-s. L'identité des administrateurs-trices mériterait dans ce cas de figure d'être interrogée, tout comme la dynamique interne de l'organisation. Cette disposition pourrait révéler un Conseil d'Administration fantoche. La tension entre les membres profanes d'un CA représentatif et les spécialistes gestionnaires évoquerait la tension entre la théorie de l'intendance et la théorie démocratique (C. Cornforth, 2004). Quoi qu'il en soit, ce schéma atteste d'une administration en difficulté.

SCHÉMA N° 8 :
LE PUTSCH INTERNE OU LE C.A. FANTOCHE

Source : L'auteure, 2011, d'après le quadrilatère coopératif d'Henri Desroche.

Un sociétariat actionnarial (schéma n° 9)

Le Manager, l'Administration et les Employé-e-s s'opposent aux Sociétaires. Cette position de sociétaires serait semblable à celle d'actionnaires dans les entreprises non coopératives qui peuvent détenir les pleins pouvoirs. La démocratie participative serait bafouée par une partie des Sociétaires étant donné que le Manager et les Administrateurs-trices sont pareillement sociétaires. Ce schéma pourrait révéler un « sous-prolétariat coopératif » (les employé-e-s non associé-e-s), qui compromettrait les acquis historiques et le pouvoir des sociétaires.

Telle pourrait être la situation de sociétaires qui éprouveraient des difficultés face à un changement statutaire qui envisagerait de changer les règles d'admission au sociétariat en vue d'intégrer de nouvelles personnes et de gérer la pyramide des âges par exemple, ou qui exprimeraient leurs rejets face à des nouvelles candidatures de sociétaires.

SCHÉMA N° 9 :
UN SOCIÉTARIAT ACTIONNARIAL

Source : L'auteure, 2011, d'après le quadrilatère coopératif d'Henri Desroche.

Ces 5 quadrilatères se complexifient avec le multi-sociétariat, qui met en évidence une nouvelle configuration de cohabitation d'acteurs et d'actrices.

Nous nous accordons avec Henri Desroche de l'intérêt de repérer les tensions possibles entre ces entités présentes au sein d'une SCOP pour les réconcilier afin de bonifier le projet collectif. En plus des tensions entre les groupes constitués, nous discernons et portons une attention particulière aux tensions concevables chez une même personne. En effet, une personne associée et salariée risque de se trouver en situation paradoxale, face à des enjeux collectifs, d'associée, à l'encontre de ses propres intérêts individuels de salariée, tout comme un manager peut l'être face à ses intérêts de sociétaire, un délégué syndical vis-à-vis de ses engagements de sociétaires.

Ces tensions sont alimentées par des références économiques qui s'opposent en chaque associé-e salarié-e. « *Ce quadripartisme tendu est également "habité" par deux économies : une économie du gain et une économie du don.* » (D. Demoustier, 2001 *op. cit.*). Chaque associé-e salarié-e contribue en effet aux deux économies, de par son activité de production qui lui génère des gains individuels et collectifs, et de par son action de sociétaire ou son militantisme voire son coopérativisme, plus ou moins bénévole, selon les organisations. Chaque groupe de sociétaires (associé-e-s, ex-salarié-e-s, externes) peut rechercher à optimiser les gains pour obtenir un maximum de dividendes.

Pour échapper à ces tensions, sources de souffrances individuelles et d'éclatements d'organisation, une recherche des causes et des compromis possibles entre ces différents groupes de personnes s'impose.

Toutes les configurations précitées « *indiquent que la gouvernance peut même être une question plus complexe dans ce type d'organisation* » (M. J. Bouchard, 2005). Elles requièrent un management adapté, pour éviter l'éclatement de la structure et les souffrances au travail des personnes. Le triple enjeu s'annonce d'ordre politique, social et économique ; il concerne à la fois l'identité collective, l'individu et le territoire, et nécessite une prévention ajustée aux risques d'éclatements coopératifs décelés. L'analyse du quadrilatère coopératif au sein de chaque SCOP donnerait l'occasion de vérifier la typologie de la Gouvernance Coopérative, de repérer les tensions en cours, et d'ajuster les pratiques coopératives.

Les tensions coopératives illustrées par l'éclatement possible du quadrilatère coopératif d'Henri Desroche (1976, *op. cit.*) et celles répertoriées dans les coopératives par Marie J. Bouchard, Jacques L. Boucher, Rafael Chaves et Robert Schediwy et Chris Cornforth (2004, *op. cit.*) et Danièle Demoustier (2001, *op. cit.*) habitent les coopératrices et les coopérateurs employé-e-s de la SCOP, qui siègent en Assemblée Générale, en Conseil d'Administration, en Directoire, en qualité de sociétaire et de salarié-e et parfois, en plus, en qualité de manager, ou de représentant du personnel syndical. Ces postures peuvent créer une dichotomie interne chez la personne ainsi que des paradoxes identitaires qui semblent défier la logique de la gouvernance non coopérative.

Quel système de Gouvernance Coopérative repéré existe-t-il pour le faire vivre ? Quel idéal type de Gouvernance Coopérative pouvons-nous proposer à partir des meilleures pratiques identifiées sur le terrain ?

7. UN SYSTÈME DE GOUVERNANCE COOPÉRATIVE EN PRATIQUE

« La gouvernance, c'est garantir que l'entreprise fonctionnera toujours dans l'esprit et le respect de ses statuts coopératifs et d'un fonctionnement démocratique. » (J)

Les SCOP s'inscrivent, avec les autres entreprises de l'économie sociale, dans un mouvement historique de démocratisation de l'économie. Le principe de participation des membres, sur la base de l'égalité des droits, a ainsi permis à des millions de personnes de prendre part à la gestion d'une entreprise. Cet engagement a valeur d'apprentissage et a fonctionné comme un ascenseur social pour des milliers d'administrateurs, agriculteurs, ouvriers, commerçants, artisans qui, élu-e-s par leurs pairs, ont accédé aux responsabilités au sein de leur coopérative. Ainsi en est-il pour les personnes travaillant en SCOP.

Bien sûr le développement de la complexité des organisations a conduit à faire de plus en plus appel à des spécialistes de la gestion. Le modèle majoritaire de management des entreprises classiques, fortement dominant dans les sphères de l'éducation et de la formation, a largement influencé les modes d'organisation et les comportements coopératifs. Les coopératives ont été bousculées comme les autres entreprises par les mutations profondes de l'économie et plus largement de la société. Néanmoins, l'entreprise coopérative s'est développée en restant une société de personnes et non de capitaux.

Dans les SCOP, comment le projet politique sert de référence et institue un système d'autogestion quotidien ?

C'est donc à partir de l'analyse des entretiens réalisés auprès des SCOP de Rhône-Alpes que nous introduisons maintenant « *un modèle de gouvernance coopérative* ». Ce dernier est issu des meilleures pratiques identifiées, selon nous, dans les SCOP visitées et que nous commenterons ci-après.

SCHÉMA N° 10 :
LA GOUVERNANCE COOPÉRATIVE

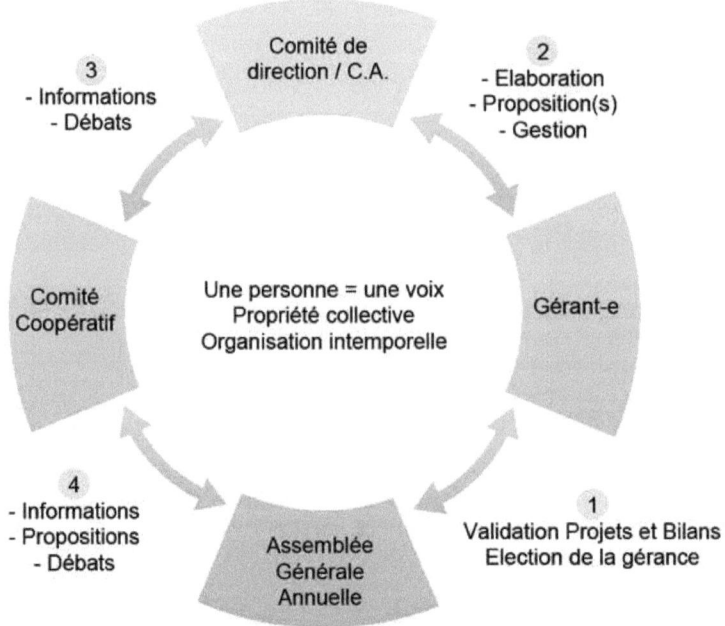

Source : l'auteure, 2011.

La dimension collective du système de décision se décline dans les choix politiques au niveau du système de gouvernance, que ce soit pour l'élection de la gérance, pour les grandes orientations de l'entreprise (la contribution au développement durable, les actions des SCOP dans la crise actuelle, la sous-traitance, l'inter coopération...) mais aussi dans les choix stratégiques de positionnement dans l'environnement au sens large, avec la participation aux réseaux territoriaux, métiers...

Pour concrétiser cette gouvernance coopérative dans une dimension collective, plusieurs instances se mobilisent : l'Assemblée Générale, relayée par le Conseil d'Administration, le Comité de Direction et le Comité Coopératif que nous allons examiner maintenant.

L'Assemblée générale : le cœur névralgique de la SCOP

L'Assemblée générale (AG) annuelle est souveraine en SCOP. Elle réunit l'ensemble des associé-e-s, salarié-e-s majoritaires et externes pour valider la gestion, le projet de développement et élire, confirmer ou destituer la gérance. Le projet d'entreprise, élaboré par le Conseil d'Administration (CA), est soumis à l'AG. « *C'est un élément de cohérence, on fait référence aux mêmes choses, c'est dans le marbre* » (A). L'Assemblée Générale en délègue l'application à une ou des personne(s) élue(s) qui gère(nt) au quotidien le projet coopératif.

La clé de répartition des excédents nets de gestion est également votée en AG. C'est le côté responsabilité financière des associé-e-s. Les pourcentages de réserves impartageables, de la part travail, de la participation et des dividendes sont discutés, argumentés et votés lors de l'Assemblée Générale sur proposition de la gérance, chaque année. De plus, la règle une personne égale une voix, quelle que soit la part de capital détenue, régule la démocratie et autorise chacun-e à questionner, valider ou réfuter le rapport de gestion et la stratégie proposés par la gérance, en Assemblée Générale. Le double statut (associé-e salarié-e) signifiant fondamental des coopératives (Loi de 1978) est un élément important liant le travailleur à la coopérative. Quels que soient le montant de la part de capital détenu et la fonction assurée dans la SCOP, le pouvoir est partagé par les associé-e-s selon le principe « une personne = une voix » :

« *Tout le monde a le pouvoir, c'est fort et dangereux à la fois. (...) La faiblesse c'est que tout le monde veut donner son avis et il faut quand même une hiérarchie...* » (E)

« *Fort et dangereux* », ce fonctionnement présente des risques de décisions malencontreuses, faute de maîtrise des enjeux. C'est aussi le siège de tensions évidentes entre les associé-e-s qui comprennent et ceux et celles qui ne comprennent pas tous les tenants et aboutissants ; et pour chaque personne au double, voire triple statut. On ne naît pas gestionnaire et coopérateur, car « *on ne vient pas au monde coopérateur dans l'âme, même si on peut avoir quelque part la fibre.* » (C)

C'est la raison pour laquelle, suite à une période d'observation réciproque recommandée, les candidatures d'associé-e-s sont présentées à l'Assemblée Générale Ordinaire qui les valide ou pas par un vote à bulletin secret.

Le double statut convie les dirigeants à des démarches pédagogiques, mobilisatrices de temps, qui ralentissent les décisions. Des séances de travail, que nous pourrions qualifier d'analyse de pratique, aident à prendre du recul et à se positionner, à se reconnaître associé-e salarié-e :

« *On est des gens quoi avant tout, alors quelque part entre nos personnes, nos missions, nos fonctions, on est un peu confus. (...) Alors on a travaillé cette distanciation, tâches et fonctions.* » (I)

C'est une manière d'accompagner les personnes à assumer leurs parts de responsabilité lors de l'Assemblée Générale et du travail journalier. Par contre, une fois les décisions prises, elles sont appliquées avec plus de facilités et de rapidité, car elles sont intégrées par les salarié-e-s associé-e-s qui deviennent des sujets acteurs-actrices et non des personnes assujetties au projet stratégique : c'est le côté fort de la chose, dénommée démocratie. N'est-ce pas là une des différences essentielles avec les entreprises capitalistes financiarisées ? Une démonstration de l'autogestion par les SCOP ?

La gérance élue par ses pairs

Élue pour quatre ans, la gérance est toutefois révocable tous les ans en Assemblée Générale. Chaque associé-e salarié-e, quelle que soit sa fonction professionnelle et sa détention de parts de capital social, prend part à la décision, selon le principe de vote « une personne égale une voix ». L'élection de la gérance engage une responsabilité majeure de part et d'autre. C'est à la fois une question de confiance et de reconnaissance des un-e-s et des autres. La ou les personnes élue-s, en cas de cogérance, gère(nt), élabore(nt), propose(nt) la Stratégie et anime(nt) et représente(nt) la SCOP selon le mandat de confiance voté en Assemblée Générale. Et ce, sans avoir une formation de comptable ou de gestionnaire même si « *la formation de comptable aide à défendre les dossiers, car les gens tiennent des discours financiers, faut suivre !* » (N). Il est recommandé d'avoir « *quelques notions économiques et de connaître son métier* » (E) pour assurer la gérance.

« *La durée de vie des dirigeants est liée à la légitimité* » (J), et pour cela, « *le charisme ne suffit pas. J'ai appris la gestion d'entreprise sur le tas et la nuit* » (O). « En vigie », le gérant ou la gérante tend à acquérir ou garder une légitimité dans l'exercice du pouvoir, sur des critères différents de la culture majoritaire, qualifiée de masculine (Gert Hofstede, 1999). L'exercice du pouvoir collectif les guiderait donc vers une culture mixte, avec des valeurs féminines intégrées, dites de coopération.

Parce que « *le renouvellement de gérance permet de reposer des questions* » (K), le temps dévolu au bilan annuel de gérance en Assemblée Générale concerne toutes les personnes associées de la SCOP. Dès lors, pour se poser mutuellement les bonnes questions, le bilan de la gérance propose une relecture collective de l'exercice écoulé et produit un espace de débat sur le(s) projet(s) de développement ; il n'est pas un simple exercice administratif juridique. Si la personne gérante anime, propose, guide et décide, elle veille, entre autres choses, à préserver la dimension collective tel « *un dinosaure politique qui questionne, met en débat* » (B). C'est un gage de réussite coopérative pour s'assurer de la participation responsable et engagée de chacun-e. D'où une animation continuelle de réunions, d'espaces pour libérer et favoriser la parole.

Une des difficultés rencontrées par le ou la gérant-e est la gestion de l'équilibre centralisation-décentralisation des décisions. Le risque réel du triple statut (gérant-e/associé-e/salarié-e) est de générer de l'ambiguïté, de créer de la confusion et même d'installer un paradoxe identitaire chez la personne. Le triple statut et la dynamique collective n'empêchent pas la solitude. « *Après on est toujours tout seul face aux difficultés. Quand ça va mal, il ne faut pas compter sur les petits copains pour prendre des décisions. Parfois, il faut assumer* » (Q).

Qu'il s'agisse de licenciement économique ou pour faute, le rôle du mauvais parent est endossé par la gérance, seule. C'est elle qui va devoir préparer, annoncer, expliquer et procéder au licenciement en affrontant la réserve et parfois même l'hostilité de la part des associé-e-s salarié-e-s qui refusent de partager la responsabilité (même s'ils ont compris les enjeux de survie de la SCOP et s'ils apprécient ensuite le départ) : « *on a vu deux ou trois individus partir de l'entreprise, derrière ça a été le bonheur.* » (C).

Dans certaines situations, le gérant lui-même s'impose la solitude et la souffrance pour rassurer ses collègues et s'assurer lui-même : « *J'en ai bavé quand il a fallu prendre la gestion pendant huit mois ; mais je n'avais pas le droit de le faire transpirer, je devais le porter seul. Je voulais réussir par rapport à moi, à la société* » (G). Une expression forte de l'isolement choisi dans un projet collectif peut s'expliquer par le contexte d'une reprise d'entreprise, un défi personnel.

Malgré cette solitude occasionnelle, nous avons pu observer sur le terrain une position stable des personnes élues en responsabilité de la gérance, un enracinement régulé par des contre-pouvoirs actifs dans les SCOP, contre-pouvoirs extériorisés en Assemblée Générale (F. Bataille-Chetodel et F. Huntzinger, *op. cit.*). Le recensement de ces contre-pouvoirs comprend le double statut de salarié-e associé-e, la clé de répartition des excédents de gestion et la formation coopérative des administrateurs-trices et des associé-e-s salarié-e-s, pour ceux et celles qui souhaitent élargir une démocratie au quotidien. Souvent réélu-e plusieurs fois, le gérant ou la gérante demeure malgré tout sur un siège éjectable chaque année, car en SCOP, nul-le n'est élu-e à vie sans révision annuelle approuvée collectivement.

En vue de partager le pouvoir et de favoriser l'apprentissage de la gestion coopérative pour tous et toutes, une SCOP fonctionne avec une cogérance : « *une cogérance, voire une cogérance tournante avec la parité au début, stabilisée depuis deux ans, pour aborder le problème de la responsabilité* » (L).

La cogérance se veut un garde-fou supplémentaire aux dérives du pouvoir et un confort de vie pour tous et toutes, mais en priorité pour les gérant-e-s qui peuvent ainsi coopérer, partager les joies et les affres du pouvoir, se passer des relais. La cogérance rassemble deux fois plus de compétences difficiles à trouver en une seule personne. C'est une opportunité confortable pour concilier vie familiale et vie professionnelle. C'est aussi une sécurité pour la SCOP en cas d'absence prolongée ou de disparition inopportune, chaque être étant mortel.

Le Conseil d'Administration : un relais collectif de la démocratie coopérative

L'ensemble des gérant-e-s de SCOP SA, rencontré-e-s lors de notre recherche, gouvernent avec un Conseil d'Administration et certain-e-s avec le Comité Directoire. C'est une autre solution que la cogérance pour distribuer le pouvoir et pour installer « *une gouvernance différente et donner les moyens aux jeunes d'aujourd'hui de prendre la suite demain* » (F).

Pour les SCOP SA, le Conseil d'Administration est représentatif de tous les corps de métiers, des différents services. « *J'ai associé les différents responsables des secteurs et deux délégués du CE ; les décisions sont prises à l'unanimité.* » (J). « *Très impliqué, il se réunit quatre fois par an avec des réunions téléphoniques et des mails entre deux.* » (P). « *C'est l'organe de décisions qui peut aussi être perçu comme un frein et une certaine sagesse pour des propositions collectives.* » (J).

Certes, le Conseil d'Administration ralentit le gestionnaire dans sa course de fond au développement pour étudier les dossiers. Pilote de la stratégie, le Conseil d'Administration la valide. C'est le premier relais collectif de gouvernance qui « *décide des grands axes stratégiques* » (F). Antichambre de la préparation des décisions, instance d'informations, de débats, d'élaboration collective, le CA partage symboliquement la responsabilité avec la gérance. Il est un régulateur à une dérive de toute puissance. Sa composition multidisciplinaire favorise l'expression de tous les services, statuts et corps de métiers avec un accompagnement et un tutorat pour éviter les représentations fantoches et les déceptions. Il n'est pas le rassemblement des têtes pensantes ; c'est « *une représentativité des gens de l'entreprise (…) avec des règles de fonctionnement de type faire tourner la parole, ne pas interrompre* » (H). Mais attention au leurre, être administrateur nécessite une compréhension gestionnaire, d'où la nécessité parfois d'expliciter le statut plus en détail pour une meilleure représentation du rôle.

Le CA est une instance de relais collectif de l'Assemblée générale qui permet en outre de « *repérer des éléments pour la succession de la gérance.* » (F)

Le Comité de Direction : au service quotidien de la coopération

Le Comité de Direction remplit trois fonctions :
- Premièrement, il est un gage de qualité et de sécurité qui offre une complémentarité technique et humaine à l'entreprise coopérative au quotidien : « *un CA fonctionnel, une codirection de quatre personnes, on peut faire du collectif très fort mais on ne se réunit pas à quinze tous les quatre matins.* » (P)

Le Comité de direction est une réponse démocratique pour une gouvernance coopérative qui rappelle la délégation de pouvoir et le mandat voté par l'Assemblée Générale pour une gestion de l'entreprise.

- Deuxièmement, le Comité de Direction est un moyen efficace pour lutter contre la solitude du dirigeant.
« *Avoir des relais pour la gouvernance, c'est très important, parce qu'on ne peut pas décider tout seul. On n'a pas toutes les solutions et on ne voit pas forcément tous les problèmes non plus. Multiplier les regards pour ensuite se forger sa propre opinion, et trancher car malheureusement pour trancher, c'est votre responsabilité.* » (F)

Il est un relais du CA dans la gestion journalière de la gouvernance coopérative et un espace de parole, un lieu de régulation qui réduit les risques de toute puissance du pouvoir. Après les réunions du Directoire tous les lundis (où toutes les structures sont représentées) pour que « *tout le monde soit informé des engagements que j'allais faire* » un compte rendu écrit par le Directeur est transmis aux représentants du personnel puis est affiché. « *L'information vise tous les actionnaires* » (G) qui sont salarié-e-s associé-e-s.

- Troisièmement, il est aussi un lieu de recrutement des « *montagnards locaux* » (F. Bataille-Chetodel et F. Huntzinger, *op. cit.*, d'après la typologie de Bauer et Bertin-Mourot, 1992) qui offre la possibilité d'amorcer la transmission de la gérance en formant à la gestion la personne repérée pour la succession.

Le Comité Coopératif : un apprentissage micro de la coopération

« Le Comité Coopératif », dénommé « réunions d'associé-e-s » ou « réunion de coopérateurs-trices », entretient la vie coopérative et rappelle à la personne son double statut et son engagement dans la SCOP. Lieu de débats, d'information, de formation, il est l'agora coopérative qui réunit les associé-e-s autour de questions très diverses apportées par la gérance ou par des personnes qui souhaitent investiguer une problématique ou préparer la prochaine AG. Des réunions d'associé-e-s sont fréquentes car « *j'ai le devoir d'informer en instant T les associé-e-s-salarié-e-s* » (H).

Adossées aux organes de la Gouvernance, elles sont un des leviers d'une communication efficiente et d'une possible prise de responsabilité en tant qu'associé-e-salarié-e.

Comme une démocratie dite participative ne se décrète pas, elle nécessite un apprentissage qui s'organise au sein de la SCOP. L'information et la formation sont des gages de compréhension des documents préétablis et des engagements à la participation.

Pour favoriser une expression en Assemblée Générale, des réunions d'associé-e-s les précèdent, pour éviter « *une désynchronisation de la base* » (A. Chataignier, M.-F. Lefilleul, M. Fabian, 1984).

Des communications préparatoires aux AG présentent des ratios compréhensibles (D-N) pour que chacun-e se sente concerné-e et puisse voter lors de l'Assemblée générale en connaissance de cause. « *Pour rendre l'AG plus digeste, autrement c'est un calvaire pour les sociétaires* » (D), une réunion préparatoire se tient un mois et demi avant. Le laps de temps imparti entre les deux réunions crée un espace de latence durant lequel questionnements et maturations opèrent.

Le Comité Coopératif, c'est le fil rouge, le lien à entretenir avec diligence pour animer une vie coopérative interne. « *Le Comité Coopératif réunit une fois par mois les administrateurs salariés pour qu'ils ne soient pas décrochés de l'information* » (A), « *pour discuter avec des personnes qui peuvent avoir des avis divergents* » (O) et « *pour accompagner le changement* » (I). La fréquence et la régularité des réunions du Comité Coopératif sont des repaires ou et des repères pour une vie coopérative permanente.

L'ouverture de ces réunions « *aux non associé-e-s pour leur donner envie* » (K) offre des espaces de formation et de recrutement aux futur-e-s coopérateurs-trices.

Nous avons relevé sur le terrain les réunions d'associé-e-s rythmant la vie démocratique des SCOP suivantes :
- des réunions préparatoires aux assemblées générales avec « *des groupes de travail salarié-e-s associé-e-s volontaires qui présentent leur travail au CA qui entérine.* » (F),
- « *des débats transverses en petits groupes avec un animateur, puis recentralisés, puis rapportés à l'AG plénière qui décide, en dehors des heures travaillées* » (B),
- des groupes ou des séminaires internes « *sur le fonctionnement et le projet d'entreprise* » (A) ou sur des « *questions thématiques* » (I, P),
- des comités de pilotage pour « *un système décentralisé de secteurs qui s'autogèrent* » (I),
- des réunions liées à la révision coopérative.

Toutes ces réunions facilitent la compréhension de la vie coopérative et des plans de développement de la SCOP. Les réunions régulières sont planifiées, car « *formaliser les réunions ça a le mérite de rassembler* » (F). Comités de personnes plus restreints que l'Assemblée Générale, ces réunions propices aux débats et à l'apprentissage du statut d'associé-e salarié-e sont des lieux de formation de base à la démocratie.

Pour préserver la souplesse de l'équipe et l'expression de la démocratie des « *Scopettes* » (B) réunissant une vingtaine de personnes ont été créés.

« *Pour éviter la confiscation de la parole par quelques personnes dans un groupe de cinquante : des départements autonomes distincts avec autonomie d'activité, autonomie financière avec comptes d'exploitation, banque, mais avec des règles d'éthique et de solidarité commune. Avec le risque d'une trop grande indépendance. S'il y a perte d'argent, il y a mise sous tutelle de la Scopette* » (B).

L'indépendance des « Scopettes », rattachées à la SCOP commune, requiert des rappels à l'éthique commune pour éviter le danger d'une indépendance totale. Ce type d'organisation favorise l'apprentissage de la responsabilité de co-entrepreneur-e-s et de l'autonomie, mais comporte le risque d'une réduction de la solidarité, de s'affranchir complètement de la « SCOP mère » et donc de fonctionner comme des organisations totalement indépendantes les unes des autres.

Des réunions liées à la révision coopérative, animées par le/la délégué-e de l'UR référente de la SCOP, occasionnent des études spécifiques à la demande de la SCOP selon le cahier des charges de la révision coopérative : un véritable exercice de planification stratégique, une révision complète des statuts, une étude du projet... Pour la refonte des statuts, une juriste de la Confédération Générale des SCOP assiste l'équipe en présence de l'Union Régionale.

Pour éviter la déliquescence de la vie coopérative, lorsque les SCOP grandissent en nombre, ou bien lorsque le contexte sociopolitique exacerbe le projet coopératif, un Conseil de « *sages élus transversalement veille au respect de la règle coopérative, aux principes solidaristes de base* » (B). Parce qu'aujourd'hui les références au mouvement ouvrier, au mouvement politique s'étiolent, « *cédant la place à une culture musicale* », la culture coopérative a besoin d'égards dans un environnement où « *l'argent est devenu trop important* » (B). Tous ces temps de rencontres, véritables rituels, orchestrent la gouvernance coopérative démocratique. Ces réunions rappellent au quotidien le projet coopératif et ses fondements, hors des exigences économiques. Ce fonctionnement démocratique qui rythme la vie de l'entreprise coopérative pour les un-e-s, la ralentirait par ces nombreuses étapes pour les autres. Mais la lenteur des décisions élargit l'espace temporel et la possible prise en compte de la complexité du réel (M. Chevalier, 2009).

L'éloge de la lenteur (1998) de Pierre Sansot, serait un gage de bienveillance et de sécurité pour la démocratie.

Des sociétaires externes pour une ouverture sous contrôle

Depuis 1992, les SCOP peuvent accueillir des sociétaires externes non salarié-e-s sous réserve de ne pas confisquer le pouvoir collectif aux acteurs et actrices principaux et principales. C'est pourquoi, dans certaines SCOP, des associé-e-s externes, intéressé-e-s politiquement par l'expérimentation, « *viennent pour poser les bonnes questions ; c'est plus l'aventure, les dividendes ils s'en foutent, ça reste une aventure* » (L). Ils apportent à la SCOP une expertise et questionnent de l'extérieur les associé-e-s salarié-e-s. « *C'est extrêmement important ; ce n'est pas un guguss qui était là par hasard. Le premier c'est celui qui croyait aux créations en associations ; le deuxième c'est celui qui nous a dit vous allez vous embêter avec les banques en association, créez une entreprise, une coopérative ; le troisième c'est, ça m'intéresse.* » (L)

Des retraités volontaires de la SCOP participent en tant qu'associé-e-s externes au CA. Ils sont considérés comme des « *sages* », sans intrusion dans la gestion quotidienne. Ils partagent leurs expériences et transmettent leurs savoirs et leurs réseaux. Ils assurent une distanciation aux salarié-e-s et peuvent aussi « *tutorer leurs successeur-e-s* » (D, F, N) sans surcoût pour la SCOP. Les associé-e-s externes garantissent le bon fonctionnement de la démocratie, sous réserve d'un contrôle des associé-e-s salarié-e-s. Cette ouverture doit être évaluée « *aux dépens de l'activité de la SCOP. Si une SCOP a besoin pour son développement d'aller chercher des financements et ne les trouve pas dans le mouvement, parce que la plupart des outils financiers de développement on les trouve que ce soit SOCODEN, SPOT, TRANSMEA etc., il y a de quoi satisfaire la demande. (...) Certains types de développement parfois ça ne tient pas à l'argent* » (F). Les associé-e-s externes, consultant-es superviseur-e-s, questionnent tout simplement et apportent leur expertise au développement de la SCOP. « *Une personne qui a assuré, plus pour la reprise, sans capital dans la SCOP, participe aux CA.* » (G)

Toutefois, une vigilance de tous les instants s'impose pour veiller à ne pas laisser les SCOP se « dé-coopératiser ». Concernant les associé-e-s externes, « *non je ne suis pas contre mais à condition de ne pas dépasser les 33 %. Il ne faut surtout pas que la présence d'associé-e-s extérieur-e-s, qui permettent le développement et parfois sauvegardent les SCOP, se transforme par le désintérêt de toutes les valeurs coopératives* » (F). La préservation de l'identité, du fonctionnement et des valeurs coopératives reste un enjeu crucial.

« *On peut en tant que SCOP être associée d'une autre SCOP, et ça, c'est un plus* » (F) pour le développement du mouvement. Aider une SCOP à la création, être membre du CA, « *organiser le travail coopératif en partageant la culture coopérative* » (C) est une marque de militantisme coopératif, de tutorat familial. Consacrer du temps au développement d'une SCOP, en lui offrant une coopération pragmatique, cela élargit la gouvernance coopérative et favorise de nouveaux liens sociaux, voire territoriaux.

En conclusion, pour maintenir l'équilibre entre la satisfaction des besoins individuels et l'intérêt de l'entreprise, *la bonne gouvernance* d'une coopérative repose sur le dialogue nécessaire entre élu-e-s- et dirigeant-e-s salarié-e-s. En étant associé-e et salarié-e, le coopérateur ou la coopératrice recherche les solutions conciliant bonne santé financière de l'entreprise et satisfaction du consommateur, défendant à la fois ses propres conditions de travail et l'intérêt de l'ensemble de l'entreprise. Pour préserver ou développer la vie démocratique, le nombre des efforts déployés par les coopératives ces dernières années se rapporte à la valorisation de la double qualité des sociétaires et à l'animation coopérative permettant d'assurer le lien entre la direction de l'entreprise et l'ensemble des sociétaires. Relayée par la révision coopérative (obligation légale pour les SCOP), une lecture technique du fonctionnement coopératif s'exerce au cours de chaque exercice. Nous avons choisi de présenter un modèle type de gouvernance coopérative à partir de l'Assemblée Générale, car cette instance est la plus représentative de la Gouvernance Coopérative et de la démocratie en entreprise. L'Assemblée Générale est le cœur de la SCOP : c'est elle qui détient le pouvoir politique.

8. Quelques recommandations pour une bonne Gouvernance Coopérative

Outre l'étude des apports théoriques portant sur l'organisation de la gouvernance et le projet politique de démocratie, nous avons relevé sur le terrain un certain nombre de pratiques qui ont abouti au schéma sur le système de la Gouvernance Coopérative. Nous souhaitons le compléter avec des recommandations pour une bonne Gouvernance Coopérative. Ces recommandations, érigées à partir du terrain et de la réflexion entendent participer à la promotion d'associé-e-s responsables et d'espaces démocratiques pour chacun-e au sein des SCOP.

En effet, si la communication est facilitée par l'intérêt des salarié-e-s associé-e-s qui sont acteurs et actrices propriétaires majoritaires collectifs de la SCOP, certaines conditions s'avèrent toutefois nécessaires pour une participation active et constructive.

Un nombre limité de participant-e-s

Pour permettre une expression libre, le nombre limite idéal de la « *démocratie directe* » (K) serait « *autour d'une douzaine parce que la gouvernance à douze elle est quand même historique... (...) ; c'est la tribu initiale* » (L). Le nombre peut être porté jusqu'à vingt. « *La scopette à vingt* » (B) permet une circulation équitable de la parole. Le nombre réduit de participant-e-s au groupe de paroles ne se limite pas à la taille de l'entreprise, qui peut s'organiser en petits groupes pour préparer une plus grande assemblée ensuite. Les réunions en comité restreint à 12-20 personnes, nous le répétons, sont des lieux d'apprentissage de la parole et de l'exercice de sociétaire.

Si le petit nombre a fait ses preuves pour libérer la parole d'un maximum de personnes participantes, le quantitatif n'est certes pas une réponse absolue pour une liberté de parole équitable. Pour cela d'autres outils peuvent être utilisés pour contribuer à l'exercice d'une démocratie participative.

Une méthode participative coopérative

Si l'Assemblée Générale est le lieu d'expression par excellence de la démocratie directe, le cœur névralgique de la gouvernance démocratique, la participation réelle (et non pas seulement la présence silencieuse) des individus associé-e-s élu-e-s salarié-e-s aux décisions politiques et économiques de l'organisation, garantit l'exercice du pouvoir partagé. « *Faire de la démocratie participative, ça demande beaucoup d'outils et de techniques (...) ; pas de vote binaire oui-non car ça ne permet pas de dire sa pensée ; c'est des trucs de rapport de force (...) un jeu de cartons à cinq couleurs : vert est égal à "je suis d'accord", rouge "non, je ne suis pas d'accord", bleu "neutre", jaune "j'ai besoin* d'éclaircissements" et violet "j'émets des réserves" ; la décision est prise si tous les cartons sont verts ou bleus » (P). Cette manière de décliner la démocratie participative provient des pratiques de Communication Non Violente, développées par le Mouvement d'Action Non Violente dans les années 1970 et de l'Éducation Populaire.

Apprendre à écouter, apprendre à argumenter, apprendre à synthétiser et à débattre, tels sont bien les enjeux d'un exercice démocratique.

Une définition explicite des instances de gouvernance

La recherche de la démocratie coopérative est parfois difficile à vivre, lorsque des salarié-e-s associé-e-s confondent ou méconnaissent les rôles et les missions des personnes et des instances. D'où le besoin de vérifier la compréhension des définitions adoptées. Une mauvaise définition peut en effet engendrer des difficultés de gestion et créer des conflits internes inutiles. Par exemple, si tous les associés salarié-e-s votent en AG, et de ce fait, valident les décisions de gestion, il ne s'agit pas de réunir constamment la totalité des associé-e-s salarié-e-s pour prendre des décisions de gestion.

« *Il faut savoir distinguer les endroits où les décisions doivent se prendre* » (P) car « *de trop nombreuses réunions et votes sur les détails tueraient la participation aux décisions collectives réellement nécessaires sur des choix-clés* » (C. Sumar citée par T. Coutrot).

Ce risque guette pourtant les SCOP, y compris les petites, qui n'auraient pas défini collectivement les instances de la gouvernance et les rôles de chaque personne. D'où une communication appropriée :

« *On a fait un petit mot assez calqué sur un document de l'UR, mais finalement les gens ne comprennent rien car il y a le fantasme "un homme égale une voix" et tout le monde rentre avec beaucoup d'envie sans comprendre à partir de ce document quel va être son rôle. Donc on a décidé de reproduire un document exclusivement tourné là-dessus : quel est le rôle de chacun dans la coopérative tel qu'on l'a défini en 2006. Si ça doit changer, ça changera. Et puis on se retrouve en réunion avec ceux qui sont éventuellement éligibles pour au moins bien travailler avec eux là-dessus, pour bien comprendre cette chose cruciale qui est tellement floue, tellement hypocrite. Il faut qu'ils sachent ; c'est pervers, ça entraîne des incompréhensions et de fait il y a des choses à revaloriser. Je suis arbitre de la bonne gestion de l'entreprise. Moi salarié-e, j'ai la possibilité de te dire, à toi dirigeant, que ta façon de gérer ne va pas. Un droit extraordinaire, il n'est pas rien ! La deuxième chose c'est que chaque associé-e a vocation à devenir administrateur, mais là il y a un déficit de formation sur les fondamentaux de l'économie.* » (H)

Pour remédier à cette difficulté, la programmation et les comptes rendus (oraux et/ou écrits), des multiples relais collectifs de la démocratie (les Comités Coopératifs, les Conseils d'Administration et le Comité de Direction) ainsi qu'un programme de formation sont indispensables.

Une charte coopérative

Une charte coopérative pourrait informer sur le fonctionnement de la Gouvernance Coopérative en énonçant les principes coopératifs, le fonctionnement de chaque instance et définissant les rôles impartis à chaque personne élue et associée.

Par exemple, la charte coopérative exposerait quels sont les moyens mis à disposition pour que vive la gouvernance coopérative en interne, comment les pratiques de production et de gestion sociale illustrent le Développement Durable dans le secteur d'activité de la SCOP, quelle est la place de la SCOP dans le système coopératif et dans le système de développement territorial ou sectoriel...

En complément d'un travail régulier sur les statuts avec un-e juriste de la CG SCOP, l'élaboration d'une charte coopérative interne, avec un-e consultant-e externe, actualiserait le projet politique de la SCOP. Elle le remettrait au goût du jour et à sa juste place, et positionnerait la SCOP dans sa dimension sociétale et politique. La charte n'est pas un projet de développement d'entreprise, ni un compte rendu du rapport de la gérance et encore moins un procès-verbal d'AG, mais un document interne et public qui gratifierait la SCOP d'une plus grande visibilité quant à son positionnement dans un système coopératif non capitaliste. Son écriture collective serait l'occasion de revisiter le projet politique et rappellerait aux associé-e-s salarié-e-s leurs engagements dans une histoire collective. Elle serait une référence pour toutes les parties prenantes de la SCOP, sans aucune exclusion. La charte coopérative aurait valeur d'instruire les client-e-s du projet de la SCOP et de laisser traces de l'Histoire de vie de la SCOP. De la sorte, la charte coopérative contribuerait à une plus grande visibilité de la SCOP dans une société occidentale imprégnée par la culture de l'écrit.

CONCLUSION

Le modèle juridique de la SCOP définit un cadre d'organisation démocratique pour une gouvernance coopérative hybride à la fois politique (associations des sociétaires) et technique (équipe (s) de salarié-e-s), assurée majoritairement par des sociétaires au double statut. La gouvernance coopérative dans une SCOP résulte de plusieurs paramètres culturels indissociables : politique, social, associatif, local. C'est pourquoi les pratiques de gouvernance se différencient selon des éléments de contingences variables. Entre autres éléments, « *la Gouvernance tient à la culture et au dirigeant et à la taille de l'entreprise* » (Q).

Néanmoins, « *le cadre juridique : c'est l'entreprise ou l'entreprise c'est les gens ?* » (I)

Avec la personne au centre de l'organisation et des préoccupations de l'équipe au complet, quel management mobiliser pour assurer à la fois la pérennité de l'entreprise et son développement, tout en proposant un cadre de travail bienveillant pour tous les salarié-e-s associé-e-s et un cadre organisationnel politique démocratique afin d'exercer un sociétariat collectif dans l'intérêt de tous et toutes, maintenant et dans un futur lointain ? Entre le double statut d'associé-e/salarié-e, entre l'individuel et le collectif, entre le présent et le futur, la gouvernance coopérative est un modèle qui peut fonctionner à condition de veiller au fonctionnement et à l'expression de chacun-e. Elle possède l'immense vertu de faire valoir une autre gouvernance et de contredire l'homogénéité de la gouvernance capitaliste financière.

Le système de la Gouvernance Coopérative interagit avec le Management et le Développement et se révèle être :
- un exercice d'application du Management et de la démocratie,
- une expression du fonctionnement coopératif,
- un outil d'évaluation du Management, du Développement et de la démocratie au sein de la Gouvernance,
- un engagement des citoyen-ne-s que sont les associé-e-s salarié-e-s.

Certes, le cadre juridique ne suffit pas pour assurer une gestion démocratique et enrayer les dérives de fonctionnement liées au Pouvoir et aux ego des personnes qui exercent dans l'organisation. Pourtant, la triple finalité économique et sociale et politique et la double qualité des acteurs-trices de la SCOP infèrent un Management approprié au bénéfice de la Gouvernance coopérative et du Développement de la SCOP.

Cette étude sur la Gouvernance SCOP nous alerte sur la mobilisation d'un Management particulier, qui ne peut considérer les humains comme des ressources, au même titre que des capitaux financiers ou matériels. Ces conditions confèrent un rôle éminemment politique et stratégique au Management. Le Management se révèle donc être un élément essentiel, le pivot central d'une bonne gouvernance et d'un développement adapté au fonctionnement coopératif.

Mais quelles pourraient être les meilleures pratiques en SCOP aujourd'hui pour éclairer les personnes responsables de l'animation des équipes et du développement ? Quelles recommandations pour une animation coopérative ? Vers quel type de management tendre pour faire vivre la démocratie coopérative au sein de la SCOP ?

PARTIE II : LE MANAGEMENT COOPÉRATIF, POUR UNE AUTOGESTION ASSUMÉE

« Les appellations données aux directions sociales sont généralement révélatrices de la philosophie et des pratiques de la gestion des ressources humaines. »

C. H. Beseyre des Horts, 1987

INTRODUCTION

Les us et coutumes variant d'une époque et d'une organisation à l'autre, en références à des projets d'entreprises singuliers, le choix d'une terminologie n'est certes pas neutre et dénué de sens. Nous en voulons pour preuve une aversion quasi viscérale aux *Ressources Humaines* proférée dans les organisations de l'Économie Sociale et Solidaire et sur le terrain coopératif.

La combinaison des trois postulats de base de la coopérative, que sont la satisfaction des besoins des membres, le contrôle par les associé-e-s salarié-e-s de l'entreprise et la propriété collective des instruments de production, établit une « *autogestion de service, ordonnée au service des membres assurant eux-mêmes le pilotage de leur entreprise* » (F. Espagne, 2007, *op.cit.*). Cette configuration d'entreprise, basée sur la propriété collective et indivisible, infère sans aucun doute un Management particulier qui ne saurait être calqué sur le Management des Ressources Humaines d'entreprises à propriété privative d'un système capitaliste. La plupart des SCOP rencontrées sont des TPE ou des PME qui, au même titre que leurs homologues non coopératives, n'ont pas pour la plupart, de poste dédié GRH (même si elles ont identifié la question et la gèrent à leur manière).

Comme nous avons pu le constater, la Gouvernance Coopérative requiert un Management adapté à l'exercice d'une démocratie directe en entreprise dans un système coopératif. Pour rappel, les premières coopératives de production ou associations ouvrières se sont créées autour d'un projet collectif construit avec des femmes et des hommes au service et dans l'intérêt de leurs membres, en opposition à l'ordre établi qui les avait chassées des ateliers.

L'étude de sept modèles de management repérés dans la littérature, comme éventuels éléments de réponse aux enjeux de la gouvernance coopérative selon nous, a mis en évidence l'existence du lien entre le management des ressources humaines et la stratégie des organisations. Malgré le souhait de développement d'hétérotopies émis par the Critical Management Studies (C.M.S.), nous n'avons pas repéré un modèle de référence pour les SCOP dans les typologies proposées. Pourtant, l'expression d'un anti-managérialisme de principe, critiquant le discours et les pratiques de gestion qui seraient instrumentalisées par un nouvel esprit du capitalisme ou d'un néolibéralisme économique (D. Cazal, 2003, *op. cit.*), reste latente dans l'inconscient collectif des SCOP. Elle entre en tension avec une nécessaire professionnalisation du MRH, qui semble plus informel, voire intuitif (C. Davister, *op. cit.*) dans les organisations coopératives qui le pratiqueraient sans le nommer de manière explicite par crainte, peut-être, de trahir des valeurs originelles ? Il y aurait une dichotomie entre MRH et SCOP pour la plupart d'entre elles, TPE ou PME.

De toute évidence, la préconisation d'un kit de pratiques universelles de gestion des ressources humaines semble incongrue. Elle éliminerait de fait la spécificité de l'organisation en faisant fi des éléments de contingence (H. Mintzberg, 1998), des cultures (G. Hofstede, 1994), de l'appellation des fonctions sociales, de la stratégie (C.H. Besseyre des Horts, 1998), des situations de changement (C. Argyris, 1978), du cadre contextualiste (F. Pichault et Nizet, 2000), des contradictions (J. Brabet, 1993) de la recherche de sens (Norbert Alter, 2009 et P. Poirier, 2008).

En tout état de cause, à travers les théories examinées, nous admettons que les relations humaines au sein des organisations sont interdépendantes et réagissent aux mouvements sociaux, sociétaux, environnementaux, internes et externes, et éprouvent les effets d'un inconscient collectif. L'acceptation d'une part d'un cycle de vie d'entreprise récurrent qui consigne l'impermanence des étapes constitutives du cycle de vie de l'entreprise, et d'autre part l'acceptation de l'interdépendance des acteurs et actrices (théorie des parties prenantes et du système) qui évoluent dans des champs économiques, politiques et sociaux reliés entre eux, permet une nouvelle compréhension des phénomènes à l'œuvre chez l'individu qui se situe dans l'entreprise, au sein d'une organisation connectée avec le territoire local, national, européen et mondial.

Nous avons interrogé la pertinence de sept modèles de management pour les SCOP : le modèle du management participatif, le modèle du management interculturel, le modèle du management polymorphe, le modèle de management par l'apprentissage, le modèle de la gestion des contradictions, le modèle de management valoriel et le management du don, car nous n'avons pas trouvé, dans la littérature, de modèle (s) de Management de Ressources Humaines pour les SCOP. Le modèle du management participatif demeure un modèle instrumental qui soumet les salarié-e-s aux actionnaires. De même, les modèles du management polymorphe, par l'apprentissage, de la gestion des contradictions, maintiennent une relation au pouvoir et à l'argent identique dans des organisations aux cadres établis selon une hégémonie culturelle et politique.

Si, la littérature explorée ne répond pas complètement à nos questions, elle nous fournit à la fois des éléments de réponses et laisse en suspens des questions. En effet, le modèle valoriel introduit quant à lui une nouvelle dimension et une réflexion sur le sens ; il se dégage de la priorité de recherche de profits et introduit la notion de don de soi. Quant au management du don préconisé dans la littérature, il permet de sortir de l'instrumentalisation de l'Homme au travail, orchestrée par les actionnaires et le modèle hégémonique de référence. Le management du don défie deux tabous présents dans les autres modèles, à savoir le tabou de l'argent et le tabou du pouvoir.

La variable de la gouvernance, qui crée le mode d'organisation, n'est pas prise en compte dans les études puisque plus largement, la question des statuts d'entreprise est largement occultée dans la littérature « classique » en management, au profit d'une référence implicite à la Société Anonyme Non Coopérative (SANC). Ce parti pris exprime un refus idéologique des formes alternatives qui remettent en cause le rapport capital travail, le rapport au pouvoir et à l'argent et le rapport entre les genres.

La littérature actuelle ne proposant ni définition, ni modélisation d'un management adapté aux SCOP d'aujourd'hui, nous avons opté pour une conception nouvelle émanant de leurs expériences et de leurs réflexions. De cette manière, nous partageons d'une part les perspectives de Catherine Davister du « *développement et la mise en place d'un "autre" modèle GRH* » (*op. cit.*) pour les coopératives de travailleurs dont la « *situation pose certaines questions spécifiques en termes de GRH* », et d'autre part le troisième vœu formulé par François Espagne de « *recherche d'instruments originaux et "coopé-compatibles" de développement... qui tienne compte d'une exigence qui est de l'ordre de l'éthique et du politique plus que du juridique.* » (2007, *op. cit.*).

Dans un premier temps, la recherche d'une terminologie coopérative qui ait du sens et qui soit satisfaisante pour les coopérateurs et coopératrices s'est imposée à nous. Ceci n'est pas une simple coquetterie de style, mais la traduction d'une réalité culturelle du terrain et d'une réelle volonté de distinction d'un système hégémonique auquel les SCOP n'appartiennent pas.

Dans un deuxième temps, étant entendu que le cadre juridique ne saurait suffire à faire vivre la démocratie et l'équité et à définir l'entreprise : « *Le cadre juridique c'est l'entreprise ou l'entreprise c'est les gens ?* » (I), nous avons recherché et rassemblé des pratiques de management qui contribuaient à une démocratie possible en entreprise coopérative et participaient au mieux-être des personnes qui l'animaient. À partir de l'analyse du terrain et de la littérature, nous présentons « *un guide de bonnes pratiques* » conçu à partir du Système de Communication Organisation Rémunération Emploi (SCORE) de Julienne Brabet et amendé par les travaux du CIRIEC et des éléments dégagés du terrain, et complété par une lecture des rapports au pouvoir, à l'argent et aux genres.

Il résulte de la compilation des meilleures pratiques en vigueur dans les SCOP étudiées, un outil de gestion que nous intitulons le SCCORRET : un Système Coopératif de Communication, de Culture, d'Organisation, de Rémunération, de Représentants du Personnel, d'Emploi et de Transmission. Ce guide se veut un outil pédagogique, empirique et conceptuel et en aucun cas un kit de clonage adaptable à toutes les organisations. Pour parachever ce travail, si tant est que cela soit possible, les questions du leadership et du pouvoir ont été abordées.

Ensuite, nous interrogerons le Développement Soutenable en SCOP en cohérence avec les personnes, l'organisation interne et l'environnement. D'où une observation des éléments de contingence et des nouveaux besoins relatés, qui donnent naissance à de nouvelles pratiques à qualifier. De ces pratiques coopératives seront extraits des freins et des leviers.

À la fin de cette partie, l'établissement d'un idéal type de Management Coopératif traduira la compilation de recherches et de pratiques coopératives et une réponse plausible aux pratiques managériales coopératives.

Nous laissons à présent la parole au terrain à travers un texte narratif dans la partie qui suit. Les objectifs de cette partie consistent à approfondir notre connaissance des SCOP, à proposer des guides pour un management coopératif aux praticien-ne-s, compatible avec un Développement Soutenable et accommodé à la Gouvernance Coopérative.

I. LE CHOIX D'UN CONCEPT POLITIQUEMENT CORRECT

Dans l'étude précitée, Catherine Davister (*op. cit.*) explique les raisons du refus du concept de Gestion de Ressources Humaines par les responsables des organisations de l'économie sociale. Ils excluent d'adopter une conception capitaliste des ressources, incluant les salarié-e-s au même titre que les ressources énergétiques, financières, matérielles... La Gestion des Ressources Humaines, « *pour nombre de responsables de l'économie sociale ne prend pas en compte les caractéristiques des organisations d'économie sociale, leur finalité sociale et les valeurs qui guident leur fonctionnement interne* ». Si dès lors, le concept ne traduit pas la réalité intrinsèque des organisations, le rejet de celui-ci par les membres des organisations de l'économie sociale et solidaire semble logique. L'acteur ne se reconnaissant pas dans le concept éprouve bien évidemment des difficultés à se l'approprier. Le concept lui demeurera étranger s'il ne reflète pas l'éthique qui l'habite et le meut.

Si les praticien-ne-s de l'économie sociale ne s'approprient pas le concept de Ressources Humaines, ils et elles entendent cependant faire valoir une culture coopérative distincte d'une culture capitaliste.

1. DES ACTEURS ET ACTRICES RÉFRACTAIRES À LA TERMINOLOGIE RESSOURCES HUMAINES

Sur le terrain, si nous avons pu constater des variations d'emplois du mot Ressources Humaines selon le secteur et la culture de la SCOP, nous avons en effet entendu des déclarations très appuyées qui traduisent une opposition à la terminologie Ressources Humaines et à une domination managériale : « *le mot "ressources humaines" dans une coopérative me paraît incongru. On n'est pas des ressources humaines, on est des partenaires* » (B). Cette allergie sémantique viscérale revêt un sens profond qu'il importe d'élucider. En quoi le terme « ressources humaines » peut-il déranger en SCOP ? Si les mots « ressources humaines » évoquent des réserves humaines indifférenciées au service de l'entreprise, des réserves de femmes et d'hommes soumis à un pouvoir désobligeant, il ne peut en effet convenir aux SCOP. En effet, leur « *spécificité réside dans l'objet institutionnel qui est le fonctionnement autogéré d'un système pour l'amélioration de la situation de [leurs] membres, acteurs-bénéficiaires* » selon F. Espagne. Les acteurs-trice-s bénéficiaires ne sont pas des ressources assimilables aux autres ressources de l'entreprise. En premier lieu, le lignage coopératif historique définit les personnes comme des partenaires qui agissent, de leur propre gré, à la réalisation d'un projet déterminé ensemble. Les acteur-trice-s bénéficiaires se situent dans une action volontaire de coopération.

Affranchi-e-s de la relation de subordination, chacun-e endosse la responsabilité des relations contractuelles et des décisions engagées collectivement jusqu'à leurs réalisations. Le mot « ressources » apparaît bien dans ce contexte incongru. Les salarié-e-s sont associé-e-s et partie prenante à part entière de l'entreprise, partie prenante marquée, au sens d'appuyée, autour d'un enjeu collectif partagé. D'où ce rappel insistant sur la réalité « *on est des partenaires* » qui évince l'appellation « ressources humaines ». Le substantif « ressources » pourrait évoquer un rappel des fondamentaux coopératifs, voire une invitation permanente à revisiter les valeurs qui habitent les personnes positionnées au centre de l'organisation. Elles pourraient être à la fois ressources fondamentales et substances prédominantes des SCOP. Ce serait faire fi d'une lecture politique du Management des Ressources Humaines qui renvoie à une conception capitaliste, partagée par le Rapport pour le développement humain qui attire l'attention sur l'expression « *le capital humain* ». Ce terme, équivalant à l'employabilité, maintient les individus en postures de « moyens » pour réaliser la productivité qui, elle, est une fin. (D. Méda, 1999/2008).

Une autre lecture politique des ressources humaines évoque une conception stalinienne : « *ça fait Staline, l'Homme : notre capital le plus précieux* » (B). Dans les deux cas, les ressources humaines évoquent alors pour les coopérateurs-trices une économie où les travailleur-euse-s « marchandisé-e-s » sont exploité-e-s par l'entreprise ou par une idéologie. Elles rentrent donc en tension avec l'Histoire coopérative et les objectifs d'autonomie, toujours d'actualité dans les SCOP. Les premières SCOP ont été créées par des femmes et des hommes qui se sont associé-e-s pour subvenir à leurs besoins vitaux et se libérer des chaînes de l'asservissement au travail. Les salarié-e-s associé-e-s ne sont pas des outils au service de l'entreprise ou de l'idéologie, pas plus qu'ils ne sont un capital, fût-il le plus précieux, mais bien des êtres humains, vivants, libres et responsables de leur outil de travail et du développement de la structure qui leur appartient collectivement. Des études réalisées auprès de structures coopératives ont montré une aversion réelle à l'assimilation des hommes et des femmes en tant qu'objets (C. Davister, *op. cit.*), que nous pouvons confirmer suite à notre recherche menée sur le terrain.

Partant de ces constats, une investigation des discours et des pratiques au sein du mouvement coopératif s'imposait à notre recherche, de manière à pouvoir nommer le management exercé pour animer la démocratie et améliorer les conditions de travail des sociétaires.

2. UNE DÉFINITION DU MANAGEMENT COOPÉRATIF

Face à cette défiance vis-à-vis du Management des Ressources Humaines lors des entretiens menés pour cette recherche, nous avons cependant noté une émanation d'un autre type de management, à savoir un management coopératif : « *le Management Coopératif c'est réfléchir et construire les objectifs et ensuite participer à la réalisation et partager les fruits.* » (Q). Cette proposition définit un processus du management coopératif en quatre temps : premièrement une période de réflexion en amont, nécessaire à une construction du développement dans un deuxième temps, qui sera mise en actions dans un troisième temps, en vue d'en partager les résultats dans un quatrième temps. Selon cette définition, le management coopératif recouvre toutes les étapes d'un projet : de la réflexion, à l'élaboration, à la mise en œuvre et à l'évaluation. Par ailleurs, une étude réalisée auprès des SCOP de Rhône-Alpes en 2006 intitulée *Quel management coopératif* ? (Union Régionale des SCOP de Rhône-Alpes), nous a semblé renforcer une appropriation collective du concept de Management Coopératif, d'où notre choix dévolu au concept de management coopératif.

Pour suppléer au Management des Ressources Humaines en SCOP et compléter le concept de Management Coopératif ci-dessus, nous proposons la définition suivante : « *Le management coopératif, c'est l'animation d'une communauté de personnes co-entrepreneur-e-s d'un projet collectif de développement soutenable, du local au global. Le management coopératif suppose de questionner le sens d'une organisation intergénérationnelle dans un système économique, social et politique de marché responsable tout au long de la vie de l'entreprise avec une analyse genrée. Le management coopératif veille à établir des conditions de travail favorables au bien-être et au développement des salarié-e-s au sein de l'organisation.* » (L'auteure, 2009).

Cette définition présuppose l'acceptation d'un mouvement permanent de l'animus individuel et collectif (*animation*), de personnes à double qualité, voire triple qualité qui œuvrent ensemble (*co-entrepreneur-e-s*) pour la réalisation d'un projet collectif partagé (*de développement responsable*) circonscrit sur un territoire (local, départemental, régional, national ou international) et encastré dans un projet global à la fois politique, social et économique intergénérationnel d'une Économie Sociale et Solidaire. Le co-entrepreneuriat implique une mise de fonds en capital, qui engage une responsabilité partagée pour une création innovante collective.

Cette définition intègre les fondamentaux historiques de la coopération que sont la libre adhésion (co-entrepreneur-e-s), la solidarité (projet collectif partagé et co-entrepreneurs), l'équité (dynamique de développement soutenable) et la démocratie (co-entrepreneur-e-s et question du sens).

Ces valeurs coopératives reflètent les valeurs républicaines de liberté, fraternité et égalité et établissent de fait un lien évident entre le projet politique coopératif et le projet politique républicain.

La réfutation théorique du concept de Management des Ressources Humaines pour les SCOP nomme ici et maintenant le Management Coopératif. Cette nomination d'un concept théorique ne garantit certes pas des pratiques vertueuses, mais présente l'avantage de révéler une quête de cohérence avec les pratiques et de quelque chose qui fait sens dans une organisation coopérative. Une telle définition du management coopératif offre une réponse aux praticien-ne-s qui peuvent enfin s'approprier un concept adapté à leur environnement et à leurs pratiques. Nous entendons par là participer en premier lieu à la satisfaction d'un des besoins de coopérateur-trice qui consiste à se reconnaître dans un langage commun et partagé au sein du mouvement coopératif, et en deuxième lieu à la reconnaissance d'une culture coopérative autonome intrinsèque et bien réelle par la société civile, économique et politique. Ce besoin de reconnaissance est lié à d'autres besoins fondamentaux de la personne, développés ci-après.

En conclusion, la définition proposée du management coopératif entend refléter les pratiques et servir de référence aux acteurs et actrices de la coopération et à la culture coopérative. Une appropriation du concept de Management Coopératif pourrait contribuer à la reconnaissance des acteurs et des actrices d'une culture coopérative à l'œuvre dans les SCOP et renforcerait la distinction des SCOP à l'égard des entreprises non coopératives. Il s'agit bien pour nous de conforter une identité coopérative, particularisée par une animation en cohérence avec le cadre juridique institué et de développer un cadre conceptuel coopératif pour les SCOP qui soit bienveillant à l'égard des personnes en son sein, ce à quoi nous allons nous attacher à présent.

II. UN GUIDE DE BONNES PRATIQUES COOPÉRATIVES : LE SCCCORRET

Si la Gouvernance démocratique est liée à un mode de fonctionnement participatif, elle induit une capacité d'assumer le rôle et la responsabilité d'associé-e-salarié-e. Levier de motivation ou frein lié à la peur de responsabilité, l'invitation à devenir associé-e et à le rester, est un enjeu principal du management coopératif car « *être associé n'est pas inné* ».

C'est pourquoi, pour permettre au coopérateur-trice d'être un véritable « *acteur du système* » (M. Crozier et E. Friedberg, 1977, *op. cit.*) en charge d'assurer collectivement la pérennité de la SCOP et « *d'être responsable de la responsabilité de l'autre* » (E. Levinas, 2009), nous avons détecté des étapes particulières à partir du SCORE de Julienne Brabet (1993, *op. cit.*) et des études et analyses du terrain. Nous avons donc élaboré « *un idéal type de bonnes pratiques coopératives* » en vue d'une amélioration du pivot vital des SCOP à savoir : le Management Coopératif. Ces pratiques sont issues des meilleures pratiques des SCOP rencontrées et étudiées. Elles ne sont pas toutes en exercice dans toutes les SCOP, mais elles rassemblent des pratiques issues des unes et des autres. Cet outil de gestion coopératif résulte de la mutualisation des meilleures pratiques observées au sein des SCOP ayant accepté de répondre à notre sollicitation d'étude. Il provient d'entretiens menés auprès des responsables en poste et de l'étude de documents coopératifs.

Autant que faire se peut, pour étudier les pratiques de management coopératif au sein des SCOP, notre choix dans un premier temps s'est porté sur le modèle du SCORE proposé par Julienne Brabet (*idem*). Cet outil de gestion ainsi renommé SCCCORRET (Système Coopératif de Communication, de Culture, d'Organisation, de Rémunération, de Relations Sociales, d'Emploi et de Transmission) se distingue du SCORE des entreprises non coopératives, du fait du double statut de salarié-e-s associé-e-s.

Pour parachever le SCCCORRET, trois éléments forts de contingence, issus des entretiens, sont soumis ici :
- la culture,
- la transmission,
- le rapport au pouvoir.

Pour tenter de circonscrire l'organisation coopérative SCOP, d'autres éléments d'analyse théorique s'adjoignent à cet outil de gestion :
- les travaux internationaux de recherche coopérative et plus particulièrement ceux de l'Économie Sociale et Solidaire (CERA, CIRIEC, EMES, RIUESS),

- les travaux pluridisciplinaires menés autour du pouvoir, de l'exercice du pouvoir et du pouvoir collectif (Courpasson, Desroche, Enriquez, Guattary, de Gaulejac, Jung et Oury).

1. Un Système de Communication Coopératif (SCC)

Le Système de Communication Coopératif est censé offrir un droit à la parole et à l'information intelligible pour tous et toutes les associé-e-s, quels que soient leurs qualifications, leurs anciennetés et leurs genres. Un système de communication efficient, avec un sens descendant, ascendant et latéral pour accéder à l'information est donc recherché.

De prime abord, participer aux débats suppose de pouvoir en comprendre les enjeux, de pouvoir s'exprimer en groupe, de pouvoir débattre, de pouvoir argumenter et de pouvoir répondre aux objections si besoin. Selon nos répondant-e-s, dans une Assemblée Générale décisionnelle, la compréhension des grandes lignes d'un bilan et d'un compte de résultat est nécessaire pour pouvoir voter, en toute connaissance de cause, la présentation soumise à l'Assemblée Générale. De même, le rapport de gérance doit être intelligible et aider à l'élection de la gérance. Dès lors, la participation active des associé-e-s-salarié-e-s nécessite une organisation d'un Système de Communication Coopératif et des plans de développement de compétences coopératives et techniques pour relever ces défis.

Un système de communication coopératif interne

Pour faciliter l'expression de tous et toutes dans un système de communication coopératif, une limite du groupe est préconisée entre douze et vingt personnes maximum. La taille limitée de la SCOP est souhaitée ici pour garder la maîtrise, connaître le (s) salarié-e-s, pouvoir communiquer et anticiper les conflits avec des recherches de solutions collectives et conserver une taille humaine.

« On peut encore recruter jusqu'à douze ; douze, pour le groupe, pour l'intimité dans l'entreprise, pour la communication, le développement, pour notre métier, en référence aux tribus préhistoriques de 10-12 maximum qui ont laissé des traces picturales sur les parois des cavernes. » (L)

« Une SCOP ne peut pas dépasser vingt personnes pour le fonctionnement. La parole est libre ici, il n'y a pas de risques à dire ce qu'on pense à tous les échelons. » (B)

« Oui je voudrais qu'on ne dépasse pas une taille humaine supérieure à vingt. Parler avec tout le monde c'est riche. On communique en permanence, les portes des bureaux sont toujours ouvertes. On essaie d'anticiper pour ne pas

avoir à percer d'abcès, on essaie de trouver des solutions ensemble. À trente ou quarante, c'est plus difficile. » (M)

Quand elle dépasse la vingtaine, la SCOP recherche un fonctionnement propice à la circulation de la parole et organise alors des groupes de 12 à 20 personnes.

La majorité des salariés étant associé-e-s, selon la règle coopérative, le système de communication concerne à la fois la production et la Gouvernance. La Communication Interne Coopérative sert la vie coopérative et la vie technique de la SCOP. Le système de communication coopératif intègre le fonctionnement de la Gouvernance avec des réunions coopératives et le fonctionnement technique avec des réunions d'équipes plus fréquentes comme nous l'avons expliqué dans la partie de la Gouvernance Coopérative. Sous des appellations et des rythmes différents, les réunions techniques cadencent la vie de la SCOP. Un dispositif opérationnel est mis en place pour garantir la collégialité du fonctionnement. Pour optimiser l'expression individuelle en réunions collectives, le Système Coopératif de Communication met en place des entretiens individuels réguliers.

« La communication interne est très organisée et organique avec des cycles et deux dimensions, individuelles et collectives : des entretiens individuels trimestriels et des réunions de management général par trimestre, de manière très rituelle, dont une, 18 jours avant l'AG, parce qu'il ne faut pas que les individus se cachent derrière un collectif et pour éviter les conflits, les tensions. Par exemple, la durée des déplacements à l'étranger a été réduite à trois semaines après avoir été discutée d'abord en entretiens individuels à la demande de parents de jeunes enfants, puis en réunion. » (L)

Des entretiens individuels ritualisés et informels

Les entretiens individuels qui précèdent les réunions d'associé-e-s trimestrielles ont vocation à préparer les réunions collectives. Ils sont l'occasion d'évoquer pour chacun-e son positionnement dans l'entreprise, ses souhaits ou besoins de formation et de rendre compte de sa mission ou de sa recherche sur une question qui lui a été confiée, en vue de préparer la réunion trimestrielle. C'est aussi un lieu d'expression possible individuel, sans perturbation du groupe, à l'instar des entretiens individuels annuels où l'individu a la possibilité de s'exprimer en dehors du groupe. Pour faciliter les entretiens annuels, un document de huit pages, rédigé par les directeurs de services lui est remis un mois avant afin qu'il puisse avoir le temps de réfléchir à ses besoins en formation et à son implication dans les groupes de travail thématiques (l'aménagement du temps de travail, la préretraite, la mutuelle, le déménagement de la SCOP...) Mais plus encore, certaines SCOP s'aventurent sur une communication grande ouverte à toutes les questions qui taraudent la personne :

« *L'Homme au quotidien est l'Homme citoyen libre de parler de tout sujet ; c'est pourquoi ma porte est toujours ouverte. On essaie d'être disponible* » (F) ou encore « *Je parle beaucoup, j'ai des plages horaires pour être disponible ; il faut traiter les problèmes relationnels tout de suite.* » (E)

Si les portes ouvertes des gérants (E, F, M) traduisent une disponibilité de ceux-ci et occasionnent des entretiens informels qui rendent possible l'apaisement des tensions en interne, elles peuvent parfois occasionner une gêne pour le gérant qui n'est pas toujours en mesure de répondre aux problèmes de vie privée partagés. En effet, cette grande liberté de parole s'avère de temps à autre difficile à diriger pour celui qui reçoit une parole intime de la part de son collègue, d'autant plus qu'il n'est pas toujours en mesure de mettre une distance professionnelle faute de recul et/ou de formation appropriée à l'écoute et à la conduite d'entretiens cliniques. La porte demeure ouverte aussi pour les anciens qui œuvrent à la transmission et au développement de la SCOP (D, E, N). Leur accueil et leur écoute alimentent les deux parties et participent à une reconnaissance mutuelle. Leur présence illustre une partie de la politique intergénérationnelle et donne du sens à la transmission. Elle peut être une des tentatives de pratiques de l'essai sur le don de Marcel Mauss.

Les entretiens individuels d'un Système Coopératif de Communication visent à établir une démocratie interne en favorisant une communication pour tous et toutes, y compris pour les plus timides et/ou les personnes les moins formées à l'expression orale. Ils décuplent des zones d'expression individuelles, lieux d'apprentissage à une prise de parole en groupe, qui concourent à une élaboration collective. De cette manière, le point de vue de chacun-e peut être entendu sans dissimulation, soit directement par la personne, ou par la ou le gérant-e qui anime la réunion.

Des réunions techniques régulières

Le Système de Communication Coopératif met en place des espaces d'échanges transversaux réguliers avec tous les salarié-e-s de l'entreprise coopérative sur le temps de travail et aussi hors temps de travail. Le rythme de ces réunions est propre à chaque SCOP : quotidien, hebdomadaire, par quinzaine ou mensuel. Le produit fini, la culture d'entreprise, la taille de l'entreprise et son fonctionnement déterminent la périodicité et l'organisation des réunions.

Pour commencer la journée de travail et coordonner les services, « *une réunion quotidienne d'un quart d'heure le matin avec les responsables des services, pour la transversalité et organiser le décloisonnement des services* » (C) est nécessaire.

Ainsi, l'information sur les carnets de commandes et l'avancée de la production est constante pour tous les salarié-e-s. Des ajustements d'équipes, très réactifs, répondent aux impératifs des commandes. Les équipes des ateliers sont composées en fonction des besoins de production. Si des personnes sont absentes, elles seront remplacées par des collègues de l'entreprise selon les priorités des commandes. Chaque personne est ainsi tenue au courant de la vie économique et sociale de la SCOP.

Avec « *une réunion de production qui dure 1 h 30-2 heures par semaine pour faire le point, pour suivre, où on essaie de communiquer* » (M), cela permet non seulement une mise au point technique et un suivi régulier de l'activité, mais cela propose aussi un espace de communication favorisée par des petits groupes « *de 4-5 personnes par secteurs* » (I) et par la régularité des réunions. Quels que soient leurs rythmes, ces réunions ambitionnent de questionner le sens de l'activité et de partager une analyse sur le positionnement de la SCOP avec « *des réunions de coordination régulières par secteurs, par quinzaine, dont l'ordre du jour porte sur le quotidien de chaque secteur et sur l'environnement, la concurrence, le marketing avec des remises en cause permanentes* » (H). Les remises en cause permanentes contribuent à un engagement, individuel et collectif, pour améliorer le fonctionnement et la production qui traduit au quotidien une démarche de qualité toujours recherchée : « *une réunion de salarié-e-s a lieu tous les mois pour toujours chercher à s'améliorer, à communiquer la transparence.* » (A)

En plus de ce type de réunions, des réunions contractuelles, préparées par un service, présentent un nouveau projet ou une nouvelle réalisation finie. C'est une manière volontaire d'associer toutes les personnes de la SCOP à l'évolution d'un projet et de partager la satisfaction de la production. Des comités techniques sont constitués pour définir des choses avec des regards pluriels croisés. Par exemple, dans un comité de création, des idées et de la matière sont amenées au graphiste et les épreuves y sont soumises avant de les montrer au client (N). De cette manière, les créatifs-ves n'opèrent pas de manière isolée et bénéficient des retours de leurs collègues. Ces comités rassemblent des salarié-e-s autour d'un projet créatif et aident à la réalisation qui se voit passée au crible d'une critique, multipliée par le nombre de personnes participantes. En période de crise, la communication apparaît essentielle pour se soutenir mutuellement et prendre les décisions qui s'imposent. Ces moments ont insufflé une dynamique de communication dans toute la SCOP : « *Les époques de vaches maigres nous ont fait resserrer les coudes* » (N). « *Des comités techniques sont utiles pour travailler sur un dysfonctionnement, une question à améliorer. En 2005, on a travaillé sur le poste téléphone et sur la gestion des stocks.* » (I)

Chaque année, en janvier, le projet d'entreprise est institué avec un séminaire pour toutes et tous les salarié-e-s. « *Après un bilan partagé des activités de l'année écoulée, les perspectives pour la nouvelle année sont débattues* » (I). Ce séminaire projette les personnes dans une temporalité à la fois immédiate et de futur proche, et les aide à comprendre la mise en place du projet dans l'année civile. Nombre d'Assemblées Générales ayant lieu en fin du premier semestre, un séminaire en début d'année contribue à réduire le décalage temporel et à mieux comprendre les enjeux de l'année civile.

Toujours pour inciter le plus grand nombre à élaborer le projet d'entreprise, un forum préalable à l'Assemblée Générale est ouvert à tous et toutes, « *y compris aux non associé-e-s* » (F), dans une perspective de transparence et de formation à la vie coopérative. Des comptes rendus du travail en commission préparatoire à l'Assemblée Générale sont rédigés par le responsable de la commission, dans une présentation formatée et intelligible pour tous et toutes.

En interne, des groupes hétérogènes de 4 ou 5 personnes, mixant les secteurs et les postes, se réunissent pour échanger régulièrement sur la vie de la SCOP. Cette occasion donnée aux salarié-e-s de se tenir au courant mutuellement de la vie et de l'évolution des secteurs, encourage l'écoute respective et avantage la découverte des collègues, de leurs postes de travail. L'occasion est ainsi offerte à toutes et tous de connaître et comprendre les rouages de la SCOP.

In fine toutes les SCOP de l'échantillonnage disposent de réunions régulières formalisées pour faire en sorte « *que les gens se parlent* » (N) par secteur, par ateliers et tous ensemble. Toutes les réunions techniques régulières initient l'associé-e salarié-e à la vie intrinsèque de la SCOP. Elles lui procurent également l'occasion d'appréhender les techniques de communication et de s'auto-former pour les réunions d'associé-e-s. En effet, prendre la parole en public n'est pas chose aisée pour tout le monde. L'appropriation de la parole, en petit groupe, sur des questions techniques connues rassure la personne et favorise sa prise de parole ultérieure en plus grande assemblée. « *La prise de parole, ce n'est pas leur métier, c'est le métier du dirigeant* » (D), or dans une SCOP chaque associé-e salarié-e étant censé-e s'exprimer, la formation à la prise de parole s'impose (D).

Le décloisonnement des ateliers ou des services conjugue au quotidien un Système Coopératif de Communication auquel certaines SCOP adjoignent des espaces de débats sociétaux qui rappellent aux coopérateurs-trices leurs engagements politiques en tant que citoyen-ne-s et salarié-e-s vis-à-vis de la SCOP et de la société élargie.

Des agoras coopératives

Outre les réunions de fonctionnement de gestion quotidienne, des débats transversaux sur des questions de société sont impulsés en dehors des heures travaillées (I et B) sur des thématiques variées telles que : les réserves, la rémunération, l'adéquation entre compétitivité interne et externe, quelles valeurs communes, quel modèle de société pour la SCOP ?... Le thème retenu pour l'année est travaillé selon un centralisme communiste en petits groupes avec un animateur qui recentralise pour une présentation à l'AG plénière qui décide (B). Le débat contradictoire veut refléter l'image de la SCOP, une entreprise coopérative et démocratique.

« La Parole est libre ici, il n'y a pas de risque à dire ce qu'on pense à tous les échelons. » (B)
Ailleurs, des espaces de communications supplémentaires à ceux repérés dans le paragraphe ci-dessus, appelés *« cafés thématiques »* et *« ponctuations »* reflètent l'innovation d'un système coopératif de communication en évolution constante dans une entreprise qui se veut *entreprise apprenante* et démocratique. *« Des cafés thématiques »* (I) ponctuels sont proposés au moment du repas. Plusieurs salarié-e-s volontaires, possédant des connaissances sur les problématiques identifiées, les préparent pour répondre aux demandes émergentes de l'équipe. Les premiers cafés thématiques ont traité des labels qualité bio et du commerce équitable, des organismes certificateurs et des marques, de l'éducation populaire. *« C'est l'occasion de débattre ensemble d'une question préoccupante pour les professionnel-le-s et les citoyen-ne-s que sont les associé-e-s salarié-e-s. »* (I)

Lieu d'intronisation du technicien-ne citoyen-ne, du politique et du technique, les cafés thématiques expriment une pratique démocratique inédite au sein de l'entreprise. Ils encouragent les rencontres humaines et la coopération en vue de restituer au groupe une étude menée à plusieurs. Les thématiques concernent des questionnements citoyens et des questionnements professionnels qui enrichissent les individus et le collectif.

« Les ponctuations sont des temps de rencontres où un secteur raconte son travail aux autres, de façon drôle, poétique, théâtrale. Nous avons pu nous régaler avec des sketches drôles et percutants de la part de l'équipe de gestion, avec une vidéo commentée du secteur de production et une sortie en car mouvementée avec l'équipe commerciale. » (I)

De manière créative, artistique et humoristique, deux ou trois ponctuations par an présentent les bilans en fin de projets des équipes respectives. Chaque ponctuation se prolonge par un repas coopératif partagé (I). Les ponctuations initient une autre manière de travailler ensemble, de se rencontrer, de procéder au bilan d'une action collective. Elles autorisent l'émergence de la part créative et artistique de chacun-e en entreprise. C'est une occasion unique de révéler au groupe une expression artistique et de rire ensemble. La SCOP devint un lieu possible de réalisation humaine qui admet la mise en œuvre de cette part créative artistique inscrite chez toutes les personnes et peu souvent abordée en entreprise. Les ponctuations légalisent l'humour qui permet de porter un regard empreint d'humilité et de sagesse sur son activité.

« Les ponctuations permettent de se distancier grâce à l'humour mais aussi de rendre visible aux autres son travail dans la filière, sans compter l'aspect détente et convivialité. » (I)

Emblématiques d'une communication coopérative qui se veut créative et démocratique, les cafés thématiques, les débats transversaux et les ponctuations mobilisent les connaissances des un-e-s et des autres, mélangeant créativité individuelle et créativité collective en dehors du temps de travail.

L'inscription temporelle de ces trois agoras insolites, hors temps de travail, renseigne un projet politique coopératif global en quête d'une démocratie au quotidien, un projet de vie coopérative qui dépasse les enceintes habituelles de l'entreprise et des lieux d'exercice d'un métier : un projet politique qui réunifie l'*Homo donator*, l'*Homo sociologicus*, l'*Homo sapiens*, l'*Homo ludens* avec l'*Homo oeconomicus* à l'ère de l'informatique.

Les nouvelles technologies informatiques de communication

Aujourd'hui, grâce à l'informatique, des agoras coopératives peuvent se poursuivre et d'autres peuvent se créer, réunissant des coopérateurs et des coopératrices proches ou au contraire très éloigné-e-s physiquement.

Encore peu implantés, quelques forums intranet décuplent la communication interne de réseau dans les SCOP plus intensément dans le secteur de l'informatique et de la formation-conseil (B, F, J, P).

Ces dernières, de par leurs cultures et leurs pratiques professionnelles, utilisent ces outils couramment au service de leur communication coopérative interne. *« L'information circule en réseau, le compte rendu du Conseil d'Administration est en réseau avec le retour du management de qualité. »* (J)

Additionnels aux formes de communications étudiées auparavant, le site intranet et les forums multiplient les possibilités de communication et d'information entre les associé-e-s qui travaillent sur le même site (B) ou entre les associé-e-s de territoires éloigné-e-s les un-e-s des autres (P).

Nouveau vecteur d'information, les NTIC animent les débats et procurent une liberté de participation et d'action. Des préparations de réunions organisées sur Skype optimisent le temps de travail. Elles limitent les déplacements et favorisent des pratiques dites de Développement Durable (P).

Ces outils complètent, sans les suppléer, les autres supports et espaces de communication physiques et directes. Ils s'agrègent au système de communication coopératif et optent pour une communication mixte, pour plagier le système de « *Formation mixte : en présentiel et à distance* » utilisé par la SCOP Mille Images de Grenoble.

« *Des réunions d'information interne pour expliquer l'histoire à ceux qui rentrent, pour communiquer sur le projet, pour aider l'individu à créer son projet par la coopération, des séminaires annuels, des mails, des forums, une lettre mensuelle avec la fiche de paye pour la transparence avec les comptes rendus de CA, des groupes locaux* » (P) sont plus que nécessaires pour faire vivre le projet coopératif.

Un déploiement de ces NTIC dans les autres secteurs d'activité requiert plus de temps selon la culture métier, la culture personnelle des professionnel-le-s, l'intérêt professionnel, mais aussi parce que dans le secteur coopératif « *on a besoin de se sentir* » (I), de se rencontrer physiquement. Si les NTIC mettent à disposition de nouvelles configurations de réunions et de communications, elles n'interrompent pas tout autant des rencontres réelles dans un lieu partagé, que sont par exemple des visites collectives proposées aux sociétaires. Au contraire elles peuvent s'y associer tout au long de la préparation et du compte rendu de visite.

Des visites collectives d'entreprises

« *Des visites d'entreprises partenaires ou du réseau sont l'occasion d'échanges instructifs, riches de sens et d'ouverture* » (I). Effectivement, ces rencontres annuelles occasionnent des découvertes humaines et techniques pour les salarié-e-s de la SCOP et activent un réseau vivant d'échanges avec les acteurs-trices de ces entreprises visitées. Entre communication et formation, les visites collectives d'entreprise sont à la fois un élément de communication interne et un élément de communication externe. Le voyage annuel en bus rassemble tout le monde pour la découverte d'une équipe et d'une entreprise. La rencontre avec des personnes fréquentées à distance via les NTIC, qui sont parfois des partenaires implantés sur des secteurs géographiquement éloignés, procure l'occasion d'échanger en direct, de mettre des visages sur des noms, d'humaniser l'inter-coopération. Rendre visite à une entreprise facilite la compréhension des relations externes, le projet coopératif et le lien qui existe entre des structures qui opèrent sur des territoires différents.

Sortir de la SCOP favorise une ouverture mentale et décuple la coopération en interne et en externe. De la préparation à la concrétisation, un tel projet se réalise en collectif. « *Visiter ensemble, chaque année, une entreprise coopérative, une association du réseau avec laquelle la SCOP travaille ou une SCOP du secteur d'activité, instruit et donne du sens au projet coopératif.* » (I)

Selon notre échantillon, ces visites revêtent un caractère national comme l'illustre la coopérative ci-dessus, mais aussi un caractère européen ou international. Par exemple un programme européen a permis des rencontres entre des SCOP de Rhône-Alpes et des SCOP espagnoles. La SCOP (A) a pu ainsi amorcer une étude de coopération avec le Groupe Coopératif Mondragon. Les programmes européens offrent une réelle possibilité de visites de coopératives européennes et d'échanges sur le terrain avec des coopérateurs-trices qui peuvent ensuite se décliner en coopération de production.

Pour la SCOP (E) c'est son activité elle-même qui l'a conduite à organiser un voyage en Tunisie, à la rencontre de l'entreprise sous-traitante. Le financement du voyage a pu être pris en charge par la SCOP grâce aux excédents de gestion et à l'accord des associé-e-s salarié-e-s « *97 % des sociétaires étaient d'accord pour un voyage en Tunisie pour les 30 ans de la SCOP (...) ; il n'y a qu'une SCOP qui peut fonctionner comme ça.* » (E)

Ce voyage reste dans les annales de la SCOP une expérience unique. Outre le fait que ce voyage ait procuré à toutes et tous les associé-e-s salarié-e-s la possibilité de constater sur site les bonnes conditions de travail des salarié-e-s de l'entreprise sous-traitante, ce fut une rencontre interculturelle riche pour chacun-e. Au-delà des représentations personnelles et des témoignages de la responsable de l'atelier tunisien qui « *fait partie de la famille* » (E), et vient à l'atelier en France plusieurs fois par an, l'immersion dans le pays de l'entreprise sous-traitante a donné l'occasion d'une connaissance nouvelle et d'une appropriation de la stratégie de l'entreprise. Les questionnements relatifs à ce développement ont trouvé une illustration pratique. Les réticences à la sous-traitance avec une entreprise tunisienne par peur de perdre des emplois en France et ou par peur de « colonialisme » se sont trouvées amoindries et les choix justifiés et partagés. Chacun-e peut ainsi découvrir la réalité de l'entreprise partenaire et l'enjeu de cette coopération.

Les visites collectives d'entreprises enrichissent non seulement la culture coopérative de ceux et celles qui ont la chance d'y participer, mais aussi la culture collective de la SCOP. Du niveau local au niveau plus global, les visites collectives d'entreprises donnent aussi du sens aux coopérations de production entre les organisations qui s'écrivent ici et là.

La communication écrite

Deux SCOP rencontrées sur les seize éditent un journal d'entreprise coopérative, dont l'un est un journal interne et l'autre un journal destiné aux sociétaires et aux client-e-s. Le premier raconte la vie de l'entreprise et conjugue informations techniques professionnelles et informations coopératives (D). À raison de trois numéros par an, il relate l'animation du Comité d'Entreprise et propose des articles techniques ayant « *trait entre autres aux conditions de travail. Malgré la sollicitation, il s'avère qu'il n'y a jamais d'articles* » (D). Il est vrai que l'écriture n'est pas chose quotidienne et aisée dans le secteur du B.T.P. La présence d'un journal d'entreprise coopérative qui se veut collectif, mais où la participation est réduite, dans une SCOP de bâtiment où l'oralité prédomine la culture de l'écrit, questionne sur le sens de cet outil et son bien-fondé. Une formation à l'écrit pourrait y être suggérée afin de démocratiser l'expression écrite.

Le deuxième journal adressé aux client-e-s solidaires informe de la vie et des projets de la coopérative.

Privilégiant une communication de proximité permanente, la politique d'information ne passerait pas forcément par un journal interne dans les SCOP. Pourtant, la culture de l'écrit est cependant présente dans les SCOP, quel que soit le secteur d'activité, avec les comptes rendus de réunions et les forums en développement. Malgré tout, cette culture de l'écrit qui imprègne notre civilisation européenne et occidentale se réduit trop souvent en SCOP à une écriture administrative (statuts, procès-verbaux, comptes rendus de réunions, plaquettes publicitaires) par faute de temps diront les acteurs et les actrices. De manière inopinée, le développement des sites internet oblige les SCOP à écrire régulièrement pour faire vivre leurs sites et leurs forums. De là viendra peut-être une nouvelle culture de l'écrit coopératif pour laisser traces de ces histoires quotidiennes coopératives, comme ces ouvrages, relatant des histoires coopératives, écrits par trois SCOP visitées (I, O et P). Cette initiative créative gagnerait à être accompagnée et rassemblée dans une même collection des « *mémoires coopératives* », pour plus de visibilité et de cohérence coopérative. Elles pourraient donner lieu à des débats internes et externes et être présentées au moment de l'accueil.

Un livret d'accueil

Sur un modèle initié par le mouvement coopératif, un livret d'accueil faisant suite à un feuillet d'accueil distribué en 1969, a été créé en interne pour être remis à toute nouvelle personne intégrant la SCOP (D).

L'explication générique de la SCOP, son historique, l'identité, les chiffres-clés de l'entreprise coopérative et son organisation y sont inscrits, laissant libre part à la créativité de la SCOP. Cet objet est un outil qui aide la personne nouvelle à se repérer à la fois dans l'entreprise coopérative grâce à l'organigramme, à l'historique, aux chiffres, et dans le mouvement coopératif grâce aux explications et coordonnées des structures du mouvement.

Il atteste du bon vouloir de transmettre une trace écrite de ce qui a pu être développé au cours de l'entretien d'embauche. Véritable mémo coopératif personnalisé, il rassemble des renseignements pratiques pour le salarié : adresse, horaires, pointage des heures, rémunération, indemnités de déplacements, mutuelle, Comité d'Entreprise, Comité d'Hygiène, de Sécurité et des Conditions de Travail, Médecine du Travail, Inspection du Travail et aussi sur l'accord de participation, les formations et la sécurité. Le livret d'accueil explicite le fonctionnement technique et coopératif de l'entreprise et rappelle à plusieurs reprises que « *tout salarié est appelé à devenir coopérateur* ». Une manière de sensibiliser dès le départ la personne à s'intéresser à la vie coopérative, à se former et à participer aux réunions.

Dans toutes les SCOP rencontrées, des réunions festives liées au calendrier interne (AG, séminaires, anniversaires...), à la communication externe ou à la production (nouveau produit, rythme saisonnier) s'organisent.

Des moments festifs

Pour terminer, entre communication interne et communication externe, des rencontres festives et conviviales ponctuent la vie des SCOP. Communications ritualisées liées soit à la vie technique, soit à la vie coopérative, « *des petites fêtes où les gens causent, donnent leurs avis, leurs idées sur le développement.* » (E) existent dans les seize SCOP rencontrées. Souvent un repas convivial clôture l'AG ou bien est organisé le lendemain (D). Il est parfois plus facile de s'exprimer dans un cadre convivial que dans une Assemblée Générale : « *ils ont du mal à s'exprimer. C'est difficile de poser des questions, mais à l'apéritif ça parle mieux.* » (D)

Plus régulièrement un déjeuner termine les réunions de management trimestrielles car « *il y a plein d'éléments de bien vivre, d'hédonisme. On fait attention au respect lié au plaisir, ce n'est pas du dur, ce n'est pas l'Entreprise.* » (L)

Des lieux sont dédiés aux rencontres conviviales car toutes ces SCOP s'accordent sur l'importance des moments conviviaux partagés qui offrent des opportunités de rencontres et de dialogues informels. Si « *la salle de réunion permet les réunions, l'ouverture et la convivialité au quotidien* » (E) ailleurs, « *la salle de restauration rassemble les salarié-e-s volontaires autour d'un repas préparé à tour de rôle, sur le temps de travail.* » (I)

Cet épicurisme collectif entretient un partage de plaisirs partagés et des lieux de parole « libérée ».

« Une fête, expliquent les anthropologues, ne représente pas qu'un moyen de se réjouir en mangeant, en buvant et en dansant. Elle est aussi l'occasion de communier, de s'associer pour célébrer l'instance supérieure qui permet l'existence de la vie collective et de mettre en scène les rapports sociaux pour les rendre plus explicites. » (N. Alter, *op. cit.*)

Les relations de table occultent quelque peu les réticences à s'exprimer dans une assemblée formelle. Réminiscence historique du casse-croûte, de la gamelle partagée par les ouvrier-e-s et les compagnon-e-s à l'initiative du mouvement coopératif sur les chantiers, les repas partagés symbolisent l'identité d'un groupe social et écrivent une partie de l'histoire de l'organisation.

Il est coutumier en France de célébrer un événement (ici réunions, assemblées générales) avec un repas amélioré pour festoyer ensemble.

Cet eudémonisme, inhérent à la culture française, concerne tous les secteurs d'activité et tous les territoires visités des SCOP. La frontière entre la communication interne et la communication externe est parfois légère, comme en attestent les réunions festives coopératives.

Les réunions festives liées à la vie de la SCOP (les anniversaires, les nouveaux locaux, une remise de distinction) ou celles liées directement à la production (nouveau produit, rythme saisonnier) sont planifiées dans la politique de communication. Ces ouvertures sur l'extérieur exigent une préparation et une coordination en interne suffisantes pour réussir l'opération. La mobilisation de l'équipe autour d'un projet événementiel crée des interactions entre salarié-e-s et renforce les relations. Des partenaires ou des client-e-s sont convié-e-s à ces réunions festives, car la relation client s'intègre dans le système coopératif en tant que parties prenantes du projet coopératif.

Outils de communication interne et externe, ces événementiels ouvrent les portes de la SCOP aux partenaires et aux clients, car la relation client est essentielle pour une SCOP : il y a « *un point de convergence entre la relation coopérative et la relation avec le client* » (B). Tout élément nouveau ou événement relatif à la vie de la SCOP est une opportunité pour elle de communiquer à moindres frais, sous la condition que les journalistes locaux relaient l'information événementielle.

En conclusion, la Communication Coopérative interne associe des moyens de communication multiples et variés. Elle contribue non seulement à la circulation d'information sur la vie de l'entreprise, de manière similaire aux entreprises non coopératives, mais aussi et surtout à la prise de responsabilité des associé-e-s salarié-e-s. Le système de communication interne coopératif traduit, voire qualifie, l'exercice de la démocratie interne. Le fonctionnement de son organisation relève de la vigilance de chaque associé-e et de sa capacité à s'exprimer oralement et par écrit. Il doit être conçu aussi pour donner le maximum d'informations intelligibles à tous les associé-e-s salarié-e-s afin de ne pas confisquer la parole à certain-e-s.

De toute évidence, les outils de communication mis en place dans la SCOP ne garantissent pas à 100 % une démocratie coopérative, mais leur existence atteste du bon vouloir des sociétaires de veiller à l'optimisation des conditions d'exercice d'une communication tant soit peu équitable. Reconnaître aux salarié-e-s le pouvoir de penser et l'aptitude à débattre, dans des espaces instaurés, contribue à la réduction de la détérioration des rapports au travail et à la démocratisation de l'entreprise.

Cette communication coopérative s'avère essentielle pour établir au quotidien un climat de confiance nécessaire et pour animer une démocratie coopérative au sein des SCOP.

Une communication externe à double enjeu

Pour les SCOP, la communication externe revêt un double enjeu. En effet, il s'agit d'un enjeu singulier (celui de la coopérative) et d'un enjeu collectif (celui du mouvement coopératif). La communication externe engage non seulement la SCOP, mais aussi le mouvement coopératif.

Compte tenu de ce double enjeu, la publicité commerciale des SCOP vise à vendre le produit d'une entreprise coopérative et des valeurs partagées.

Pour atteindre un public ciblé, les messages préparés par les SCOP ont besoin de cohérence. « *Un message est stratégique lorsqu'il contribue, au-delà de sa fonction immédiate d'information, à construire une image cohérente et durable de l'entreprise et de ses produits* » (A. Pillet, 2006). Ainsi, une communication bien ciblée sur l'acquisition d'une nouvelle machine pour une imprimerie, permet d'une part de capter de nouveaux marchés, et d'autre part de gagner une nouvelle notoriété en correspondance avec les attentes du public ; elle valide une démarche intégrée de Développement Durable. L'apposition d'un label « Imprim'vert » sur les produits finis consolide la démarche et la communication de la SCOP. Identifiée imprimerie verte, la SCOP affiche au grand public sa stratégie commerciale et politique (N). Elle répond aux demandes croissantes d'un public de préserver la nature et prend part à une protection de l'environnement. C'est une manière de communiquer ses valeurs lors de la vente de ses produits finis.

De son côté, la nouvelle communication de la Confédération Générale des SCOP en date du 1er février 2010 met l'accent sur le fonctionnement interne des SCOP avec un nouveau slogan : « *La démocratie nous réussit* » et un nouveau logo qui entend signifier la réalité d'un mouvement coopératif à l'échelon national par l'apposition de ce dernier sur les supports de communication de toutes les SCOP de France.

Parler d'une SCOP, c'est parler d'une entreprise de production et de la forme coopérative. C'est prendre le risque d'aller à contre-courant de la pensée dominante. Certes la communication externe favorise la connaissance et la reconnaissance professionnelles de la SCOP sur son secteur d'activité : « *Un dossier de presse qui a été lu dans la presse (avec un client connu), on a eu énormément de retours suite à ça ; des articles dans la presse ça vous permet d'avoir des relais* » (M). Mais elle contribue aussi à une plus grande visibilité du mouvement coopératif : sur la reprise en SCOP de l'entreprise, « *ça s'est su localement, il y a eu des articles* » (G). C'est pourquoi une étude attentive des médias utilisés pour communiquer est requise. Selon le public visé correspond un média approprié, tout comme une dimension territoriale s'accorde à la portée souhaitée. Une communication externe très locale contribue, au-delà des frontières, à la communication régionale, nationale, européenne et internationale de l'identité de la coopérative.

Tous les supports de communication (presse grand public, spécialisée, radio, télévision, Internet) sont utilisés pour varier la communication et atteindre le grand public dans sa diversité. Les seize SCOP rencontrées disposent de site Internet où elles exposent leurs valeurs, leurs positionnements, leurs produits et les manifestations auxquelles elles participent.

Les liens attachés au site avertissent le visiteur ou la visiteuse des partenariats engagés ; ils témoignent de l'ouverture de la SCOP et de ses coopérations externes. La mention ou le lien avec le mouvement des SCOP les identifie en tant qu'acteur et membre du mouvement. Des sites interactifs invitent à dialoguer avec la SCOP. Des forums internes ou des forums ouverts contribuent aux échanges autour d'une thématique.

Pour élargir la communication sans discrimination, WEB SOURDS, SCOP basée à Toulouse, propose « *Toute l'information en langue française des signes* » sur son site (www.websourd.org). En traduisant en langue des signes les informations et proposant ses services de traductions aux organisations publiques et privées, Web Sourds promeut la reconnaissance du langage des signes, langage d'une communauté minoritaire. C'est une innovation pour établir une équité de traitement, réduire l'exclusion et donner les moyens à la communauté sourde d'accéder à l'information départementale, régionale, nationale, européenne et internationale. C'est un moyen pour la communauté précitée de faire valoir son mode de communication et d'accéder au monde de la communication.

En dehors de la communication commerciale pratiquée par les SCOP de notre échantillon avec les catalogues, les plaquettes publicitaires, les sites Internet, les salons professionnels et les événementiels, une communication plus pédagogique, voire plus politique et militante est exercée par certaines d'entre elles de manière plus ou moins prononcée.

Une communication au service de la SCOP et du mouvement

Communication planifiée par la SCOP elle-même ou participation à des événements externes organisés par des tiers, cette communication articule « *des fonctions de communication et de commercialisation* » (A. Pillet, *op. cit.*). Les valeurs coopératives, validées par le collectif et intégrées en interne, sont essaimées à l'extérieur.

> « *On communique beaucoup sur le statut SCOP. On n'est pas comme les autres, on ne travaille pas pareil, sur le fait que les interlocuteurs de nos clients dans un an, dix ans ce soient toujours les mêmes alors que dans d'autres sociétés il y a un turnover énorme.* » (M)

Rédigé à l'attention des « clients solidaires », *le Courrier solidaire* est toutefois accessible à la nouvelle Clientèle lors de salons ou de visites à la SCOP (I). Il véhicule de manière très forte les valeurs de la SCOP à travers les informations concernant la vie de la SCOP. Élément de transparence, *le Courrier solidaire* illustre l'objectif de traçabilité inscrit dans la charte de l'entreprise. Pour exemple, le numéro 6 de novembre 2008 met en exergue « *la culture d'entreprise* » et dévoile les intentions et les actions du projet. Objet de communication externe, il mobilise en particulier une personne responsable de son édition qui l'élabore en coopération avec des collègues.

Par ailleurs, des manifestations collectives coopératives offrent aux SCOP la possibilité d'intervenir auprès d'un large public tout au long de l'année. Pour exemple, lors de « *la Semaine de la Coopération à l'École* » organisée par l'Office Central de la Coopération à l'École (OCCE) et le COOP-FR, ex-Groupement National de la Coopération (GNC) des coopérateurs-trices témoignent de leur expérience de la coopération d'entreprise dans les classes. La 10e Semaine de la Coopération a eu lieu du 19 au 24 mars 2011. Depuis 2001, la Semaine de la Coopération à l'École a pour but de sensibiliser les jeunes, le monde éducatif, le grand public à la pédagogie coopérative et à la coopération, tout en favorisant les rencontres avec des entreprises coopératives. Cette manifestation, soutenue les années précédentes par le Ministère de la Jeunesse, de l'Éducation nationale et de la Recherche et par la Délégation interministérielle à l'innovation sociale et à l'économie sociale, donne lieu à de nombreuses actions et initiatives dans les classes et les établissements scolaires, visant à promouvoir les valeurs et les structures coopératives (www.occe.coop). C'est là une occasion unique d'initier et de transmettre à de jeunes enfants l'idée et la pratique de la coopération au-delà de « *la coopé de l'école* », avec de véritables entreprises qui fonctionnent. La perspective d'un monde du travail à plusieurs dimensions, où « travailler autrement » devient possible, est ainsi transmise à un jeune public.

La *Journée de la Coopération Internationale* impulsée par l'Alliance Coopérative Internationale se déroule le premier samedi de juillet autour d'un thème commun ; en 2009, le thème était celui de la paix. Peu relayée dans les entreprises coopératives (qui ne se sentent peut-être pas directement impliquées dans les thématiques choisies), cette journée mériterait d'être travaillée en amont dans les Unions Régionales. La paix n'impacterait-elle pas les entreprises coopératives de France ? Un retour dans l'Histoire internationale du mouvement coopératif nous rappelle très vite les liens entre les conjonctures sociétales et le développement ou la réduction, voire la destruction des coopératives. La date n'est certes pas des plus judicieuses pour une participation massive. Elle passe quelque peu inaperçue dans l'agenda estival. La thématique de 2010 : « *l'entreprise coopérative autonomise les femmes* » fût, elle aussi non traitée, mais nous touchons peut-être ici une évolution sociétale encore difficile à accepter... La journée 2011 concernait les jeunes et la coopération, vaste chantier coopératif pour assurer la relève au sein des SCOP et questionner les pratiques coopératives à l'égard des jeunes. C'est une occasion offerte pour s'ingénier à répondre aux questionnements de l'engagement et du sociétariat des jeunes vis-à-vis des SCOP et pour articuler le projet politique de la SCOP dans une dynamique internationale. La thématique de la journée 2013 revendique la force de la coopérative en ces temps dits de crise mondiale avec comme slogan : *La coopérative, une entreprise qui reste forte en temps de crise*. Cette journée de la coopération internationale a le mérite de rappeler aux SCOP leurs dimensions locale et mondiale par leur appartenance à un mouvement coopératif international.

Quant au mois de novembre, il est « *le mois de l'Économie Solidaire en France* ». Coordonnée par les Chambres Régionales de l'Économie Sociale et Solidaire (CRESS), cette opération nationale, déclinée par chaque région, procure l'occasion aux SCOP de communiquer au grand public leur appartenance à l'Économie Sociale et Solidaire. Ainsi, « *les circuits ligériens d'initiatives solidaires* » en 2009, ont permis la découverte de plusieurs SCOP participant à l'opération. Ces opportunités de communication externe se transforment en exercices de pédagogie coopérative. Des interventions magistrales ne sauraient faire écho aux valeurs coopératives. Des questions s'imposent alors aux prestataires sur le mode de communication pour proposer une action cohérente et toucher le plus grand nombre. « *Nous avons fait une formation aux jeux coopératifs et réfléchissons comment les intégrer aux animations que nous proposons.* » (I). Pour clôturer la rencontre avec le grand public lors des visites de SCOP en région, « *la ligue de l'impro* » a présenté sa vision humoristique des SCOP sur les territoires locaux, illustrant le vieil adage « le rire est le propre de l'Homme » et reprenant une pratique expérimentée en SCOP (I).

Présentes dans les livres scolaires d'économie et dans ceux spécialisés en Économie Sociale et Solidaire où elles témoignent de leur histoire et d'un vécu coopératif, pour compléter la mallette d'outils utilisés pour la communication externe pour leurs propres comptes et pour le mouvement coopératif, les SCOP s'ingénient à faire parler d'elles en multipliant les vecteurs de communication. Certaines développent des projets culturels qui concourent à leur communication externe. L'une d'entre elles a conçu un musée et des animations culturelles liées à son activité de production : des visites guidées thématiques explicitant le parcours du produit et la logique de production choisie par la coopérative sont complétées par des « *temps forts avec des fêtes saisonnières.* » (I). Ces manifestations rassemblent des habitant-e-s du terroir, des touristes de passage, des clients solidaires qui adhèrent au projet d'entreprise et les salarié-e-s. Adeptes d'une interculturalité, ces événementiels démontrent une possible pluralité des rencontres au sein même d'une entreprise. Ces occasions ritualisées inscrivent la SCOP dans une dimension sociétale qui dépasse ses murs. La coopération s'érige en une pratique partagée avec les personnes extérieures à la SCOP, quels que soient leurs statuts. Les activités proposées lors de ces temps forts mettent à contribution des partenaires issus de groupes d'appartenance divers. Cette entreprise coopérative s'est vue octroyer le label d'« *entreprise du patrimoine vivant* » délivré par l'État Français. Une réussite de communication externe qui lui vaut une reconnaissance locale et nationale et qui sert à la fois la SCOP et le mouvement coopératif. Par ailleurs, la participation aux réseaux coopératifs politiques (Union Régionale, Confédération Générale des SCOP, Fédérations, regroupements sectoriels, réunions ponctuelles) s'avère être un engagement militant pour travailler au développement coopératif.

« *On essaie de participer au maximum aux midis de l'Union Régionale pour essayer de s'animer entre nous, pour avoir du poids, pour essayer de peser sur la structure CCI, CGPME, les CJD, pour impacter, pour promouvoir une nouvelle image de la SCOP.* » (M). Ces réunions du mouvement offrent des espaces de rencontres entre pairs où les échanges d'informations et les partenariats peuvent s'effectuer.

C'est aussi un moyen pour l'Union Régionale de prendre régulièrement le pouls de la vie locale coopérative et d'assurer son rôle politique d'animation de réseaux locaux.

De même, des repas coopératifs plus informels réunissent des coopérateurs-trices à leur initiative pour échanger à partir de leurs vécus individuels et collectifs. Ces contacts de proximité, hors institution politique, illustrent l'ancrage territorial des SCOP et leur volonté à se rassembler et s'entraider. Les informations émises lors de ces rencontres sont autant de sources de questionnements que de suggestions dans un climat d'écoute réciproque.

Parfois, des rencontres sectorielles s'organisent à partir d'un constat partagé sur le champ d'activité. De la sorte, des réunions nationales pour initier un Groupement des SCOP de formation et de conseils ont favorisé des inter-coopérations entre petites structures coopératives de la même région, mais également de régions différentes pour réaliser des marchés contractés par l'une d'entre elles et pour inscrire des actions de formation dans le catalogue de cette même SCOP.

Alternant réunions physiques à Paris et réunions téléphoniques du Comité de Pilotage durant deux années, cette initiative a été récupérée par le mouvement national qui n'a pas su ou n'a pas voulu animer ce réseau, ou en a souhaité son extinction. Le refus de devoir régler une nouvelle cotisation pour les grosses SCOP de formation, dirigées par des responsables politiques nationaux qui semblaient prêts à constituer un consortium national, interroge sur l'inter-coopération et la solidarité.

Et cela d'autant plus qu'une nouvelle volonté politique nationale de développement de filières, votée au dernier congrès des SCOP en 2008, aurait dû accompagner la recherche du groupement à se structurer. Mais à ce jour, cette décision politique de créer des filières n'a guère généré d'enthousiasme pour une filière formation ou services de la part des instances politiques nationales.

Néanmoins, les liens créés entre certaines personnes perdurent en dehors de la Confédération Générale des SCOP et de l'UR SCOP, dans l'intérêt de leurs membres. Des SCOP de formation réalisent des échanges économiques entre elles et réfléchissent à des stratégies commerciales et à des outils pédagogiques communs. Elles mettent en commun leur analyse de l'évolution du secteur et de leurs pratiques professionnelles.

Elles répondent, ensemble, à des appels d'offres. Ce besoin de mutualisation de moyens, difficile à mettre en place avec des SCOP de tailles différentes, engendre cependant des innovations de la part de plus petites SCOP.

Ainsi, « *une École de la Coopération* », initiée par une SCOP (I) de la région Rhône-Alpes cultivant des réseaux transversaux, est en gestation depuis plusieurs années.

Le projet, financé dans un premier temps puis relégué par la Région suite au programme EQUAL d'une École de l'Entrepreunariat Social, n'a pas été abandonné pour autant sur le terrain par les porteur-se-s de l'idée, qui continue de cheminer dans leurs esprits.

Des SCOP, plus expertes en communication que d'autres et plus volontaristes, rayonnent grâce à tous ces supports médiatiques hors de leur champ d'activité, en participant à des réseaux territoriaux : parcs nationaux, offices du tourisme, organisations professionnelles (syndicat du bâtiment, Qualifelec, association des métiers de la laine, associations citoyennes, associations syndicales, chambres professionnelles) (C, D, I, N) et/ou à des réseaux transversaux du local au national d'entreprises solidaires (CRESS, REPAS, MINGA, réseau local d'économie solidaire).

Les médiatisations, résultant des participations à des séminaires, des colloques, des réunions, des émissions de radio ou de télévision, sont autant d'opérations de « *marketing social et solidaire* » (A. Pillet, *op. cit.*) que des opérations politiques.

Les SCOP affichent ainsi pouvoir commercer sans renoncer à leurs valeurs, à leurs objectifs, à leur âme.

En conclusion, toutes ces opérations de communication externe favorisent une connaissance des SCOP auprès du grand public. Les référencements dans les parcs nationaux, dans les réseaux d'entreprises solidaires, d'innovations, dans les syndicats professionnels, marquent que « *nous sommes pour la différence, pour une culture ouverte et moderne* » (I).

Sortir du champ d'appartenance coopératif, c'est consentir à l'acceptation et à la reconnaissance de la complémentarité des structures. S'enhardir hors du giron coopératif, c'est assurer sa légitimité et abandonner la peur de se faire tuer par l'autre. La participation active à des réseaux externes ou à des manifestations publiques oblige les SCOP à apprendre à communiquer sur leur spécificité de manière positive avec leurs propres références et un vocabulaire adapté à la coopérative. Une recherche de cohérence s'impose alors.

« *Le fait d'intituler Coopératives : l'autre modèle d'entreprise souligne, peut-être même maladroitement, cette intention que nous avons de nous définir au regard d'un autre modèle.*

Nous prenons le risque de devenir "l'autre". Il s'agit de veiller alors à ne pas nous marginaliser nous-mêmes. Sans doute devrions-nous passer de la perception de "l'autre modèle" à une vision plus affirmée du type "la coopérative : le modèle pour une bonne gouvernance" » (E. Pflimlin, 2006).

Selon nous, la coopérative est un modèle de « *bonne gouvernance* » qui pourrait interroger, intéresser les organisations non coopératives, mais elle ne saurait constituer un modèle unique dans le monde actuel, au risque de devenir un modèle dévoyé, hégémonique, voire totalitaire.

La communication est une véritable gageure pour les SCOP, car elle s'inscrit en faux avec les « *formes de manipulation dont elle subit la concurrence, tout en faisant face à diverses contraintes :*
- *informer des publics diversifiés,*
- *axer la communication sur les produits, le social et les valeurs,*
- *avec un budget limité* (A. Pillet, *op. cit.*) ».

Pour que tous les coopérateurs-trices puissent être en mesure d'être « *les véritables ambassadeurs de la SCOP* » (D) quand ils sont sur des chantiers, en réunions à l'extérieur, ou lorsqu'ils accueillent en interne un client, un fournisseur, un-e simple visiteur-euse, il importe de définir et de partager en interne une culture d'entreprise coopérative.

2. UNE CULTURE D'ENTREPRISE DE COOPÉRATION

Si, les valeurs coopératives fondent le socle de la culture de toutes les SCOP SARL ou SA, il n'en demeure pas moins que les éléments de contingence (dont le type de création : *ex nihilo*, reprise ou transmission) propres à chaque SCOP, contribuent à singulariser la culture de chaque entité.

Une culture de coopération intrinsèque

Lorsqu'il s'agit d'une création *ex nihilo*, la culture est impulsée par les créateurs-trices qui recherchent une autre manière de travailler avec une envie et une idée de « *la coopération, dès le départ avec les fondateurs : une culture d'entreprise. Au départ, l'esprit de coopérateurs a été inculqué.* » (E).

La coopération a été réfléchie et délibérément choisie. Elle institue la SCOP dès le projet de sa création, car qui dit SCOP, dit projet collectif d'entreprise.

Or, quel que soit le type d'organisation, un projet collectif requiert plusieurs personnes pour l'assumer. Dès lors, les fondateurs-trices de la SCOP veilleront à établir et préserver une coopération effective pour la réalisation du projet collectif élaboré ensemble lors de la création de la SCOP. Élément essentiel de la culture SCOP, la coopération est la culture d'entreprise qui anime les pratiques internes de l'entreprise.

Ces pratiques coopératives engendrent des pratiques professionnelles et des relations humaines d'un autre ordre, car l'expérience d'une coopérative est un apprentissage original : « *une coopérative c'est vivre différemment* » (E).

Par cette allégation, le gérant rappelle les conditions de la création de la SCOP où il exerce et où il entend participer à la continuité de ce choix établi dont il est un des héritiers. Les quatre fondateurs de cette SCOP, électriciens parisiens d'origine, amoureux du Vercors, montagnards d'adoption, ont choisi cette région pour y vivre, pour s'y enraciner et implanter une entreprise collective.

Il s'agissait bien pour eux, non seulement de travailler autrement, mais aussi de vivre autrement. Le projet collectif d'entreprise s'imbriquait dans un projet de vie. Les personnes sont impliquées non seulement dans la qualité de la production présente, mais aussi dans une organisation de travail qui s'articule avec leurs vies. La personne est alors mobilisée dans une organisation de production coopérative.

Il y a un positionnement de paradigme notoire dans ce discours, puisqu'il s'agit du statut de coopérateur-trice. « *Vivre différemment* » c'est ici appréhender l'outil de travail et l'entreprise comme faisant partie de ma vie.

L'engagement pris requiert une responsabilité individuelle et collective à vivre une culture d'entreprise définie ensemble par les fondateurs. Ceux-ci se sont engagés à la transmettre, « *à l'inculquer* » même aux personnes venues travailler dans la structure au fur et à mesure de son développement. Cette expérimentation, sur un territoire où tout se sait, proclamait à la fois le projet de vie et le projet politique inhérent à la vie coopérative sur un territoire délimité : « *c'est leur entreprise… une culture du travail en montagne (…). Les gens sont prévoyants ici, ce sont des travailleurs consciencieux pour qui un sou c'est un sou.* » (E)

La coopération n'est donc pas un vain mot quand des personnes s'associent pour créer un outil de travail collectif et intergénérationnel sur un territoire comme celui du plateau du Vercors. En effet, le cadre posé par l'environnement géographique et historique contribue à l'exercice de l'activité et au bien-être des salarié-e-s associé-e-s qui peuvent « *vivre et travailler au pays* », selon un slogan politique et syndical des années 1970 repris aujourd'hui.

Le site imprègne les salarié-e-s associé-e-s qui disent leur contentement de travailler dans un cadre qui leur convient : « *on est des chanceux, on vit dans un cadre* » (E). Si le rapprochement du cadre de travail et de vie est explicitement recherché, et si l'ancrage territorial est reconnu comme un élément favorable au bien-être des salarié-e-s, celui-ci peut pourtant devenir une entrave au recrutement et à la formation externe, comme nous le verrons ultérieurement dans le cadre du recrutement et de la formation.

La culture de cette SCOP résulte de la conjugaison de la culture coopérative et de la culture du travail en zone montagneuse. Le travail instaure un lien entre toutes ces personnes : « *on regarde le boulot pas le chiffre. L'idée c'est de durer le plus possible.* » (E). Ce qui importe c'est la pérennité de la SCOP, pour continuer à vivre en harmonisant conditions de vie et de travail.

Cette volonté de pérenniser l'entreprise après le départ des opérateurs actuels résulte de la culture coopérative construite et transmise tout au long de l'histoire de la SCOP. Les créateurs, aujourd'hui retraités, sont fiers et peuvent être satisfaits en tant que personnes d'avoir créé et développé une SCOP dont l'activité perdure après leur départ, tout comme les fondateurs-trices du mouvement ont instauré la propriété collective intergénérationnelle.

La culture de coopération semée dès la création s'est développée tout au long de la vie de la SCOP et continue à se décliner selon le contexte. Après le départ des fondateurs, la culture coopérative continue de se transmettre et incorpore de nouveaux apports.

Une culture de coopération nécessaire

Différente s'annonce la culture de la coopération lors d'une reprise d'entreprise par les salarié-e-s ou d'une transmission d'entreprise (ou d'association) car la culture de la coopération n'est pas innée (A, C, G, J). Lorsqu'il s'agit d'un choix des salarié-e-s de reprendre leur entreprise en SCOP, il s'agit souvent d'un choix par défaut, pour sauver son emploi et se maintenir dans le monde du travail sur un territoire connu. La décision s'adapte alors au contexte.

La coopération s'impose, inéluctable, pour la réussite du projet. Chaque reprise est bien entendu une histoire singulière. Toutefois sans coopération, point de salut dans la démarche de reprise d'entreprise en SCOP. Aux difficultés de la liquidation, à l'abandon du patron, à l'hostilité parfois du Tribunal au rachat par les salarié-e-s vient se heurter « *l'envie farouche de réussir* » (C) des salarié-e-s prêt-e-s à repartir ensemble. Après avoir analysé l'échec de l'entreprise, le projet de reprise collective a évolué pour répondre aux demandes des banquiers et obtenir l'aval du Tribunal. Le projet a été validé par l'Union Régionale des SCOP. Cette dernière a accompagné la recherche de solutions financières et le développement des compétences en Ressources Humaines car un changement de statut modifie en profondeur l'organisation de l'entreprise et le comportement des personnes.

Quelquefois, des années sont requises pour comprendre et vivre complètement cette culture de la coopération.

«... Une culture acquise au cours des années ; à tel point que pour remplacer le responsable mécanique parti à la retraite et qui était un personnage, ce fut difficile. C'était quelqu'un qui arrivait le matin à six heures, qui partait le soir à sept heures, quelqu'un, un métronome, bien dans la culture, une référence de l'entreprise. Quand on a été recruté quelqu'un de mûr à l'extérieur qui avait déjà vingt ans d'expérience dans les entreprises ailleurs, que j'avais évalué, moi, comme étant quelqu'un en pouvoir de se fondre dans notre esprit, c'est quand on a vu le temps qu'il a mis pour s'y faire qu'on s'est rendu compte qu'on n'était pas une entreprise comme les autres. Quand il s'agit d'avoir en interne un fonctionnement qui ne soit pas militarisé, de dire aux gens : "tiens, fais ça et tais-toi !", mais "il y a ça à faire, qu'est-ce que tu en penses ? Comment on pourrait faire ?" Ça change les habitudes et au bout de trois ans ça commence à venir. » (C)

La culture ambiante « *dans les entreprises militarisées ailleurs* » ne favorise pas le questionnement et la prise de responsabilité des salarié-e-s : la hiérarchie en place donne des ordres auxquels le ou la salarié-e est tenu-e d'obtempérer sans discuter le fond, sans possibilité d'en interroger le bien-fondé ; alors que la SCOP propose à la personne d'abandonner la posture d'objet soumis et d'emprunter le chemin de l'autonomie pour se libérer du joug « *militarisé.* » (C)

Si la SCOP résulte d'une transmission, le temps nécessaire à l'appropriation de la culture coopérative est d'abord lié aux personnes concernées. Cependant, le statut juridique et le projet d'organisation antérieurs influencent la culture de départ, comme nous avons pu le constater auprès des associations devenues SCOP de notre échantillon (H, L, P). En effet, la culture associative, liée à une gouvernance bicéphale associative, diffère de la culture coopérative liée elle à une gouvernance démocratique multi parties prenantes. Les postures des personnes élues dans une association, qui n'en sont pas les salariées, ne sont pas identiques aux élu-e-s dans une SCOP qui sont des associé-e-s salarié-e-s. La démocratie ne s'exerce pas de la même manière selon le cadre juridique. Dans une association, la démocratie est représentative alors que dans une SCOP elle est participative.

Pour exemple, la SCOP (H) avait fonctionné en association pendant 28 ans autour d'un projet politique de « *vivre et mettre l'écologie en pratique avec beaucoup de volontarisme, sans étude de marché et beaucoup de fausse démocratie en association* ». Suite à des difficultés entre l'association et les salarié-e-s, ces dernier-ère-s commencent à piloter l'organisation avec succès vers un développement économique en 1996-97. L'association se transformera en SCOP SA lors du départ du dernier fondateur avec un héritage d'une structure en bonne santé économique en 2005. Un travail préalable sur la démocratie, les droits et les devoirs, la répartition des pouvoirs, s'est imposé pour faire vivre la SCOP lors de la mutation. Le travail engagé se poursuit pour permettre au maximum de personnes salariées de comprendre le nouveau fonctionnement et mesurer l'engagement réel d'un-e associé-e salarié-e. La culture coopérative s'installe au fur et à mesure des formations, des mandats exercés par les un-e-s et les autres et des participations aux différentes instances coopératives internes et externes. Dans le cadre d'une reprise ou d'une transmission, la culture coopérative s'apprend et se découvre au jour le jour, soit dans un contexte de survie, puis de développement pour la première situation, soit dans un contexte d'abandon, voire de renoncement puis de développement pour la seconde.

Dans les deux cas, la culture coopérative devient un des éléments vitaux du changement. Elle devient un des facteurs-clés de la réussite, de la reprise ou de la mutation en SCOP. Sans elle, la SCOP n'existerait pas et l'entreprise reprise ou transmise resterait conforme à son identité précédente ou deviendrait une entreprise lambda non coopérative, au risque de se perdre une seconde fois « *Le changement de culture est en marche. Pour changer la mentalité, la culture, le mixage des jeunes et des vieux et la démarche qualité apportent des frictions, mais c'est riche. Ça change les habitudes et les pratiques* » (G). La culture coopérative fonde la nouvelle SCOP issue d'une reprise ou d'une transmission et lie les acteurs et les actrices en présence ; elle les accompagne dans une situation de mutation profonde, individuelle et collective.

Une culture d'autonomie

La SCOP est une « *entreprise pas comme les autres* » (C), dont la culture de coopération sollicite une manière de travailler responsable : un engagement à être acteur créatif et responsable, quel que soit son métier. À tous les niveaux, un engagement individuel d'associé-e est recherché.

« *L'intérêt de la coopérative, c'est de permettre aux gens d'être en plus grande autonomie, d'avoir plus d'initiatives, de responsabilités.* » (A)

La coopération exclut les individus soumis au modèle « *militarisé* ». Au contraire, « *l'entreprise c'est l'affaire de tout le monde. On écrit ensemble notre histoire.* » (L). L'autonomisation des salarié-e-s s'acquiert, entre autres choses, grâce à la définition d'objectifs clairs (Union Régionale des SCOP, étude sur *Le Management Coopératif*, 2006). Dès lors, la culture coopérative suppose « *beaucoup d'autonomie, des personnes qui ont envie d'aller ensemble au même endroit même si parfois il faut changer d'endroit* » (F). La coopération instaure une démarche transversale, un travail de réseau interne qui dépasse les organisations hiérarchiques et verticales. La spécificité du travail en SCOP provient du libre choix de participer ou de s'activer en vue d'un objectif commun partagé et de l'acceptation de la différence de points de vue. Il fait appel à la coopération et à l'autonomie responsable. La coopération est un outil de travail qui favorise les échanges : les échanges d'information et de questionnement autour de la pratique professionnelle. La réflexion commune et permanente sur les finalités, les objectifs et les valeurs de l'entreprise, alimente un fonctionnement commun transversal et consolide l'autonomie de chacun-e.

Mais une attention de tout instant doit être maintenue pour entretenir la culture coopérative et la protéger d'une déliquescence, résultant d'une trop grande autonomie. Pour préserver son identité coopérative, la SCOP veille à son décloisonnement tout en étant vigilante à l'autonomie de services ou des « Scopettes » pour ne pas mettre en danger la culture coopérative.

La SCOP « *fonctionne sur des principes républicains, citoyens, sur le droit du sol. Le principe d'autonomie amène à une loi assez dure. Les gens ne sont pas maternés, chacun doit trouver sa place. Nous, on lâche la personne dans la piscine et il faut qu'elle nage. Elle peut demander assistance. Les gens qui ont besoin d'être encadrés, on ne peut pas et on ne veut pas les conserver.* » (B)

Si le tribut à payer pour travailler en SCOP semble bien être celui d'une coopération et d'une autonomie, cela signifie que toutes les personnes recrutées adhèrent et sont prêtes à incarner cette culture qui s'essaye à trouver un équilibre équitable entre engagement individuel et engagement collectif. La culture de la coopération et la culture d'autonomie sont deux composantes principales de la culture coopérative en SCOP.

En conclusion, la culture coopérative se construit différemment selon le contexte de la création : *ex nihilo*, transmission ou reprise. Ensuite, elle va se développer, bon gré mal gré, selon les pratiques des personnes à l'intérieur de l'organisation, des événements et d'éléments de contingence liés à l'histoire, au territoire, à l'époque... Pour accompagner son enracinement, la spécificité et la difficulté de la culture coopérative consistent, pour chaque coopérateur et coopératrice, à accepter « *la capacité à être un et multiple* » (B) au sein d'une organisation unique et collective.

3. Une Organisation Coopérative

L'Organisation Coopérative, un mode d'organisation unique (D. Côté, 2004) est une identité juridique définie, dont « La Gouvernance Coopérative » invite à rechercher une cohérence entre le fonctionnement et les principes statutaires. Ce type d'organisation, non défini en tant que tel dans la littérature classique des sciences de gestion, s'apparenterait au type II de cultures d'entreprises proposée par Besseyre des Horts (1987, *op. cit.*) : une organisation de forme clanique, animée par un leader mentor ou un sage, sur un ciment d'entreprise caractérisé par la loyauté et la tradition, en référence aux valeurs coopératives.

« L'entreprise ce ne sont pas forcément les marchés ou les équipements qui font les entreprises, mais surtout les hommes qui font les entreprises et surtout la capacité des hommes à faire intelligemment ensemble et la capacité des hommes à unir leurs compétences au service d'un projet ou d'un but commun qui est celui d'essayer de faire le mieux possible dans un esprit de solidarité. » (C)

« Société mixte » (G. Hofstede, 1999) comme nous l'avons proposé, « féminine et masculine », la SCOP initie une dynamique solidaire et équitable à travers ses principes fondamentaux : « une personne égale une voix » et une propriété collective intergénérationnelle. Dès lors, l'Organisation (O) dotée d'une gouvernance multidimensionnelle et complexe convie les salarié-e-s associé-e-s à cheminer vers une démocratie directe, selon un mode d'organisation unique qui tend à valoriser une certaine polyvalence et une culture entrepreneuriale collective.

Une organisation de type entreprise apprenante (C. Argyris, 1978 et 2001)

La SCOP se définit comme *« une entreprise apprenante focalisée sur les savoir-faire d'une équipe complémentaire, c'est une chance »* (I). Le double statut et la transversalité des rencontres favorisent la proximité des personnes et l'échange de connaissances. Même dans les structures où il y a une ligne hiérarchique, il existe la possibilité de communiquer facilement avec tous les niveaux comme nous l'avons explicité auparavant, dans le paragraphe de la communication interne. Un ouvrier de production qui fait des erreurs est invité à réfléchir pour comprendre les causes du dysfonctionnement, il n'est pas jugé par la hiérarchie.

« Chez nous quand il y a un problème, c'est comment je peux t'aider ? Je peux ne pas être d'accord avec ton travail, on a le droit, le devoir de se le dire parce que notre travail est jugé sur la qualité et non pas sur les personnes qui l'ont effectué. T'as mal travaillé, t'es pas un âne, qu'est-ce que je peux faire pour que la prochaine fois ça soit mieux ? » (C)

Si les postes de travail partagent une caractéristique commune, l'autonomie (faible spécialisation verticale) dans la capacité de penser le travail et le double statut de salarié-e associé-e renforcent l'autonomie de la personne.

« C'est un apprentissage cette autonomie-là. Par exemple la gestion du temps, des RTT : j'apprends à gérer mon temps. Ça fait partie des choses qu'on minore, on ne se pose pas de questions. Il y a un minimum et un maximum

qu'on ne peut pas refuser. Entre deux, vous apprenez à vous gouverner » (*B*). La SCOP apprenante prend en considération l'individu dans sa globalité et ne le cantonne pas uniquement à un poste de travail.

C'est pourquoi, en plus de la formation coopérative et de la formation technique, la SCOP favorise les échanges de savoirs (I) et l'apprentissage sur le terrain. Ainsi, elle organise (F) des petits groupes qui se réunissent pendant un an, avec la coordination d'un animateur, pour des débats transversaux sur un thème choisi : les réserves, les rémunérations, l'adéquation entre compétitivité interne et externe, quel modèle de société pour la SCOP ? Tous les repas-débats, les réunions, les soirées cinéma que nous avons présentées précédemment illustrent cette dynamique d'apprentissage interne. Nous y reviendrons plus tard dans le paragraphe intitulé « Des échanges de savoirs pour vivre et travailler autrement ».

Une organisation interculturelle coopérative

La culture coopérative se conjugue, nous l'avons vu, selon le contexte de création, selon les métiers, selon les territoires et selon les personnes. De « *la coopération et la solidarité, dès le départ avec les fondateurs* » (E) à « *la culture de la non-compétition à l'intérieur* » (B), « *à la culture compagnonnique* » (K), « *à la culture issue de l'éducation populaire* » (P) et à « *la culture syndicale* » (G), « *la culture coopérative* » se définit et se caractérise au sein de chaque SCOP. Incarnée par les fondateurs-trices, transmise de génération en génération, la culture coopérative de chaque SCOP résulte d'un mélange avec d'autres cultures-métiers, territoriales... Les fondateurs-trices du mouvement coopératif et de la SCOP habitent les mémoires et les structures et dynamisent les projets « *de la culture des pionniers à la culture des marchés pour une écologie pratique moderne* » (H). Ici, les cultures initiales des fondateurs et le contexte de 1970 où quelques initié-e-s découvraient l'écologie en France, ont donné cours à une nouvelle culture écologique qui a évolué avec les années vers une culture des marchés, tout en conservant la volonté de divulguer au plus grand nombre une écologie pratique.

Les cultures-métiers fondatrices de l'organisation (d'ingénieurs agronomes, de professionnels de la presse...) se sont vues complétées par des cultures-métiers multiples (animation, commerciale, comptable, juridique, sciences politiques...). La culture parisienne des fondateurs a croisé la culture iséroise lors de l'implantation du centre de découvertes et d'expérimentations écologiques. Les cultures des jeunes recrues et celle de la première génération provoquent des débats internes sur la question de l'engagement et de l'innovation. La culture coopérative imprègne l'organisation au point d'interroger longuement les nouvelles recrues. Elle s'acquiert au cours des années : « *au bout de trois ans ça commence à venir.* » (C)

Par ailleurs, l'ACI et les pratiques de certaines SCOP (A, B, E, I, L) élargissent la notion de coopération locale à la dimension internationale. Les frontières culturelles, géographiques, politiques et administratives sont transcendées et apprivoisées. Là aussi, pour réussir, la notion de temps s'est avérée nécessaire, comme le démontre cette expérience de travail partenarial avec une entreprise sise en Tunisie (E). L'étude du dossier, la rencontre de partenaires éventuels au gré des salons internationaux, la recherche de cohérence et d'adhésion des sociétaires à co-construire une nouvelle culture interne de coopération internationale, a été, selon le gérant, un exercice de gouvernance démocratique aboutie. Après des interrogations partagées et des peurs exprimées quant à une délocalisation en marche, le choix porté par l'ensemble du groupe a favorisé une véritable rencontre interculturelle jusqu'à une découverte sur place des personnes de l'atelier sous-traitant et de leur environnement. Lors de ses visites régulières à la SCOP, la responsable de l'atelier tunisien est accueillie avec confiance : « *Elle fait partie de la famille.* » (E). Cette nouvelle organisation, qui a généré une nouvelle embauche locale d'un magasinier, a contribué à une nouvelle lecture de la mondialisation et à une nouvelle culture de coopération internationale. L'ouverture interculturelle et le temps ont permis de dépasser les peurs initiales liées au changement culturel de l'organisation.

Ailleurs, « *le modèle culturel c'est le modèle de la charpente, le modèle un peu compagnonnique* » (K) qui permet une solidarité, une constance et la recherche d'une qualité du travail produit. Dans ce secteur il est repéré « *une différence culturelle entre les jeunes diplômés qui viennent au CAP charpente après des études universitaires ou autres, et ceux qui viennent dans le bâtiment comme ça.* » (K)

La culture coopérative d'une SCOP est bel et bien le fruit d'un agrégat de cultures multiples évolutives au fil du temps. Elle se conjugue à plusieurs voix et s'entend différemment selon les cultures mixées en son sein et la composition des équipes.

4. Une politique de rémunération équitable non genrée

La rémunération occupe une place singulière en SCOP, en adéquation avec la poursuite de ses origines, à savoir proposer un salaire équitable et suffisant pour vivre.

« *Une entreprise humaine, c'est notre démarche, un pari sur l'Homme avant d'être un projet financier. Clairement gagner plus : non ! Le but est de créer un outil de travail humain car on a tous des valeurs fortes, à des années-lumière de ce qui peut se faire, se dire aujourd'hui. On a envie de faire différemment, montrer que c'est possible d'avoir une société économiquement viable dans le temps... Je ne vais pas pouvoir vendre ma boîte 500 000 € et m'en mettre plein les fouilles.* » (M)

La politique salariale coopérative agit en complémentarité d'une reconnaissance de talents exercés bénévolement (statut d'associé). Ajuster les intérêts individuels, matériels et moraux à la pérennité de l'entreprise requiert un projet politique partagé, qui interroge la question des salaires.

« *La grille de rémunération est plus serrée dans les coopératives avec une réduction du côté des dirigeants. Les bas salaires sont moins bas et les hauts salaires sont moins hauts.* » (Q)

L'échelle des salaires s'étend de 1 à 3. « *Concrètement ça se passe comme ça, c'est très écrasé* » (B, L). Les salaires sont supérieurs au SMIC (+ 17 %). Abordée collectivement en CA, la question des salaires se veut transparente en SCOP. « *Tout le monde connaît la grille des salaires* » (J) et peut s'exprimer à ce sujet. « *On a un niveau de salaires élevés par rapport aux qualifications qui est discuté une fois par an avant le CA. Les chefs de poste travaillent la grille de salaires selon une grille de travail pour pouvoir faire du cas par cas avec une dimension collective.* » (E)

Les rémunérations sont fixées en référence aux conventions collectives en vigueur dans le secteur d'activité « *au-dessus du minima de la convention* » (J). En plus de la référence à la Convention Collective annoncée et explicitée, circule « *une grille interne pour suivre l'évolution des salaires. On a augmenté de 8 % les salarié-e-s associé-e-s qui remontent leur participation en capital* » (F). En SCOP, les sociétaires décident de la politique salariale, parfois « *contrairement à l'avis du comptable une augmentation de salaires de 4 % en 2007 car il y avait de bons résultats et il fallait bien récompenser l'effort depuis 2004* » (G). D'autres fois, lorsque des pertes surgissent, le blocage des salaires est voté durant plusieurs années. La décision est alors portée par tous et toutes pour sauver l'entreprise et se renouvelle d'exercice en exercice compte tenu de la situation (N).

Une autre singularité salariale concerne les salaires des dirigeant-e-s inférieurs aux salaires des dirigeant-e-s de TPE-PME (3 700 € bruts). Ces salaires de dirigeant-e-s sont perçus par certain-e-s comme n'étant pas équitables : « *Je vis des choses que les autres ne vivent pas. Je ne vois pas mes enfants* » (M). Cette réflexion interroge la politique salariale et l'objet de la rémunération d'autant plus qu'une fois « *ramené au coût de l'heure, il est inférieur aux autres* » (P). Le salaire des dirigeant-e-s questionne la gratification des responsabilités supportées et du temps passé pour les assumer. Les motivations des dirigeant-e-s et leur positionnement sur leurs rémunérations totales leur appartiennent et démontrent la singularité de chaque personne, de chaque organisation.

C'est ainsi qu'après de longues années de politique salariale égalitaire, en association et en SCOP, suite à une mutation en SA et CAE, une politique salariale équitable érige des règles de négociation de salaires dans le cadre de séminaires de permanents : « *Les salaires sont décidés en séminaires de permanents selon les critères de parcours, de compétences et les besoins, selon le poste et ma place par rapport aux autres et selon le budget en veillant à être juste par rapport à soi et au collectif* » (P). Les salaires planchers de 1 500 à 2 500 € nets (pour la DG) depuis janvier 2006 ont revalorisé la responsabilité et la charge de travail.

« *Dans le projet d'entreprise, on a indiqué que nous nous mettions en conformité avec la loi 2001 sur les entreprises solidaires, échelle de 1 à 6* » (A). Ailleurs, pour les coopérateurs très attentifs à l'aspect économique, « *il est impossible de discuter d'augmentations de salaires sans parler d'améliorer la performance économique* » (J. P. Uhry, juin 2003) parce que les coopérateurs sont très sensibles à l'aspect économique.

La pérennité de l'entreprise et de l'emploi est assurée entre autres par un prélèvement mensuel sur salaire des associés : entre 1 à 5 % en moyenne pour abonder le capital. Le salarié pourvoit en quelque sorte à la garantie de son emploi dans le temps, à la manière d'un-e entrepreneur-e. Le prélèvement sur salaire peut baisser avec l'ancienneté en prévision de la sortie du capital pour ne pas trop déstabiliser les fonds propres de l'entreprise coopérative (I).

De nouvelles personnes minoritaires contestent ce « *paiement pour pouvoir travailler* » ou avancent des engagements financiers externes pour éviter de contribuer au capital. En général, elles ne restent pas ces personnes, elles s'en vont d'elles-mêmes.

De toute manière, « *ce n'est pas le salaire qui va attirer car on est plus payé dans les entreprises classiques que chez nous. Il n'y a pas de pont d'or pour le recrutement. Tout le monde connaît la grille de salaires. Les augmentations sont décidées en CA.* » (J)

Une expérience unique de salaires égalitaires

Si toutes les SCOP rencontrées pratiquent une échelle de salaires écrasée et une transparence à ce propos, une d'entre elles va encore plus loin dans la réflexion et la pratique salariale avec une pratique et une politique salariale égalitaires depuis trente ans.

« La base de salaire c'est le SMIC, avec une augmentation pour les cadres depuis la constitution en SA à cause de l'obligation de cotiser en tant que cadre pour combler le plus d'augmentation des cotisations » (I).

Le projet coopératif initial, qualifié de *« développement de l'économie locale et solidaire »* toujours en vigueur, vise à *« être une machine à créer des emplois et à revaloriser les ressources avec un ancrage territorial »*. Toutes les personnes étant coresponsables de ce projet, de la réussite de la production et de la pérennité de l'entreprise, les salaires sont égalitaires. Une mutualisation de services (jardin collectif, voitures, services de restauration sur place, crèche...), augmente les revenus pour vivre sur place. Depuis trente ans, cette SCOP démontre la possibilité d'une rémunération égalitaire et d'un mode de vie alternatif au système majoritaire ambiant. Elle prouve la potentialité d'un projet politique économique et social sur un territoire. Vivre et travailler en exerçant une solidarité locale et internationale est une réalité trentenaire qui perdure grâce aux engagements politiques des fondateurs-trices. La gageure ici est bien le relais, la transmission à de nouveaux sociétaires qui assureront la suite en référence au projet initial.

Contrairement à l'étude réalisée en 2009 au sein des entreprises non coopératives dans laquelle le plafond de verre demeure une réalité pour 69 % des femmes cadres (*Source : Ecmoss 2006, Insee-Dares*), aucun plafond ou mur de verre annoncé ou repéré n'a été décelé dans l'échantillonnage.

Une rémunération coopérative

« Les salaires de base modestes se complètent avec des revenus annexes, donc un des objectifs c'est des compléments de salaires importants et une organisation du travail qui impactent sur l'ambiance et la motivation » (C).

La transparence des informations procure aux associé-e-s salarié-e-s des données réelles pour situer la ligne salariale dans le budget global de l'entreprise coopérative. *« Dans notre cas, la question de la rémunération est aussi liée à l'accès de tous les salarié-e-s au budget de la coopérative : cela rend les discussions un peu différentes d'une entreprise classique dans laquelle ces éléments resteraient inconnus de la "base" »* (O). La clarté de ces informations essentielles installe un climat de confiance et de reconnaissance du travail effectué et rend possible des débats éclairés sur les périphériques de salaires qui viennent les augmenter.

Effectivement, à la rémunération s'ajoutent des périphériques de salaires comme *« l'intéressement et la participation salariale, une participation aux mutuelles d'entreprises, des chèques-déjeuner, des treizièmes mois, la prime "panier amélioré", une prime d'assiduité. »* (G). Présente dans 98 % des SCOP, la participation est une des pierres angulaires du management coopératif. Elle suppose d'impliquer pleinement et équitablement les salarié-e-s de l'entreprise aux résultats et à la vie de celle-ci : « *une coopérative, c'est d'abord une entreprise qui doit distribuer des dividendes, ça crée une bonne ambiance.* » (E). Parce que les personnes travaillent plus dans l'objectif de pérenniser l'entreprise que d'augmenter leurs dividendes, pour consolider les fonds propres, certain-e-s remontent tout ou partie de leur participation au capital. La participation est considérée comme un résultat collectif et non comme un résultat individuel et de ce fait elle va participer au renforcement du capital pour sécuriser la SCOP. Ici, le rapport capital et social est inversé par rapport aux autres entreprises.

Bien sûr, en SCOP, la récompense à la fois individuelle (reconnaissance, formation, participation, dividendes...) et collective (développement choisi, réserves impartageables, pérennité de l'entreprise, investissements...) occasionne des débats de fond, des questions d'ordre politique et social.

« *La question de fond c'est l'argent. C'est qu'est-ce qu'on en fait ? Et le statut répond différemment avec les réserves impartageables pour une propriété collective, une personne morale, et la rémunération des engagements individuels par les dividendes.* » (Q)

Et, c'est bien ici, au moment de l'arbitrage de la répartition des excédents, que le statut endossé, ou pas, d'associé-e salarié-e se révèle selon les choix effectués. Moment crucial d'adoption et de gestion du double statut. Est-ce que je privilégie la part travail et les dividendes dans mon intérêt personnel ou est-ce que j'opte pour plus de réserves impartageables qui vont pérenniser l'entreprise et permettre son développement ? Il s'agit là d'un choix cornélien entre mon intérêt immédiat et l'intérêt de l'entreprise maintenant et dans le futur. Le risque de vouloir satisfaire l'intérêt personnel au détriment de l'intérêt général se dresse ici face à la culture de l'entrepreneuriat collectif coopératif. Le coopérateur ou la coopératrice est un-e stratège qui élabore des plans, des projets en tant que (technicien-ne salarié-e), qui prend des risques en tant qu'associé-e dans un collectif. Mais être à la fois salarié-e associé-e provoque des situations paradoxales, sources de conflits internes : entre le statut de salarié-e qui se réfère à une convention collective, des accords d'entreprise qui le protègent en tant que salarié-e et le statut d'associé-e employeur, acculé à des prises de gestion contradictoires avec les desiderata des salarié-e-s, mais prises dans un intérêt collectif. Par exemple, les analyses et les définitions des réserves impartageables déterminent le choix de répartition des excédents nets de gestion.

Les réserves impartageables sont pour les uns un atout collectif (un levier qui assure la pérennité et la transmission) et pour d'autres, elles seraient un frein individuel car elles ne constituent pas un patrimoine personnel récupérable lors du départ à la retraite (K).

Pour d'autres, le salaire demeure tel que le définissait Godin un « *reste de servitude perpétué dans la société moderne* » (1874).

Un salaire aliénant ?

Le salaire peut être vécu comme une aliénation, contraire à l'autonomie entrepreneuriale revendiquée, car le statut de salarié-e associé-e présente une ambiguïté fondamentale dans le projet collectif de partenaires. L'historique idéologique du salariat entre en collision avec celle du « *travailleur-citoyen indépendant* » souhaitée au XXIe siècle.

« *Le statut de salarié est un statut d'obédience, donc d'obéissance, contraire dans son principe avec le partenariat coopératif. On ne peut pas être co-entrepreneur-e et salarié-e, c'est schizophrénique.* » (B)

Pour tenter de se soustraire graduellement à cette allégeance, un système mixte de rémunération a été proposé : 80 % de part salariale et 20 % de part entrepreneuriale. Cette proposition ambitionnait de « *favoriser la recherche collective avec des projets spécifiques collectifs* » (B). Seul un tiers des associé-e-s salarié-e-s s'est prononcé en faveur d'une « *politique de revenus artisanale* ».

« *L'argent est devenu beaucoup trop important...* » (B) et la conjoncture actuelle de crise systémique restreint peut-être les appétences à une contestation du statut salarial, qui peut rassurer en partie le coopérateur ou la coopératrice engagé-e dans un projet collectif. Les représentations du salaire et du contrat de travail (qui plus est, à durée indéterminée) en vigueur encore dans la société ne favorisent pas un tel débat à ce jour.

Entre la liberté individuelle du professionnel libéral et la *servitude volontaire* (La Boétie, *op. cit.*) du salarié-e, pour le moment les coopérateurs et coopératrices optent et se satisfont « *d'un entre-deux* » avec le statut de salarié-e et le statut d'associé-e bénévole aux faibles rémunérations de dividendes au profit des réserves impartageables.

5. Une posture schizophrène des Représentants du Personnel

S'il existe des délégations uniques, Comités d'Entreprise et Délégation du Personnel, parfois intersyndicales (CFDT, CGC, UNSA), « *le problème des délégués du personnel a toujours été compliqué parce qu'en SCOP on prend quand même en compte les questions sociales et les DP ont une place assez compliquée.* » (B)

La coopération, ou voire la cohabitation, semble difficile tant il est vrai que les instances de contre-pouvoir existent au sein de la Gouvernance Coopérative avec l'Assemblée Générale et les différents comités mis en place tout au long de l'année. « *Dans une coopérative on n'a pas besoin de syndicats, car l'AG permet d'agir* » (E). C'est pourquoi, la place des représentants du personnel apparaît caduque dans une organisation à la recherche d'une démocratie qui met en place une organisation transversale. C'est « *propre à notre culture, on a un représentant syndical officiel qui vote, qui a sa voix et c'est tout. Chez nous c'est un peu ridicule ses convictions ; il avait été mis à l'écart, aujourd'hui il est complètement intégré.* » (E)

La solitude du délégué syndical interroge en effet sur son rôle même, puisqu'il est censé représenter un collectif. Dans ce cas, cela pourrait dissimuler une attitude défensive individuelle très égocentrique qui questionne le sens de ce positionnement et de l'engagement ou révèle une recherche de sécurité liée à l'histoire antérieure de la personne qui ne saurait prendre la mesure du nouveau contexte dans lequel elle travaille.

Cela pourrait aussi résulter d'une culture syndicale ancrée et endurcie dont la personne ne saurait se défaire au risque de se perdre d'un point de vue identitaire, d'où la persistance dans un statut inadéquat à la structure telle que définie. De l'autre côté il assure une représentation syndicale administrative et bureaucratique au sein de la SCOP. Plusieurs SCOP (TPE PME) constatent même des carences à l'élection du Délégué du Personnel sans syndicats : « *ce n'est pas pratique de ne pas avoir d'interlocuteurs ; il y a des associé-e-s qui font remonter les choses, qui posent des questions donc du coup ça passe par ailleurs et puis c'est vrai que la délégation du personnel a un carcan : poser la réclamation c'est insuffisant* » (H).

A contrario, les syndicats ont un rôle à jouer dans les SCOP qui recherchent des clés de lectures plurielles pour analyser les demandes qui sont remontées aux Délégués du Personnel, pour que les représentants syndicaux apportent une lecture syndicale à l'organisation. Il importe d'avoir « *une délégation unique du personnel pour travailler avec les partenaires sociaux, même s'ils ne sont pas très chauds, sur la formation, la classification »* (A).

Lorsque les questions sociales sont partagées entre divers groupes, elles ont l'opportunité d'être débattues par tous et toutes avec des éclairages politiques qui peuvent s'affronter, tout comme elles garantissent le croisement de plusieurs regards sur des questions essentielles contribuant à un développement démocratique.

Par contre, être membre des Instances Représentatives du Personnel s'avère être une difficile posture. Être associé-salarié-délégué du personnel est une posture qui « *peut être dangereuse pour la SCOP* » et « *schizophrénique* » (B et Q). Elle nécessite une grande vigilance pour dissocier les rôles.

« *Être associé-salarié-délégué du personnel n'a pas été mesuré, ce n'est pas facile d'être salarié et actionnaire en même temps.* » (G)

En Conseil d'administration, en Assemblée Générale il s'agit d'être d'abord associé-e salarié-e avec un objectif social collectif. Par exemple pour sécuriser l'avenir, ou en cas de fragilité annoncée, lorsqu'il s'agit de voter la clé de répartition des ENG, l'associé-e salarié-e privilégie les réserves impartageables aux dépens d'une participation plus importante et de dividendes plus conséquents. Là, le délégué syndical doit faire preuve d'intérêt général et non d'intérêts individuels ; il est amené à renoncer à des augmentations individuelles monétaires et à faire preuve d'une responsabilité dans le temps qui dépasse le court terme.

En réalité, il existe moins de revendications syndicales en SCOP, puisque « *les choses sont parlées entre associés dans d'autres instances* ». Cela est vérifié également dans une SCOP créée suite à des luttes syndicales où trois syndicats perdurent. « *C'est une relation amicale, pas beaucoup de revendications, il y a de bons résultats. Ils ont accepté de faire des heures supplémentaires ; la situation s'est bien arrangée. On a fait deux mois et demi devant la porte, ça ne s'oublie pas. Avant, quand la machine tombait en panne, le gars s'en allait. Aujourd'hui il va essayer de réparer ou attendre le réparateur* » (G). Ici donc un constat : moins de revendications et plus d'autonomie professionnelle dans les SCOP TPE-PME.

Une animation du C. E prestataire de services ?

Autre part, la complexité de la situation s'est « *résolue quand on leur a donné l'animation du CE : pas que des tâches revendicatives, mais des tâches d'animation collective. Ils y ont trouvé du sens : une responsabilité de l'animation collective, pas que du contrôle. Mais eux aussi se plaignent dans le CE : les autres sont consommateurs de leurs services* » (B et D). Si le CE est perçu comme un distributeur de services, une billetterie, les volontaires à l'animation collective sont vite désabusé-e-s et les candidatures se raréfient.

Le Comité d'Entreprise *« sans étiquette syndicale est un acte social quotidien pour fédérer, une partie prenante de l'entreprise. C'est très difficile d'avoir des candidats. Il est très critiqué sur ces réalisations »* (D). Les moments conviviaux de loisirs partagés se raréfient car *« la question du sens collectif s'est affaiblie avec l'augmentation de la taille et la solidité. Il y a eu perte de la culture du plaisir collectif. Les gens aujourd'hui sont plus consommateurs que productif du collectif. »* (B)

De ce fait, les exigences envers des actions d'animations collectives sont portées au rang des exigences de prestataires de services. Si elle n'est pas soutenue politiquement, la dimension du vivre ensemble s'effrite. Cette question renvoie à la dimension holistique de l'engagement et de la déclinaison pratique d'un projet politique partagé qui co-construit le collectif. C'est peut-être aussi un signe des temps d'autres types d'organisations collectives.

La situation syndicale dans les SCOP est très certainement à relier aussi au rejet syndical historique à l'égard des SCOP, considérées pendant très longtemps comme des organisations d'ouvriers-patrons, vendus à la bourgeoisie, comme des traîtres du mouvement ouvrier, alors que les femmes et les hommes engagé-e-s dans ces aventures collectives réinventaient une solidarité transversale.

Il n'en demeure pas moins vrai qu'à l'intérieur des SCOP, un des paradoxes c'est quand *« les gens ils viennent vous voir parfois avec la Convention Collective alors qu'ils sont co-entrepreneurs »* (B). Dans une SCOP, la défense des emplois et des conditions de travail et la protection des salarié-e-s, relève des sociétaires majoritaires chargés de veiller à la qualité de l'emploi coopératif.

6. UN EMPLOI COOPÉRATIF

L'emploi au sein de l'entreprise SCOP revêt une dualité permanente de par la double qualité de salarié-e associé-e caractéristique de l'emploi coopératif. Il occasionne un besoin permanent de formation indispensable technique avec une formation complémentaire culturelle pour pouvoir vivre une relation à l'autre de type communautaire, en tant qu'*« Homo donator »* membre d'une communauté à la volonté organique (J.-L. Laville, 2005).

L'emploi dans une SCOP correspondrait à la définition de Philippe Zarifian qui considère le travail comme un lieu du *« vivre-ensemble »*. Le travail réunit trois modes de socialisation selon lui : la socialisation salariale, la socialisation coopératrice et la socialisation citoyenne. Nous pourrions compléter le slogan du premier forum national de l'emploi de l'Économie Sociale à la Plaine Saint-Denis en octobre 2006 : « *Donner du sens à votre travail* », avec « *La coopération pour donner du sens à votre travail* ».

Ce nouveau slogan pourrait être intégré dans la politique de recrutement en SCOP car il correspond tout à fait au projet d'un emploi coopératif. Afin de rassembler les meilleures conditions possibles propices à un emploi coopératif, quelques paramètres indispensables sont ici conseillés, toujours à partir des meilleures pratiques expérimentées sur le terrain.

Un recrutement d'un-e hybride : sociétaire-salarié-e

La spécificité du recrutement coopératif consiste en effet à effectuer un double recrutement : un recrutement technique pour assurer un poste de travail et un recrutement coopératif pour devenir associé-e de la coopérative. Compte tenu de ces deux éléments indissociables, le recrutement dès lors se complexifie. C'est pourquoi il est nécessaire de « *Communiquer en externe au moment de l'annonce sur le statut (...) de préciser que le recrutement se fait sur des bases techniques et des aspects coopératifs (...)Le choix se réalise sur la compétence, l'expérience, le caractère et la fibre coopérative prise en compte par la commission de recrutement* » (J). Le recrutement d'un-e futur-e associé-e est toujours présent dans la tête des personnes qui recherchent à la fois un-e technicien-ne et un-e associé-e.

Lors de l'entretien de recrutement « *j'annonce la souscription, l'apport en capital et l'obligation de candidature* » (F). Pour jouer carte sur table et préparer la période d'intégration, « *au recrutement on leur dit le sociétariat (...) quand elles signent un CDI on leur parle de la coopérative plus clairement et nous en tant que gérants on leur explique qu'elles peuvent rentrer dans la coopérative quand elles seront mûres, qu'elles le voudront* » (L).

Les critères du double recrutement intègrent les qualités techniques et coopératives définies selon « *un profil élaboré en commun* » (N). « *Une appétence au contact, une technicité quelle qu'elle soit, une capacité d'apprendre à l'intérieur le compagnonnage sur un métier qui se construit et un intérêt pour la coopérative, pour le fait coopératif, mais attention ! Vigilance sur le discours sur l'intérêt coopératif ; souvent c'est là où on s'est planté !* » (O). La dimension coopérative ne doit pas voiler les autres dimensions technique et humaine du recrutement. Il n'existe pas de guide ou de kit pour « *le recrutement sur la motivation* » (I) et encore moins sur la motivation coopérative.

« *Embaucher le profil coopératif, c'est le rôle du responsable du personnel de ressentir si les personnes vont s'intégrer à ce groupe-là. Il y a beaucoup de psychologie dans l'entretien, repérer les compétences techniques, mais avant sa compétence à s'intégrer dans l'équipe, repérer les valeurs chez la personne.* » (D)

La connaissance de notions psychologiques est repérée nécessaire par des gérant-e-s issu-e-s de secteurs professionnels et de formations hors-champ des sciences humaines et sociales.

Aussi pour essayer de réussir cet exercice difficile du double recrutement, il est fait appel à « *une technique personnelle, du feeling personnel. Ça veut dire qu'on recherche d'abord des compétences, puis après on essaie de voir parmi les candidats ceux qui dans l'esprit nous paraissent le mieux à même de s'intégrer dans notre équipe. Je les interpelle et je vois s'ils sont sensibles ou pas à un statut, une formule, un état d'esprit et j'observe la réaction des gens.* » (C)

L'expérience du terrain et une formation longue complémentaire, réalisée par la Chambre du Commerce, pour le développement des potentialités des chefs d'entreprise, aide le développement de ce feeling personnel du responsable au recrutement. Outre la recherche de compétences techniques et les capacités d'intégration au sein d'une équipe, conditions sine qua non de toutes organisations, le recrutement en SCOP oblige les candidat-e-s au choix du statut SCOP, même si le sociétariat est volontaire avec une barrière financière accessible qui ici avait été fixée à 2 500 francs à l'époque ; cet engagement financier est rendu possible avec la participation qui peut être transférée au capital. Les motivations au travail en SCOP doivent être évaluées et recensées lors de l'entretien.

À tous les échelons, la promotion interne reste possible et toujours d'actualité en SCOP. Aussi, « *l'information du recrutement est transmise aux ateliers pour tenter la promotion interne* » (E). Quand cette promotion interne est « *liée au mérite, elle devient un des problèmes du monde SCOP* » (A) et risque d'établir un fonctionnement d'entreprise en vase clos et de limiter le développement des compétences collectives nécessaires.

Pour les entreprises en zone de montagne, à forte appartenance au territoire (Ardèche, Vercors, Haute-Savoie), le recrutement local cherche à s'imposer, car « *quand on a la chance de travailler près de chez soi, on n'a pas forcément envie d'aller voir ailleurs* » (E). D'où « *un gros taux de fidélité ; on est en rase campagne le principal employeur du coin, donc les gens soit ils viennent travailler chez nous où ils vont à la ville, d'autant plus que c'est une entreprise plutôt intéressante. Les gens sont bien payés, il y a un dynamisme, de l'échange et puis c'est là.* » (H)

Face à ces dynamiques individuelles et collectives territoriales, les SCOP doivent redoubler de vigilance pour éviter l'enfermement et les clivages notoires du territoire.

« *L'inter connaissance c'est un point fort et un point faible parce que tout se sait, tout se dit dans un village. Quand tout va bien, c'est un avantage d'être isolé car ils se sentent bien, ils sont fiers de ce qu'ils font.* » (E)

Sur un territoire montagnard, les relations familiales (parfois claniques) exercent une pression au sein des organisations locales et les SCOP ne sont pas exclues de ce fonctionnement.

« *Avant avec la famille du dirigeant, le recrutement était local, héréditaire avec une forte promotion interne liée à la culture du mérite (...) Le management a été remplacé en deux ans en recrutement externe, extra-local avec des compétences nouvelles d'ingénieur et dessinateur.* » (A)

Même si un recrutement externe programmé contribue « *à l'ouverture recherchée* », cette démarche volontariste des SCOP enclavées (A, E), est parfois difficile à réaliser à cause d'éléments externes à l'entreprise coopérative. Ainsi en est-il du prix de l'immobilier actuellement dans certaines régions comme en Haute-Savoie.

Afin d'augmenter les chances de recruter la personne idoine, le recrutement coopératif s'organise à plusieurs, au moins avec trois personnes. Le gérant ou la gérante accompagné-e des directeurs-trices de services, des responsables de pôles, ainsi qu'un représentant du personnel constitue la commission de recrutement. « *Après une présélection de la gérante et du chef d'atelier, on les reçoit à trois ou quatre.* » (N)

Le double recrutement d'un-e associé-e salarié-e s'avère une opération délicate à la recherche de personnes responsables à double titre : coopérative et technique et individuelle et collective, prêtes à prendre des risques et à s'engager. Cette considération est primordiale et difficile mais elle est possible puisqu'il existe un public à la recherche de responsabilité coopérative.

Aujourd'hui 10 à 12 % d'étudiant-e-s des hautes écoles de commerces sont à la recherche d'une dimension différente équitable, durable et les nouveaux seniors de 45-60 ans, las des autres organisations, viennent à la coopération, avides de nouvelles expériences. Toutes ces personnes cherchent à travailler autrement, à donner du sens à leur travail.

« Les jeunes sont plutôt intéressés. Ils portent un intérêt à la coopération car ils y trouvent plus d'autonomie et plus d'initiatives. Pour le recrutement, je recherche des personnes qui partagent un minimum de choses, quelqu'un qui avait participé au CJD, intéressé par le fonctionnement coopératif, la participation. Il faut forcément chercher des gens qui se reconnaissent un peu là-dedans ; très honnêtement on trouve facilement. Le statut coopératif, ça n'a jamais été un élément de rejet au contraire, il y a de la curiosité, de l'adhésion. Ils ont d'autres mentalités de rapport au travail ; les gens sont plus demandeurs d'autonomie, d'intérêts, de partage de l'information. Les jeunes sont plus sensibles à ça. Ils ne vont pas compter s'ils ont fait cinq minutes en trop, c'est leur boulot. Quand on constate ça : on a gagné ! Ça veut dire que la personne elle s'est approprié son boulot. » (A)

Préparer la suite de l'entreprise engage de toute façon à « *une politique d'embauche des jeunes... pour l'évolution de la société et changer la culture de l'entreprise qui était ancienne (entreprise non coopérative antérieurement).* » (G)

La perspective d'une candidature coopérative renforce l'intérêt des jeunes : « *je me sens plus important, je participe réellement... je ne suis pas un pion, un mouton.* » (G)

Les jeunes, en quête de nouvelles attitudes professionnelles et porteurs d'un nouveau rapport au travail, sont curieux et adhèrent à un fonctionnement d'autonomie et de responsabilité ; la vigilance invite à préserver l'aspect collectif, facilité en SCOP, de ce nouveau rapport au travail pour éviter une dynamique très individualiste et libérale.

Les stages de formation en entreprise sont aussi le creuset d'un recrutement coopératif pour les SCOP. Qui plus est, une bonne réputation de la SCOP interfère pour les candidat-e-s à la recherche d'un stage qui pourrait se prolonger par un emploi. C'est une facilité partagée entre la SCOP et les stagiaires car chacun-e apprend à se connaître et à prendre la mesure pratique de la coopération.

« *Le recrutement ? Par la formation avec des gens au chômage ou des gens qui ont envie de changer, en reconversion, des gens âgés qui ont mûri leurs projets et qui font une formation. On a une réputation de bonne ambiance, de respect des gens, ça facilite le recrutement.* » (K)

Cependant, la raréfaction du travail aujourd'hui oriente aussi très certainement les personnes à la recherche d'un emploi vers des organisations qui affichent leurs objectifs de pérenniser les emplois et proposent un CDI immédiat ou à court terme avec, en plus, des possibilités de périphériques de salaires (participation et dividendes) et au-delà d'un *salaire global.* Le contrat à durée indéterminée procure certes une sécurité à l'employé-e employeur-e salarié-e associé-e, car il conforte à la fois la pérennité de l'emploi et celle de l'entreprise.

Malgré la situation tendue du marché de l'emploi actuel et bien qu'elles soient entendables, ces raisons ne suffisent pourtant pas pour candidater à une SCOP. Sans appétence et sans détermination pour un engagement coopératif, ou tout au moins dans un premier temps pour une découverte intrinsèque du statut d'associé-e salarié-e, la candidature se révèle inadéquate. Il est dangereux en effet d'embaucher des personnes dans une SCOP qui ne mesureraient pas les tenants et les aboutissants du statut de sociétaire et se mettraient en danger d'une posture paradoxale déstabilisante.

Tout le monde ne peut pas prétendre au double statut, car tout le monde n'est pas en capacité d'assumer les responsabilités qui en résultent. L'abandon du statut de salarié-e dépendant et de la relation duelle salarié-e/patron est impossible pour certain-e-s qui préfèrent le confort d'une organisation pyramidale ; de même elle apparaît incongrue à des personnes trop indépendantes pour vivre et travailler en coopération.

« *Il faut toutefois se garder d'avoir une vision idyllique de la SCOP ; (...) tout le monde ne s'inscrit pas facilement dans un modèle d'associé. Les SCOP, mélangeant le statut de salarié et d'associé sont des lieux de tiraillement.* » J. P. Uhry, *op. cit.*

« *Être à la fois un et multiple* » (B) est une posture saugrenue qui requiert en permanence une attention vigilante et un questionnement.

C'est pourquoi le statut demande à être explicité et accompagné ensuite durant la phase d'intégration et tout au long de la vie coopérative, certains événements étant plus difficiles que d'autres à vivre, comme les licenciements des collègues ou la répartition des ENG ou encore la parité coopérative.

Les contrats à durée déterminée limités

Si l'objectif politique en SCOP demeure le CDI en raison du double statut, les contrats à durée déterminée existent bien entendu aussi en SCOP. Soit ils correspondent à des périodes d'activités limitées dans le temps (des périodes de surcroît d'activité), soit ils sont intégrés dans une politique de recrutement pour se donner du temps.

« *Le travail temporaire c'est une facilité pour nous et pour les gens de se mettre dans l'ambiance, de prendre la mesure, de "se renifler". Aujourd'hui les intérimaires ils sont passés en stage chez nous.* » (K)

Le CDD permet une prise de risque mesurée de part et d'autre, qui n'occulte pas les espérances des personnes. Les SCOP tentent de transformer le CDD en CDI dans la mesure du possible car les sociétaires compatissent avec les salarié-e-s en CDD ; ils et elles connaissent les impératifs sociétaux lors de la recherche de logement, d'accessibilité à un crédit de consommation ou d'immobilier. Qui plus est, la SCOP affiche un projet d'engagement pour assurer la pérennité de l'organisation, sous-tendu par des emplois à durée indéterminée.

« Chez nous, pas de CDD déguisés. S'il se plaît chez nous et s'il fait l'affaire, on essaiera de le garder. Ils ont besoin de CDI pour faire plein de choses. » (E) 1

Seulement, le contexte et la sécurité appellent à la raison et limitent les embauches en CDI. Le recours aux contrats à durée déterminée s'impose alors.

« Toutes les embauches c'est des jeunes. On utilise le réseau d'intérim, ça permet d'avoir une vision sur les personnes ; mais ça a permis d'embaucher six personnes. Il faut être raisonnable, ça ne serait pas bien de licencier. » (G)

Les SCOP visent *« avant tout à former leurs travailleurs, à assurer la pérennité de l'emploi, la valorisation durable des compétences, y compris par des politiques de partage plus équitable et solidaire du travail et de la valeur ajoutée produite par celui-ci »* (J. Gauthier - CNG interview du 3 mai 2006).

C'est pourquoi elles s'inscrivent en faux vis-à-vis de propositions telles que le CNE par exemple. Certaines SCOP ont débattu de ce contrat en interne et se sont fortement opposées à cette proposition. Le CNE était contraire à la politique de l'emploi coopérative. Il s'agissait bien de le faire savoir et de communiquer sur la politique d'emploi coopérative. Les événements sociétaux procurent parfois des espaces uniques de débats internes et externes et l'occasion de revisiter les fondamentaux coopératifs à la lecture de l'Histoire et de l'Histoire Coopérative. Ces occasions de débat démocratique favorisent la formation coopérative en interne : chacun-e a la liberté de s'exprimer sur un projet, voire une décision politique qui pourrait changer le cours de la politique d'embauche et du Management Coopératif ; c'est une autre façon de s'opposer aux projets politiques gouvernementaux en pratiquant à l'intérieur selon un projet politique et en s'engageant vis-à-vis des jeunes générations de manière très pragmatique.

Pour faire suite au recrutement coopératif, une fois des informations données et des documents présentant la SCOP remis, une découverte de la SCOP est organisée pour accompagner au mieux la nouvelle personne dans ses fonctions et dans l'exploration de la coopération. Après les discours et les débats s'ensuit une intégration coopérative et technique animée collectivement.

Une intégration coopérative et technique organisée

Pour accueillir les nouveaux et les nouvelles, une réunion est préparée afin de faire connaissance et de ritualiser un accueil collectif. La formalisation de la prise de contact remémore aux ancien-ne-s l'importance d'un accueil coopératif et son engagement propre à accompagner ce-tte futur-e coopérateur-trice.

Par là même, c'est une occasion de revisiter l'engagement de chacun-e et d'en faire une démonstration pratique durant ce temps imparti à l'intégration. La période d'essai contractuelle, liée à la législation du travail est dépassée par cette période d'acclimatation respective qui requiert une diligence de tout instant.

Pour faciliter la compréhension de l'organisation et du fonctionnement, chaque nouvelle personne embauchée visite la SCOP. Son passage dans chaque service favorise la connaissance des personnes et de l'entreprise. Cela permet de suivre les étapes de production et d'établir des liens entre les services, les ateliers, les postes et bien entendu de repérer les liens entre les personnes. La prise de poste est mieux repérée si elle s'inscrit dans une entité collective (I).

Quant à l'intégration à la vie entrepreneuriale coopérative, elle est liée aux pratiques internes propres à chaque SCOP. C'est pourquoi chacun-e est responsable de l'accueil. Afin de compléter la compréhension du système coopératif, « *toutes les informations sont données aux salarié-e-s même s'ils et elles ne sont pas associé-e-s. Ça, c'est un choix pour inciter à être associé-e et pour la transparence.* » (F)

Comme les documents et les dires ne suffisent pas, les sociétaires partagent la responsabilité de montrer à voir au quotidien comment la coopération travaille à l'intérieur de chacun-e et du collectif. L'exemple est là aussi un élément primordial pour initier les personnes à la vie coopérative.

« *C'est nos pratiques qui doivent conduire les gens à évoluer, c'est ce qu'on est à l'intérieur.* » (B)

De manière à guider au mieux vers ce projet coopératif, l'inscription dans la vie coopérative est balisée par des rites de passage et des étapes incontournables, dont, entre autres, la formation.

La formation : un moyen pour aider l'individu et l'organisation

« *Les coopératives fournissent à leurs membres, leurs dirigeant-e-s élu-e-s, leurs gestionnaires et leurs employé-e-s, l'éducation et la formation requises pour pouvoir contribuer effectivement au développement de leur coopérative. Elles informent le grand public, en particulier les jeunes et les leaders d'opinion, sur la nature et les avantages de la coopération* » (Déclaration sur l'identité coopérative, 5e principe – ACI).

Le cinquième principe sur la formation constitue la clé de voûte du développement des SCOP. Cette dynamique entreprise par les premier-ère-s coopérateurs-trices au XIXe siècle est encore en action dans les SCOP, le mouvement coopératif, national et international.

« *Stratégiquement, le champ de la formation, c'est celui qui nous fera gagner ou perdre le développement, qui fait qu'on va pouvoir créer des boîtes.* » (Q)

La formation est un atout plus qu'indispensable : il est vital pour le développement des SCOP. De ce fait, la formation doit non seulement être pensée en termes de développement personnel, mais elle doit être considérée comme un paramètre nécessaire pour le développement des SCOP, qui majoritairement partagent cet avis.

Cependant en SCOP, deux types de formation s'avèrent déterminants pour le développement des personnes et des entreprises : d'une part la formation technique et d'autre part la formation coopérative que nous distinguons l'une de l'autre.

Une formation technique largement investie

Pour toute entreprise consciente des impacts de la formation professionnelle, la formation technique contribue à l'optimisation des ressources existantes et l'élévation du niveau de qualification (F. Buisson, UIMM, 2009, Paradas A., 2009 et 1996 avec O. Torres). Outil de dialogue social depuis 1971, instauré par Jacques Delors, la Formation professionnelle produit des effets sur la vie personnelle, sociale, la rémunération et la promotion (enquête de la Chambre du Commerce et de l'Industrie de Paris, 2008).

Les conséquences de la formation professionnelle concernent la personne et l'entreprise, même si la nouvelle loi de la Formation Professionnelle Tout au Long de la Vie (FPTLV, 2010) en changeant de paradigme (de salarié-e à personne) insiste sur le cursus individuel de la personne et non plus du salarié-e. D'où des demandes de formation sur mesure, pour une formation continue adaptée en fonction du public concerné.

Ainsi, dans une même SCOP, des formations techniques sont organisées en interne « *pour multiplier les polyvalences et poly-compétences aux postes* » et satisfaire la demande des anciens qui ne souhaitent pas bouger, contrairement à « *tous les jeunes en formation externe* » (G), pour les inciter à bouger et encourager la rencontre de collègues du métier hors de la structure. À coup sûr, la formation offre l'occasion aux stagiaires de confronter les types de fonctionnements inhérents aux structures et de sortir de la production, de s'aérer, de lever le nez du guidon et parfois de déconstruire ses pratiques professionnelles.

« *La formation amène la réflexion* » (N). Au cours de la formation continue, la personne est amenée à revisiter sa pratique et ses connaissances. La rencontre avec des étrangers favorise des échanges et occasionne des comparaisons et l'étude d'éventuels transferts d'expériences. Une transformation s'opère chez la personne même si elle ne la reconnaît pas ou ne l'admet pas de suite. Cette réflexion extra-muros libère la parole et la pensée qui s'enrichissent de la réflexion des autres stagiaires et pourra profiter aux collègues lors du retour du stagiaire en interne.

« *Moi j'aime la formation parce que les gens ils vont voir aussi d'autres personnes, ils vont croiser d'autres formes de fonctionnement... les gens reviennent à chaque fois enrichis.* » (L)

Néanmoins, selon les histoires personnelles, les expériences de formation antérieures, le rapport au savoir, à l'apprentissage, les engagements familiaux et sociaux, des résistances à la formation émergent dans un premier temps.

Il est parfois « *difficile de convaincre les salarié-e-s à se former ; c'est culturel car ils ont peu de bagages culturels, ils parlent mal le français et ils n'ont pas l'habitude de rester assis.* » (K)

Un des moyens de résoudre cette difficulté a pour nature de rechercher une formation adaptée, gageure pour convaincre les plus réticent-e-s à participer à une formation.

La formation continue professionnelle pour tous et toutes est un des moyens de développement personnel et collectif, mais aussi un moyen reconnu de prévention des risques psychosociaux et de préservation du lien social et de la solidarité (Enriquez, 1992 et 2003 ; de Gaulejac, 1987 et 2005 ; Le Goff, 2000 ; Romanens, 2003 ; Rouchy, 2004 ; VTE, 2008). C'est pourquoi « *des formations techniques sont mises en place pour les travailleurs indépendants non associés* » (L) car la formation, espace de distanciation propice à la réflexion et la création dans une SCOP, concerne tout le monde, y compris les travailleurs non-salariés aux statuts d'indépendants qui coopèrent avec la SCOP.

Les SCOP consomment plus de formation professionnelle que leurs homologues non SCOP. En Rhône-Alpes, certaines SCOP excèdent les dépenses relatives aux obligations légales. Le budget formation est supérieur à celui des TPE-PME non SCOP : + 0,36 % pour les SCOP de 6 à 10 salariés et + 0,26 % pour les plus de 10 salarié-e-s. Les SCOP persuadées du bien-fondé de la formation acceptent d'en payer le prix.

«... Un gros budget. La question est posée tous les mois en entretiens individuels et en réunion générale. Des formations aux techniques informatiques (un gros poste) et d'anglais, des formations de développement personnel : comment gérer une équipe ? comment s'exprimer ? » (L)

En SCOP, à la formation technique s'ajoute une formation coopérative pour accompagner la personne sociétaire dans son projet coopératif.

Une formation coopérative émancipatrice

Pour se préparer à l'exercice d'un mandat en CA, la formation coopérative est une évidente nécessité.

« Par nature on essaie d'avoir un management humain, donc durable avec une Gouvernance la plus participative possible ; il y a besoin d'une formation économique en tant qu'administrateur car il y a besoin de compréhension de la gestion globale pour armer les associés à une mutation culturelle. » (H)

En effet, pour pouvoir suivre le développement économique, pour valider, invalider ou tout simplement pour questionner et débattre, les administrateurs-trices du CA ont besoin de compétences en gestion et en communication. Mais au-delà du CA, la présentation des comptes doit être comprise par tout-e entrepreneur-e, tout comme la prise de parole doit être possible par tous et toutes afin de faire vivre les orientations démocratiques de la Gouvernance Coopérative en Assemblée Générale.

Or, la complexité de la question requiert la capacité à questionner et à extraire de la multitude de documents informatifs des éléments pertinents pour contribuer aux débats internes. D'une capacité d'analyse de la stratégie dépend une participation active. C'est pourquoi, l'effort de formation entrepris par les SCOP, et relayé par le mouvement coopératif, concerne l'ensemble des associé-e-s. Elle ne doit pas rester une formation de dirigeant-e-s ou d'administrateurs-trices. Vœux pieux pour tous ceux et celles qui ne se sentent pas concerné-e-s par la vie coopérative ou tout simplement qui n'ont pas encore compris le signifiant d'être associé-e salarié-e. À moins qu'il ne s'agisse d'un résidu de culture associative salariale ou d'une lutte de classes de culture syndicale très fortement enracinée et cultivée chez les personnes concernées.

« Pas un ouvrier, pas un employé au Bienvenue Point SCOP, que des cadres. Les gens ne sont pas demandeurs spontanément. D'un point de vue syndical, la formation c'est l'affaire du patron, pas la nôtre mais d'un point de vue de la coopérative, c'est l'affaire de tous. » (A)

Bien sûr, il faut du temps pour intérioriser une culture coopérative suite à une reprise de l'entreprise par les salarié-e-s, consécutive à une lutte syndicale. Cependant, une telle attitude interroge à la fois la communication et l'ingénierie de formation.

Si la formation est un véritable enjeu de développement des SCOP, la formation de tous les associé-e-s est capitale. De par le monde entier, des expériences coopératives internationales valident du reste cette assertion : par exemple en Espagne avec l'Université de Mondragon et l'université d'Andalousie. La première concerne le groupe coopératif Mondragon Corporacion Cooperativa qui offre une diversité de formation académique et professionnelle. Depuis la création de l'école professionnelle en 1957, aujourd'hui devenue la Mondragon Eskola Politeknikoa, jusqu'à la création de Mondragon Unibertsitatea en 1997, le groupe a toujours appuyé son développement sur une politique de formation. L'université est née de la coopération de la Mondragon Eskola Politeknikoa, de la faculté des sciences de gestion des entreprises d'Onati et de la faculté des sciences humaines et des sciences de l'éducation d'Eskoriatza. Son modèle éducatif, matérialisé dans le projet Mendeberi, prévoit outre la qualification technique, le développement de compétences et de valeurs pour la formation intégrale de la personne. Ensuite, deux centres sont consacrés à la formation des cadres de direction : Otalora propose des cours postuniversitaires, des masters en direction des entreprises et des séminaires sur les techniques de gestion, avec une intense et constante diffusion de la culture coopérative et Mone Mondragon Escuela de Negocios offre des Masters, des formations en entreprises, des séminaires et des stages de développement (CIRIEC, 2009). Les écoles, organisées par le groupe coopératif Mondragon *« forment une classe ouvrière possédant un haut niveau de conscience et des individus capables de comprendre la société et de s'y intégrer »* (P. Outrequin, A. Potier, P. Sauvage, 1986).

La deuxième expérience relève de la Confederacion de Entitades para la Economica Social de Andalucia. Créée en 1993, elle rassemble diverses fédérations d'associations, coopératives, société de travailleurs, travailleurs autonomes, mutuelles, fondations, entreprises d'insertion... Elle assure une double fonction de conseils, formation, coordination, animation et représentation politique auprès de diverses instances. Elle propose des formations au sein de l'école andalouse d'économie sociale pour les cadres dirigeants de l'économie sociale, en partenariat avec ses pairs et des universitaires. Elle contribue au développement de formations initiales en universités (Master').

Ces deux expériences de formation coopérative argumentent du bien-fondé de telles structures en référence avec la nécessité de former les femmes et les hommes pour permettre à « *l'économie sociale d'être une école de l'excellence animée par des entreprises vertueuses sachant réunir l'économie, le social et l'environnemental* » (Mondragon Corporacion Cooperativa).

Il existe une autre démonstration du bien-fondé de la formation coopérative au Québec. Le secteur de l'économie sociale, plus étendu et visionnaire, se regroupe en quatre composantes : coopératives, entreprises collectives, organismes communautaires et mutuelles. Depuis les années 1960, l'économie sociale y connaît un essor particulier. Le modèle québécois de l'Économie Sociale, évalué régulièrement, annonce un taux de survie des entreprises deux fois plus élevé que celui des entreprises privées. La formation et la recherche, facteurs de réussite, s'y organisent en coopération entre universités et entreprises et propagent le modèle de l'économie sociale selon les travaux du Réseau d'Investissement Social du Québec (2003). De même, pour G. Larose, Président du Conseil d'Administration de la caisse d'Économie Solidaire Desjardins et chercheur universitaire au Québec, la formation est déterminante pour l'économie sociale qui dispose d'un MBA Économie Sociale, de master et de nombreuses formations dans des instituts spécialisés, la formation étant transférable dans les deux sens.

En Italie, l'Université de Trento siège au cœur de la région coopérative européenne la plus riche où les coopératives prospèrent. Des diplômes universitaires coopératifs (master et doctorat) sont délivrés par l'université de Trento et The European Research Institute on Cooperative and Social Entreprise (EURICSE), basé à Trento, qui étudie les pratiques et mène des recherches auprès des coopératives européennes.

En France, le mouvement coopératif de production, en 2001, a choisi de développer des formations intercoopératives animées par des permanents techniques régionaux ou des consultants externes ayant une connaissance du mouvement (des ancien-ne-s délégué-e-s d'Union Régionale). Elles favorisent la rencontre avec d'autres coopérateurs et coopératrices et la connaissance du mouvement coopératif.

Ces formations se veulent des « *Parcours de professionnalisation* » en SCOP, un retour aux sources de la promotion coopérative (M. Porta, *Participer* n° 585), pour mettre un terme à l'antagonisme professionnel-coopératif et proposer une formation qui prenne en compte la dualité de l'exercice. Trois parcours sont proposés : un parcours cadres-dirigeant-e-s, un parcours administrateurs-trices et un parcours salarié-e-s associ-é-es ou futur-e-s associé-e-s. Un bilan managérial est proposé en amont du parcours de professionnalisation pour des cadres-dirigeants (actuels ou futurs dans le cadre de succession) pour élaborer un plan de formation adéquat. Chaque stagiaire constitue un portefeuille d'expériences professionnelles en SCOP qui valide la double compétence professionnelle et coopérative.

Des formations coopératives sont parfois initiées et réalisées en interne pour entretenir une culture coopérative collective et favoriser la participation du plus grand nombre par ces mêmes intervenant-e-s.

D'autres types de formations coopératives, en interne et sur mesure, préparées par des associé-e-s salarié-e-s, sont privilégiés. C'est une manière de revisiter les fondamentaux coopératifs pour ceux et celles qui les préparent et d'interroger leurs déclinaisons pratiques et quotidiennes dans un environnement partagé. « *C'est mieux qu'à l'UR. Faire un travail de recherche sur la vie coopérative est un sujet éternellement vivant* » (B).

Cette démarche de transmission coopérative s'articule avec une démarche d'entreprise apprenante, qui mobilise en interne un tutorat proche d'une formation compagnonnique.

Une formation coopérative de type compagnonnique

La formation dispensée dans le cadre d'un tutorat (technique et ou coopératif) dépasse les frontières internes des SCOP puisqu'elle s'adresse à un public élargi de non salarié-e-s : aux scolaires lors de la semaine de la coopération ou aux collégien-ne-s, lycéen-ne-s et aux étudiant-e-s d'écoles supérieures et d'universités lors de stages « *Découverte de l'Entreprise* » ou dans le cadre de l'apprentissage.

Fidèles à leurs projets de contribution à l'ascension sociale par la formation, les SCOP accueillent un apprenti pour 2,4 entreprises (cf. tableau n° 12 ci-dessous) alors que les entreprises non coopératives reçoivent un apprenti pour 4 entreprises. Les SCOP ont surenchéri leur engagement pour l'apprentissage avec la signature de conventions par la Confédération Générale des SCOP et la Fédération nationale SCOP BTP en 2006. Le secteur du BTP caracole en tête avec une pratique de l'apprentissage séculaire. Toujours d'actualité dans ce secteur, la formation est « *un héritage compagnonnique* » (F. Espagne, 1999, *op. cit.*) réactualisé avec les accueils actuels des compagnons itinérants. S'ils acquièrent certes un savoir en travaillant en SCOP durant leur formation de compagnon (K), ils continuent de témoigner de leurs parcours et de leurs engagements.

Bon nombre de compagnons du Devoir du Tour de France en intégrant ou créant des SCOP, transmettent leurs savoirs de compagnon. La culture de la transmission des savoirs (savoir, savoir-être et savoir-faire), inhérente à cette philosophie, est décuplée par l'identité coopérative, car au-delà de l'apprentissage technique d'un métier, les SCOP assument en toute conscience l'autre rôle dévolu à l'apprentissage technique professionnel, à savoir celui de l'intégration sociale : « *La coopérative, c'est aussi un engagement pour donner une liberté aux gens en leur apprenant un métier. Il ne s'agit pas d'être une usine, mais de former... comme une école, alors que la société ne joue pas son rôle de formation.* » (C. Vaillant, *Participer* n° 618-page 17).

Apprendre un métier en SCOP, c'est non seulement découvrir des techniques dans un univers de production, de manière pragmatique, mais c'est aussi questionner ces techniques, leurs environnements et les rapports humains. En SCOP, apprendre un métier ne se conçoit pas uniquement comme une performance technique, mais bien plus comme une part de l'identité de l'individu qui acquiert des compétences théoriques et humaines au contact des autres, au sein d'une organisation qui poursuit un idéal politique. L'objectif annoncé est d'offrir un espace pour acquérir cette liberté recherchée, de s'assumer économiquement et socialement.

TABLEAU N° 7 :
LES SCOP : LIEUX D'APPRENTISSAGE

TAILLE SCOP Nombre salarié-e-s	% APPRENTIS	SECTEUR D'ACTIVITÉ	% Apprentis
10	20 %	BTP	62 %
11 à 50	40 %	INDUSTRIE	15 %
+ de 50	40 %	SERVICES	11 %

Source : l'auteure, d'après article Participer, n° 618.

Dans les secteurs de l'industrie et des services, des apprentissages à haute technicité sont proposés autour de l'informatique et des énergies renouvelables. D'autres types de contrats invitent les jeunes à découvrir le monde des SCOP tout en apprenant un métier : ainsi en est-il des baccalauréats professionnels (« bacs pros »), des Brevets de Technicien Supérieur (BTS) et des contrats de professionnalisation. Les stages de reconversion actent de la solidarité des SCOP envers les demandeurs d'emploi, qui s'inscrivent dans un nouveau projet. « *Des stagiaires en reconversion, des chômeurs longue durée, intègrent pour neuf mois l'entreprise, des gens âgés qui ont mûri leur projet de formation au CAP.* » (K)

Offrir un lieu de stage, quel qu'il soit, participe d'une part à l'information d'un public ignorant du fonctionnement de la formation coopérative et d'autre part à la formation des salarié-e-s associé-e-s de la SCOP, car les questions des stagiaires favorisent une réflexion et une introspection des coopérateurs et coopératrices.

La préparation de l'accueil et du tutorat des stagiaires implique les personnes qui les accompagnent à transmettre toutes leurs connaissances du métier (comme nous les avons définies auparavant) et du fonctionnement coopératif. La qualité de la relation entre stagiaire et tuteur-trice s'avère être un élément déterminant à l'issue du stage pour les jeunes formé-e-s en SCOP. Ces derniers évoluent selon quatre schémas. Le premier, les jeunes sortent de la SCOP. Le deuxième, les jeunes hésitent. Le troisième, les jeunes ne savent pas. Le quatrième, les jeunes contractent un emploi en CDI ou CDD.

Le tutorat coopératif se décline aussi dans le cadre de l'accompagnement au sociétariat. Il comporte les mêmes recommandations pour une intégration coopérative aboutie, à savoir une préparation, un suivi régulier et des étapes d'évaluation mutuelles.

Les stages de formation sont des relais possibles pour un recrutement. En effet, la période de stage est l'occasion de découverte (s), d'observation (s) mutuelle (s) et permet éventuellement de repérer un-e futur-e collaborateur-trice et/ou futur-e coopérateur-trice. Aussi, pour augmenter la visibilité des SCOP en tant que structures d'accueil et de formation (et développer leurs SCOP), des coopérateur-trice-s vont à la rencontre des publics cités ci-dessus, soit dans leurs organisations d'enseignements, soit dans des forums publics dédiés à l'emploi ou à la formation (tel le Forum de l'emploi et des métiers de l'Économie Sociale et Solidaire).

« Pour concilier formation technique et coopérative et formation individuelle et collective, une philosophie de la formation de type "entreprise apprenante" s'incarne dans les SCOP, certes lieu d'apprentissage technique, mais aussi d'expérience intergénérationnelle de formation pour "vivre et travailler autrement". » (B. Barras, M. Bourgeois, E. Bourguinat et M. Lulek, 2002).

Des échanges de savoirs pour vivre et travailler autrement

En dehors des plans de formation et des stages établis et institutionnalisés, des échanges de savoirs partagés entre collègues d'une même SCOP sont proposés pour compléter la panoplie de formation. Concept, contenu et organisations appartiennent aux SCOP qui les mettent en place, d'où une diversité d'actions possibles.

Ici ce sont « *entre midi et deux, des cours d'anglais proposés spontanément par une nouvelle salariée aux autres salarié-e-s.* » (L). La pratique de la langue anglaise de manière conviviale instaure de nouvelles relations entre les participant-e-s qui se découvrent sous un autre jour. Les rapports d'ancienneté, de statut, de hiérarchie sont bousculés. La programmation sur le temps de la pause-déjeuner allègue du projet politique de la SCOP qui est, pour rappel, d'« *apporter du lien social* » et d'« *écrire ensemble notre histoire.* » (L)

Là, ce sont « *des échanges réciproques de savoirs et des cafés thématiques hors temps de travail* » qui ont donné naissance à des groupes d'anglais, de fabrication du feutre, de confection de vêtements... Des compétences, hors champs d'activités de la SCOP, sont alors transmises entre collègues pour une formation individuelle inscrite dans un échange collectif, nouvelle transcription du projet semi-communautaire initial de ladite SCOP.

Ces initiatives nous évoquent à la fois le Mouvement des Réseaux d'Échanges de Savoirs (MRES) et les Universités Populaires, les deux étant des espaces d'élaboration collective, d'échanges de savoirs partagés et d'apprentissages mutuels en vue d'une démocratisation du savoir. La formation en SCOP admet des propositions hors cadres du droit commun qui favorisent la créativité des un-e-s et des autres sans aucune hiérarchie repérée. Elle est bel et bien « *un axe transversal, une possibilité d'échange en interne.* » (I)

Par ailleurs, l'appartenance de cette SCOP au Réseau d'Échange et de Pratiques Alternatives et Solidaires (REPAS), participe à la formation transversale de manière individuelle et collective avec la volonté de « *construire quelque chose de nouveau, polymorphe avec cette sensibilité commune à consolider la culture du projet : la coopération.* » (I)

Composé d'une trentaine d'entreprises réparties sur le territoire national, le réseau REPAS organise deux rencontres annuelles sur un des sites autour d'une thématique déterminée au préalable. Depuis 1997, la plupart des organisations de REPAS, propose une formation dénommée « *Compagnonnage alternatif et solidaire* » pour les 18-30 ans en recherche d'expérience de coopération et d'autogestion. Cette formation leur offre une période de maturation de projets et de découvertes d'organisations « *qui inscrivent leur sens dans le concret de pratiques libres et solidaires* » (I) et illustre concrètement la capacité de l'autogestion à exercer un pouvoir sur sa vie. Les pratiques de réseaux, véritables pratiques de coopération, concourent à une éducation citoyenne à propos de la coopération.

Les rencontres physiques avec d'autres intervenant-e-s œuvrant dans un réseau autour d'un projet partagé, sur un territoire circonscrit, ouvrent à de nouvelles cultures et mobilisent des compétences de communication (écoute, expression écrite et orale, synthèse). Elles suscitent des pistes de réflexion et de recherche permanente qui « forment » les participant-e-s à la coopération. Elles invitent à un aller-retour permanent entre pratique et théorie. Le réseau établit les relations à un niveau transversal sans prédominance de rapport hiérarchique. La formation, résultante de pratiques du réseau, concerne la personne dans sa globalité ; cette dernière est considérée comme personne professionnelle et comme actrice détentrice d'un savoir, d'un savoir-être et d'un savoir-faire au profit d'un projet économique, social et politique.

À l'instar de la fonction tutoriale (proposée par Henri Desroches) qui inverse le rapport éducatif et modifie la posture du détenteur d'un savoir, en posture de conduite de producteur de projet, de producteur de recherche et de mémoire, ces recherches-actions-formations de réseau installent de fait une pédagogie de la coopération avec des partenaires externes au mouvement coopératif.

De manière à tenter l'exercice de la double qualité d'associé-e salarié-e, la formation coopérative poursuit un double objectif : celui de former l'ensemble des salarié-e-s, des stagiaires, des indépendant-e-s fidèles partenaires en tant que technicien-ne-s, en tant que coopérateur-trice-s et aussi en tant que citoyen-ne-s, dans un environnement réparti du local au global. Bien évidemment, cela oblige les SCOP à une recherche permanente d'innovation pour la formation et pour l'emploi coopératif en général, y compris pour la sauvegarde des emplois en temps de récession.

Le licenciement pondéré

Intégrée dans un Plan de Sauvegarde de l'Emploi (PSE), la Formation Professionnelle, première mesure avancée dans le programme de lutte contre les licenciements économiques, participe à la lutte coopérative contre les licenciements. Certaines SCOP en région Rhône-Alpes l'ont testée en 2009. Alors que leurs carnets de commandes s'amenuisaient, elles ont choisi la formation, dans un premier temps, pour éviter les licenciements. Si la formation conjure en premier lieu l'angoisse du licenciement, elle participe en second lieu à la fois à l'éducation et à la santé des salarié-e-s.

Les SCOP ont bien intégré l'héritage des premières coopératives (XIXe siècle), réactualisé par les travaux de l'indicateur de santé sociale de chercheurs américains (1987), qui mettent en évidence que l'éducation et la santé doivent être considérées comme des investissements pour l'entreprise et non comme des charges.

En matière de contrat de travail, des décisions collectives sont prises pour éviter le chômage technique et les licenciements (ex : formations, repeindre les bureaux...).

Ces choix sont rendus possibles grâce aux réserves financières collectives coopératives. Plus les entreprises sont anciennes, plus les réserves impartageables sont importantes, plus la « bouée » de sauvetage est grosse et permet de résister un temps à la crise. Elles peuvent faire écran et être un obstacle à des décisions de gestion de restructuration. La quantité de réserves est un « argument » conséquent pour obtenir un prêt bancaire qui permet un relais financier en cas de besoin.

Pour autant, afin de pouvoir assurer la pérennité de l'entreprise coopérative, le Management Coopératif peut être amené à gérer des licenciements économiques au lieu de développer des emplois.

Les associé-e-s salarié-e-s se retrouvent alors confronté-e-s à un difficile paradoxe, face à leurs engagements d'associé-e-s de sauver la structure sous réserve de licencier des salarié-e-s associé-e-s. L'intérêt général doit primer, aux dépens des intérêts individuels. Dans cette situation, les syndicalistes éprouvent une difficulté supplémentaire car ils sont tiraillés entre la défense d'un objet collectif et la défense d'individu (s).

Qui plus est, les personnes licenciées sont les moins qualifiées ou les plus qualifiées ; une lutte de classes classique peut advenir et envenimer les rapports sociaux. Aussi, avant de licencier un-e collègue, un-e associé-e-salarié-e, une stratégie d'évitement de licenciement va être déployée pour « *tout essayer avant de licencier* » (N).

Des réunions d'associé-e-s exceptionnelles sont alors organisées pour étudier les licenciements. C'est cette proximité, décriée dans d'autres situations, corroborée avec la volonté de satisfaire les besoins des membres associé-e-s qui permet de mener un tour de table concluant à l'abandon du treizième mois pour éviter une procédure de licenciements (N). Des renoncements à des augmentations de salaires, à des participations peuvent être décidés pour maintenir les emplois.

A contrario, des projets personnels peuvent émerger et des sorties consenties être négociées. Des mises à disposition dans les organisations participantes aux réseaux de la SCOP et des reclassements peuvent être proposées.

Lorsque l'esprit coopératif est partagé et les moyens financiers disponibles, quand il y a licenciement, « *on arrive toujours à des accords, même si ça coûte cher* » (B). Parfois, c'est l'occasion de créer une autre structure, ailleurs, pour sauver des emplois ou de réaliser un projet individuel de formation longue ou de création.

Si le licenciement est une occasion de vérifier quelque part la teneur de l'identité coopérative des personnes associé-e-s, il n'en demeure pas moins que celui-ci peut développer chez la personne licenciée une très forte agressivité et des réactions violentes imprévisibles. Ces dernières sont inhérentes aux personnes, qu'elles seules peuvent essayer de réguler pour réduire leur (s) souffrance (s) inutile (s), liées au sentiment de perte occasionné selon l'histoire individuelle.

Ces réactions négatives pouvant engendrer des questionnements, des doutes, voire une grande lassitude à porter des projets collectifs chez les personnes recevant cette agressivité et devant conduire la restructuration. La question du licenciement est une question essentielle qui emmène la gérance, souvent solitaire dans ces cas-là, vers la tension économie et sociale et sa vision holistique de la coopérative et de l'humanité.

« Les licenciements dans les SCOP, ça a toujours été un peu compliqué (…) mais ne pas vouloir se confronter à des séparations, c'est une forme de faiblesse. » (B)

Le licenciement pondéré est bien entendu pensé pour limiter les dégâts, individuels et collectifs, et réfléchi dans un intérêt général. Il peut s'inscrire, comme nous avons pu le constater, dans un projet personnel de reconversion de Développement de la Personne et d'Évolution de ses Compétences (N, B), présenté ci-après.

Le développement de la personne et l'évolution des compétences

Si l'être humain est « *un tout indivisible qui ne peut être expliqué par ses différents composants isolés les uns des autres* » (sous la direction d'Alain Rey, 2004), si dans les SCOP, organisations de l'Économie Sociale et Solidaire, les hommes et les femmes sont les acteurs et actrices principaux et principales sans qui l'organisation ne pourrait exister (cf. « Charte de l'Économie Sociale et Solidaire »), si le projet politique des SCOP consiste à humaniser et démocratiser l'entreprise pour réduire les effets destructeurs de la financiarisation (qui focalise sur l'argent aux dépens des êtres humains et de la nature), les SCOP ne sauraient utiliser la Gestion Prévisionnelle des Emplois et des Compétences, en vigueur dans les organisations non coopératives. En effet, la GPEC réduit les salarié-e-s à des emplois et à des objets d'ajustement, au service des actionnaires d'une économie financiarisée.

De ce fait, afin d'accompagner épanouissement (s) individuel (s) des associé-e-s salarié-e-s et pérennité d'organisation collective, il s'avère opportun, et même vital, de développer et/ou de consolider les compétences des entrepreneur-e-s actuel-le-s, mais aussi celles des futur-e-s entrepreneur-e-s compte tenu des évolutions en marche : écologique, économique, politique, sociale, technique (au niveau local et au niveau global) et ce, de manière cohérente avec la culture coopérative.

Ici, nous rappelons que nous souhaitons participer à l'élaboration de nouveaux paradigmes pour l'Économie Sociale Solidaire et à un langage commun et partagé au sein du mouvement coopératif, ce qui apporterait selon nous une réponse pour « *l'amélioration de la visibilité, des caractéristiques et de la compréhension du secteur* » (Commission européenne, 23 février 2004).

Pour toutes ces raisons, nous proposons un changement de paradigme qui place la personne au centre du système, selon une vision holiste, dans une dynamique d'évolution et d'interdépendance. Nous avons choisi de nommer ce nouveau paradigme pour le mouvement coopératif et pour l'Économie Sociale et Solidaire : Le Développement de la Personne et l'Évolution des Compétences (DPEC).

L'Histoire nous a effectivement enseigné que rien n'est définitif, que tout est en marche. À l'intérieur des SCOP, la personne évolue continuellement en compétences à partir de rencontres humaines, à l'intérieur et à l'extérieur de l'organisation, mais aussi grâce à des apprentissages académiques et techniques (en centres de formation, en universités et sur le terrain professionnel et social, tels que présentés auparavant). La SCOP, entreprise apprenante, offre la possibilité d'un développement personnel et d'une évolution des compétences des personnes qui peuvent générer de nouvelles compétences pour la SCOP.

« *Les gens ont besoin d'évoluer. C'est important qu'on puisse apporter des perspectives, un horizon aux gens* » (K).

Par ailleurs, la recherche de compétences en interne ou le vide peuvent motiver une personne à se positionner par appétence et créer un nouveau poste.

« *Dans la SCOP, le fait qu'on ait du goût pour ça est important. Il est assez normal, il n'est pas contradictoire que vous soyez l'organisatrice de ça et que vous ayez du goût pour les ressources humaines et que vous le fassiez. Il y a et on tient à cette plasticité. C'est à soi de trouver sa place. La structure sera souple par rapport à la fonction de départ, mais le corollaire de ça, c'est que vous ne serez pas drivé ni materné. C'est un apprentissage cette autonomie-là.* » (B)

La compétence identifiée ici relève certes d'une prise d'initiative dans l'autonomie mais plus encore elle révèle d'une compétence que nous qualifions de socialisation autogestionnaire.

C'est-à-dire qu'ici, l'associé-e salarié-e trouve sa place en tant que coresponsable de la gestion de l'entreprise. Ayant repéré un vide dans l'organisation de la SCOP, éprouvant une envie d'occuper un tel poste et estimant avoir les compétences requises, il est alors possible de tenter cette aventure et de démontrer aux autres dans la pratique la pertinence de cette nouvelle posture. Par sa participation au capital et aux différentes instances et sa prise de responsabilité, l'associé-e salarié-e co-entreprend le développement de l'entreprise.

Nous reverrons plus en détail dans le paragraphe « *La typologie des gérant-e-s* » (8), la question de l'ascension sociale en SCOP liée au DPEC.

Ainsi, de manière spécifique au mouvement coopératif et par extension à l'Économie Sociale et Solidaire, le DPEC considère la personne comme un agrégat de différents éléments se transformant en permanence dans un environnement global au contact d'autres substrats, libre, autonome et néanmoins engagée dans un projet collectif. Le DPEC mobilise une démarche intellectuelle de tolérance et d'ouverture envers les personnes et envers le monde, les deux étant appréhendés en mouvement perpétuel. Nouvel outil adapté aux personnes entrepreneures de l'Économie Sociale et Solidaire, le DPEC accompagne le changement individuel et collectif pour être un-e co-entrepreneur-e responsable. Via la satisfaction des êtres humains qui constitue l'organisation, il entend donner du sens aux affaires collectives pour une réussite de la SCOP.

« Un livreur devenu façonnier est maintenant conducteur de machines. La polyvalence, c'est un inconfort de travail, mais une grande richesse de développement et compétences. » (N)

Cette démarche de DPEC permet d'élargir le champ possible d'activité et favorise des mobilités internes pour des promotions de personnes et conjointement dans l'intérêt de la SCOP : « *par exemple, chez nous, quelqu'un qui faisait l'entretien des locaux et qui maintenant est responsable de la mise à jour et de la qualité de nos fichiers clients, c'est quelqu'un qui a bien réussi, qui avait confiance, qui avait conscience de l'importance d'avoir un fichier propre.* » (H)

Dans le cadre du vieillissement, parfois de nouvelles compétences ont pu être développées : « *les gens qui ont vieilli ici, qui ne peuvent plus faire certaines tâches, on a pu les mettre au contrôle, assis* » (F). Mais il est parfois difficile de trouver des solutions et d'étudier des solutions de DPEC lorsque le changement est refusé par la personne et que celle-ci n'a ni l'envie, ni la volonté de développement personnel et d'évolution de compétences pour elle et pour un collectif.

« Les plus anciens posent des problèmes de résistance au changement. Quel est le réel potentiel de quelqu'un qui a plus de 55 ans ? Est-ce que je ne lui demande pas des choses pour lesquelles il ne peut plus les faire ? Cette question-là je me la pose pour moi. Est-ce qu'on reste ouvert à des choses ou est ce qu'on reste enfermé dans ce qu'on a sédimenté depuis 40 ans ? Quand il faut pousser tout le temps, ça demande des efforts prodigieux. » (H)

En plus de la volonté collective de la SCOP, l'aboutissement du DPEC nécessite la motivation des individus de parts et autres à se développer et à engager de l'énergie pour acquérir de nouvelles compétences ou les faire valoir, de manière optimale, dans un but à la fois individuel et collectif.

Le DPEC pourrait établir des passerelles entre les organisations de l'Économie Sociale et Solidaire quels que soient le genre, l'âge, l'état de santé et la nationalité de la personne. Le DPEC favoriserait une véritable employabilité élargie pour un transfert d'expériences et de compétences d'un champ à l'autre de l'économie sociale et solidaire, tout en laissant l'entière liberté et l'autonomie à la personne de se mouvoir au sein de l'Économie Sociale et Solidaire sur un territoire délimité par elle seule.

Ce territoire gagnerait à pouvoir s'étendre du local à l'international en intégrant toutes les étapes intermédiaires : départemental, régional, national, européen. En permettant aux individus de développer non seulement leurs compétences individuelles pour eux-mêmes, mais aussi pour le projet collectif de l'entreprise et celui d'une société d'économie sociale inscrit dans un projet politique élargi, le DPEC met en pratique les valeurs d'égalité et de solidarité sans a priori.

« Des responsabilités ont été données à des personnes qui n'avaient pas de diplômes, de CAP, BEP et encore moins d'études supérieures mais qui avaient du charisme et des expériences. Quand je leur ai dit : bon maintenant c'est bon, vous allez devoir prendre les choses en main ; je vous accompagnerai dans la démarche si vous avez besoin, et bien très vite on se rend compte si la personne peut ou pas. Des personnes se sont révélées extraordinaires dans cette démarche-là. Des personnes qui ont commencé apprenti-e-s sont cadres aujourd'hui. Chez nous, il y a tout à faire pour celui qui veut, qui a des capacités. » (J)

Avec des réserves toutefois, quant à la promotion interne qui comporte des risques d'enfermement et de privation de nouveaux apports externes : *« dans l'absolu c'est bien, mais il faut vraiment qu'on ne lâche pas sur le profil dont on a besoin. On évalue si tu peux y aller ou pas, et on t'accompagne si tu peux y aller ou pas. »* (H)

Le bénéfice collectif demeure prioritaire et l'accompagnement individuel reste en cohérence avec le projet déterminé pour le développement de la SCOP.

Outil de la Formation Tout au Long de la Vie dans l'Économie Sociale et Solidaire, le DPEC (à vocation individuelle et collective) décline les valeurs de coopération et les conjugue avec une définition coopérative de la compétence. Il s'avère également essentiel pour préparer la question de la transmission sous toutes les formes en SCOP.

7. LA TRANSMISSION

En SCOP la transmission intergénérationnelle revêt un sens particulier car elle est inscrite dès le départ dans les statuts. En devenant associé-e, chacun-e est convié-e à intérioriser le devoir de la transmission aux futures générations de coopérateur-trice-s en référence au projet historique des fondateurs et fondatrices de la lignée coopérative.

« Travailler la transmission, c'est plutôt la culture de l'entreprise pour la pérennité. Pourquoi on le fait ? La question de la transmission, elle est fondamentale ; elle permet aux nouveaux de travailler avec du matériel. C'est une force terrible la propriété collective.

L'astuce de l'organisation, pour sa durée, en fait c'est par petits morceaux que ça rentre et que ça part, donc ça se maintient, donc c'est une copropriété durable. Le bâtiment, c'est à l'entreprise ; on ne peut pas partir avec, on ne peut pas vendre et puis il y a le savoir-faire et le savoir-être des vieux sages. » (I)

Comment alors peut s'organiser la transmission en SCOP qui porte sur plusieurs paramètres, à savoir : la culture, la propriété matérielle, les finances et la gérance ?

La transmission culturelle

En vue d'une transmission culturelle, des SCOP ont organisé des archives de leur vie coopérative avec les procès-verbaux des Assemblées Générales, les comptes rendus de réunions d'associé-e-s et tous les documents inhérents à la vie de l'entreprise : une biographie de la SCOP a été ainsi constituée.

« Alors que l'histoire dépasse ces archives de l'entreprise, quelle mémoire coopérative après le départ de salarié-e-s associé-e-s des SCOP ? Que reste-t-il de toutes ces expériences ? Il y a une mémoire collective qui est perdue, un chemin qui doit être partagé. » (I)

Au-delà de la parole mais aussi au-delà de la SCOP elle-même, la transmission culturelle importe pour ces créateurs et créatrices d'expériences novatrices. La trace écrite s'impose alors à eux et à elles pour partager avec l'ensemble de la société leurs itinéraires. C'est pourquoi, quelques SCOP écrivent des livres témoins de leur histoire, en région Rhône-Alpes : « *Moutons rebelles* » et « *Le vieil Audon* », pour Ardelaine, « *Trajectoires indicibles, Oxalis, la pluriactivité solidaire* » et « *Salarié sans patron ?* », « *Cap Services, Mode d'emploi* », « *Aux entrepreneurs associés. La coopérative d'activité et d'emploi* » (E. Bost, 2011). D'autres ont choisi de garder une partie de leur histoire sur DVD.

L'Union Régionale pourrait veiller à la sauvegarde de ce patrimoine en conseillant aux SCOP d'écrire leurs mémoires et en organisant un fonds documentaire qui les rassemblerait. Sans créer un lieu spécifique, ces archives coopératives pourraient être regroupées au CEDIAS où se trouve déjà une partie documentaire historique du mouvement coopératif.

La transmission matérielle et financière

Les coopérateur-trice-s sont les « *Usufruitiers d'un outil de travail créé grâce au sacrifice des anciens, des résultats positifs pour des investissements et la modernisation* » (J) qui « *bénéficient des bonnes intentions des fondateurs.* » (E)

Grâce à la règle des réserves impartageables, une part des excédents financiers contribue au développement et à la transmission de l'outil de production. Néanmoins le coût des départs des associé-e-s oblige un rééquilibrage financier de sécurité car « *ils partent à la retraite avec toute la mise.* » (G).

Le capital étant variable, rien n'oblige a priori à cette opération. Sauf que certaines SCOP, ayant souscrit des emprunts bancaires, se sont engagées à maintenir leur capital à la hauteur de la signature de l'emprunt. De plus, par souci de sérieux et de reconnaissance extérieure, il est de bon ton de maintenir la valeur du capital. Les solutions en vigueur dans certaines SCOP mériteraient d'être communiquées à celles qui se questionnent sur le départ des capitaux, liés aux départs des associé-e-s.

« *Il faut qu'on anticipe les départs à la retraite des fondateurs. Si c'est possible on essaie de remonter les bonnes années un peu plus en capital comme c'est la règle ; tous les associé-e-s qui, possèdent moins d'un quart de leur salaire annuel en Capital remontent 50 % de leur participation de l'exercice qui vient d'être conclu ; au-delà, ceux qui possèdent plus de 50 % de leur salaire annuel en capital remontent la partie statutaire et entre les deux : 25 %. Les gros résultats permettent aux jeunes avec l'accord de participation de remonter en capital très vite.* » (F)

Ce système permet de rééquilibrer les mises et d'éviter une trop grande déstabilisation du capital qui pourrait être préjudiciable à la SCOP. En outre, il reconnaît la valeur primordiale apportée par les fondateurs-trices, qui permettent aujourd'hui à la nouvelle génération de travailler sans gros apports financiers et sans investissement lourd de matériel. L'héritage matériel, selon le secteur d'activité, représente des sommes colossales avec les machines et les bâtiments, qu'il serait difficile d'acquérir d'un coup sans apport considérable. Une information pourrait être donnée sur l'historique du patrimoine lors d'un rituel de transmission organisé en vue de rappeler l'histoire de la coopérative et les investissements abandonnés au profit d'une organisation intergénérationnelle et d'une propriété collective : un moyen de transmettre à la fois la culture et le patrimoine de la SCOP.

La transmission de la gérance

À l'aube du départ à la retraite de la/du gérant-e élu-e depuis la création, le recrutement sera d'autant plus planifié à l'avance pour permettre un « tuilage » entre les deux personnes pour assurer la transmission de la culture d'entreprise coopérative dans l'intérêt de la SCOP. Cela suppose un contrat moral et un budget prévisionnel conséquent à valider.

« Le choix du successeur réalisé, il fait les formations pendant huit mois ; c'est un ancien salarié qui est passé tous les jours ici quand il y a eu des difficultés... quelqu'un qui a la cote ici, bien estimé, recruté pour être PDG, validé par le CA et le compte rendu du CA a été affiché. » (G)

Lorsque la/le PDG ou le/la gérant-e prévoit son départ à la retraite, des questions pragmatiques se posent telles que *« renouveler ma candidature au CA en tant que PDG ? Comment on fait ? Savoir si on trouvera un nouveau PDG au sein de la SCOP ? Est-ce que les salarié-e-s l'accepteront ? Car ça va changer les relations. Le potentiel à l'intérieur existe. Il faut anticiper le changement, le recrutement ; ça ne va pas être simple pendant trois ans s'il y a chevauchement : je veux le poser sur la table »* (J). Ces questions individuelles sont partagées avec les associé-e-s salarié-e-s pour anticiper au mieux le départ et veiller à la sécurité de l'entreprise.

Une étude de la pyramide des âges interne s'impose pour *« penser le renouvellement, avec un certain nombre à 40-50 ans, pour les savoir-faire, le capital »* (N). Mais attention, la promotion interne n'est pas toujours synonyme de réussite pour la transmission de gérance. Des tentatives internes parfois s'avèrent difficiles à gérer. Les nouvelles postures internes ébranlent les relations anciennes entre les coopérateurs-trices. Cette période de transmission peut s'avérer difficile à vivre au sein de l'organisation pour le dirigeant lui-même et pour les associé-e-ssalarié-e-s : « *la succession, je ne voulais pas m'en mêler ; difficile d'annoncer trop tôt le départ, trois ans avant, du dirigeant historique.* » (B)

Pour faciliter cette progression, des étapes intermédiaires sont préparées, une ascension programmée, du pas à pas dans la structure : « *d'abord commercial, puis intégré au CA, puis au départ d'un des deux fondateurs, j'ai pris la succession. J'étais plus proche de la génération des nouveaux que les fondateurs.* » (E). Anticiper la transmission dans le cadre d'un départ programmé, c'est pouvoir partir l'esprit tranquille car la transmission a été réfléchie, organisée suffisamment tôt collectivement : « *je prends les décisions en consultation avec les nouveaux car c'est eux qui après vont rester (...) je passe quinze heures dans la boîte, mais je partirai tranquille car je sais qu'il y aura des gens qui le feront en y passant moins de temps car ils auront d'autres compétences.* » (G)

Le temps de passation entre les deux personnes varie selon chaque situation. S'il s'agit d'une personne présente au sein de la SCOP, le temps peut être compté en années. Cette question demeure essentielle pour consolider la pérennité de l'entreprise. Pour éviter la difficulté de la succession, des questions s'imposent régulièrement au dirigeant-e et à l'ensemble des associé-e-s. Lorsque la personnalité de la personne partante rend le recrutement ardu, un accompagnement de ladite personne à lâcher le pouvoir doit se mettre en place pour assurer la continuité SCOP.

« *J'en connais quelques-unes (de SCOP), je connais la difficulté de certains par exemple qui ont des valeurs très fortes à trouver des successeurs par exemple. Donc c'est quand même un symbole de dire "si on ne trouve pas on ferme".* » (H)

Afin d'éviter la fermeture, ce qui serait un sacré paradoxe, et d'enrayer les mamy-boom (rajouté par l'auteure et omis par Participer) et papy-boom, le mouvement préconise (*Participer*, 2005) :
- un conseil d'administration junior,
- un compagnonnage alternatif,
- un conseil des sages ou à défaut la présence d'un sage, souvent ancien-ne gérant-e,
- un tutorat coopératif et technique des jeunes recruté-e-s.

Pour faciliter la transmission de la gérance, un DPEC peut être élaboré et validé aux deux noms (celui de la gérance qui s'en va et celui de la gérance qui vient avec l'accompagnement d'un tiers externe) pour superviser la passation. En SCOP, changer de leader requiert des préparations individuelles et collectives suffisamment anticipées car le statut et la posture y sont tout à fait particuliers, ce que nous allons examiner dans la prochaine partie.

8. UN LEADER *SUI GENERIS*

« Le statut permet l'émergence de modèles de dirigeants un peu différents, parce qu'il ne peut pas être seul. » (Q)

Nous avons retenu de la Gouvernance Coopérative qu'elle entendait limiter les dérives d'un pouvoir individuel à travers une organisation collective qui promeut la responsabilité partagée : *« c'est une façon de faire, d'agir et d'être avec les personnes et l'entreprise : c'est le partage des décisions, des relations proches avec les collaborateurs, une information transparente »* (gérant de SCOP).

Pour cela, *« il faut savoir écouter, il faut mettre les gens d'abord devant leur responsabilité et ensuite la somme des responsabilités dans une autre responsabilité qui devient collective. »* (L)

A contrario, nous avons cependant entendu à travers les témoignages des gérant-e-s rencontré-e-s, la solitude, la désillusion d'une responsabilité partagée et le doute :
- *« quand il y a des difficultés vous êtes seul-e aux commandes. »* (Q),
- *« une illusion sur la responsabilité partagée, il a vraiment fallu questionner la responsabilité économique. Il y a eu des clashes, des pertes, de grosses pertes, des abandons, des pages tournées... il faut savoir tourner la page. »* (P),
- *« j'ai des interrogations. Difficile de se dire qu'on est un leader légitime. Par rapport à quoi ? La sensation d'être un imposteur entre guillemet parfois m'inquiète, m'angoisse. Parfois je me pose des questions ; mais c'est dans ma nature. Dans ma vie personnelle aussi je me pose des questions, j'en pose à mes ami-e-s qui me questionnent pour avoir un avis éclairé. »* (M)

Dans les SCOP, le questionnement du pouvoir collectif et du pouvoir individuel est omniprésent et cette étude ne pouvait éviter ces questions du rapport au pouvoir et du leadership en SCOP : quelle place dévolue pour exercer le pouvoir ? Qui assure ce statut si particulier en SCOP ? Quelle analyse de la pratique ? Comment les gérant-e-s peuvent-ils/elles opérer pour limiter les dérives inhérentes à la nature humaine et construire une démocratie en entreprise ?

Un poste multidimensionnel

Nous avons pu constater auparavant, dans l'étude sur la Gouvernance Coopérative, la spécificité du statut de gérant-e en SCOP, à savoir un triple statut de gérant-e/salarié-e/sociétaire. Ce statut occasionne quelque ambiguïté et crée de la confusion de part et d'autre, d'autant plus que la gérance est bénévole.

« Une éminence grise du projet, promoteur, sans statut, sans rémunération, animateur. » (B)

En effet, la personne en responsabilité de la gérance est salariée, rémunérée pour une technicité qu'elle assume et non pour la gérance elle-même. Un article récurrent est soumis à chaque vote lors de l'Assemblée Générale annuelle et le rappelle à toute l'assemblée chaque année. Dès lors, il ne saurait être oublié que la gérance n'est pas propriétaire individuelle et qu'elle accomplit un travail avec d'autres. Élément d'un système de type coopératif en relation d'interdépendance avec toutes les personnes au sein de la SCOP, « *je n'ai pas plus d'importance, et je ne veux pas avoir plus d'importance, qu'un concepteur, que le responsable qualité ou de laboratoire.* » (G)

Lors de chaque Assemblée Générale, l'opportunité est donnée à tous et à toutes de rediscuter le poste de la gérance. De ce fait, nous pouvons dire que le gérant ou la gérante demeure sur un siège éjectable. Son mandat, voté pour quatre ans, peut être remis en cause chaque année à la demande d'un-e associé-e. Bien que nous ayons pu observer une pratique de réélection plurielle dans les SCOP de notre échantillon, la légitimité reconnue par ses collègues associé-e-s salarié-e-s majoritaires interpelle pourtant la personne élue, comme nous l'avons cité auparavant dans l'introduction de ce paragraphe. Cette possibilité de réinterroger la gérance donne l'occasion à tous et toutes (et plus particulièrement à la personne qui l'assume) d'une analyse de la pratique, d'un exercice démocratique et de questionnements intérieurs, qui singularise la SCOP et la différencie des autres types d'organisations d'entreprises.

« La gérance ce n'est pas anodin. Le renouvellement de la gérance permet de reposer les questions. » (K)

La gérance n'étant pas rémunérée, la personne en charge de ce poste, cumule donc d'autres fonctions au sein de l'organisation.

La variabilité de ces fonctions est liée à la taille, aux qualifications et compétences de la personne, au secteur d'activité et à l'histoire de la SCOP.

« Comme beaucoup de mes copains avec des entreprises de même taille, je fais un peu tout : le commerce, les devis, le bureau d'études, le planning et la gestion de la production. » (K)

Le poste dédié à la gérance est multifonctions et s'exerce dans des champs techniques et politiques. Il nécessite des qualités techniques, humaines et gestionnaires.

« Un poste hyperpolyvalent. Ma fonction est sur la vie coopérative et le développement, chargée de notoriété, de la communication et de créer de la cohésion. » (P)

Si certain-e-s- effectuent :
- *« 80 % en RH avec les collaborateurs, les clients, les institutionnels »* (C),
- *« 70 % en gestion et 30 % en commercial »* (F),
- *« 20 % en comptabilité et le reste en commercial et gestion »* (N),
- *« 25 à 30 % de mon travail en R.H., le reste en gestion, compta et questions juridiques. »* (H), dans toutes les SCOP rencontrées, la gérance est un poste polyvalent qui recouvre la gestion humaine et financière, le développement et la participation aux réseaux dans une perspective temporelle d'éternité.

Les plus grandes SCOP de notre échantillon (A, B, D, G) et deux moyennes (I, J) confient le travail dit de RH à des juristes, DAF ou à des personnes volontaires et candidates tout comme elles délèguent des missions représentatives au sein du mouvement coopératif à des collègues pour des raisons propres à chaque structure. Pour autant, cette répartition ne conjure pas la solitude du poste.

En effet, si les décisions à mettre en œuvre, validées en AG collectivement, légitiment plus les cadres en SCOP que dans les ENC, cette situation n'exclut pourtant pas la possible solitude de la gérance, car il y aura toujours des décisions et des situations qui ne se délèguent pas et qui s'endossent seul-e. L'autorité et les sanctions relèvent alors de la personne identifiée responsable de la structure, bien que rien n'empêche la sollicitation d'un-e collègue du CA pour partager l'épreuve.

« Un licenciement brutal d'un administrateur commercial suite à quelque chose de très malhonnête. J'ai convoqué un CA qui a voté le licenciement immédiat. Une des décisions les plus difficiles de ma carrière de gérant. Il a laissé la voiture au travail. J'ai dû le raccompagner seul chez lui. » (J)

La gérance coordonne les instances et les personnes, et assure pleinement la responsabilité juridique, de temps à autre avec amertume et quelques souffrances : *« Quand ça va mal, il ne faut pas compter sur les petits copains pour prendre des décisions. Parfois, il faut assumer. »* (Q)

Dans ce contexte singulier, quelle personne recruter pour assumer ce poste d'animation polyvalent ? Quel type de recrutement mettre en place, d'autant plus qu'en SCOP « *on ne peut pas nommer quelqu'un responsable sans qu'il soit validé par la base.* » (B)

Un profil de gestionnaire coopératif recherché

« *Les associé-e-s ne voteront pas pour le plus démago, mais pour le meilleur gestionnaire.* » (B)

En plus des compétences économiques nécessaires à la gestion d'entreprise, la plupart des dirigeant-e-s des SCOP sont reconnu-e-s en premier lieu pour leurs compétences techniques et leur connaissance du secteur d'activité. La cohérence entre les discours et les actes est un autre critère non négligeable de crédibilité et de légitimité des cadres des SCOP. Les discours ne sont pas suffisants pour convaincre une assemblée de coopérateurs-trices. Ces dernier-e-s regardent avec attention si le comportement du leader apparaît comme éthiquement responsable, car « *avoir autorité dans une SCOP c'est être auteur, c'est dessiner.* » (B)

D'après notre étude, et analyse des variables des entretiens semi-directifs, relatives à la typologie des gérant-e-s, les qualités et les compétences suivantes d'entrepreneur-e et de co-entrepreneur-e sont plébiscitées lors du recrutement de la gérance :
- développeur-euse de projets et d'espaces de concertation et de coordination,
- visionnaire,
- le sens de la responsabilité,
- l'autonomie,
- l'ouverture d'esprit,
- en recherche de connaissances,
- le discernement,
- l'endurance,
- être différenciant dans la relation,
- capable d'anticipation,
- l'écoute,
- un savoir-faire issu de l'expérience qui permet de concilier et négocier avec tact et respect,
- des compétences d'analyse et de synthèse pour pouvoir résoudre les problèmes pratiques,
- des compétences d'expression écrite et orale

Et bien sûr :

« Être profondément coopérateur, diplomate et communiquant. Quelqu'un qui pense plus à la SCOP qu'à lui-même, quelqu'un qui soit profondément coopérateur dans l'esprit : il pense plus entreprise et aux salarié-e-s qu'à lui. »

En SCOP, la réussite d'un management coopératif tient entre autres, à la capacité du manager à garantir la cohésion du jeu. À une qualification de base, technique, la plupart du temps en lien avec le secteur d'activité, s'ajoutent des aptitudes de co-entrepreneur-e qui doit savoir prendre des décisions justes et gérer le changement en harmonie avec l'environnement.

« Un responsable doit être en éveil sur les évolutions de son métier. » (B)

Cela signifie de réfléchir à la stratégie de l'entreprise et de proposer des pistes au CA (J). Pour réussir cette alchimie collective, *« le gérant doit avoir la confiance de tout le monde »* (E), ce qui suppose qu'il ait, au préalable, confiance en lui et en la mission. La compréhension par toute l'assemblée sera le premier objectif du leader qui aura à charge et à cœur de vérifier si l'information et l'explication sont limpides. La compatibilité du projet collectif avec la réalisation des aspirations individuelles est recherchée par et pour les membres de l'équipe.

Être visionnaire n'est cependant pas facile, surtout lorsque les associé-e-s ne comprennent pas de suite l'intérêt du projet.

Si l'innovation du gérant-e rencontre de la résistance au changement, elle est différée ou annulée, car la réussite du projet dépend de l'engagement collectif. *« Le gérant, il trace les grandes lignes et il doit les faire respecter. Si vraiment il y a un refus, si les gens ne sont pas prêts, il ne faut pas le faire. »* (E)

La réalisation du projet sera certes plus lente mais gagnera en qualité, car elle sera portée par un plus grand nombre qui s'appliquera à le produire.

Pour être gérant-e de SCOP, des choix préliminaires nous semblent requis en terme individuel et politique. Bien sûr, chemin faisant, le projet initial se modifie, mais néanmoins il demeure en toile de fond et se mêle avec le projet de vie. Le sens de l'engagement de la gérance donne du sens au projet coopératif. Avant de s'engager dans un poste à telles responsabilités individuelles et collectives, il y a une histoire personnelle, une vie privée, des expériences professionnelles, des engagements politiques et des synchronicités qui s'entremêlent, et une part de folie à poursuivre une utopie : l'autogestion. De toute évidence, un-e responsable de SCOP sera toujours une personne engagée sur une voie, la sienne, qui alimentera celle de la SCOP.
« Un responsable qui parle de sa coopérative, il parle de ses choix de vie, du sens qu'il met dans ces choix-là. » (I) Nul-le ne peut être à ce poste par

hasard. La décision collective, si démocratique soit-elle, ne peut exister sans la décision individuelle de la personne qui relève le défi de tenter l'aventure de la gestion de tels paradoxes.

La typologie des gérant-e-s

En nous référant aux travaux de Frédérique Bataille-Chetodel et France Huntzinger (2002), qui se rapportent à la typologie de Bauer et Bertin-Mourot (1992) : *les montagnards, les héliportés et les parachutés,* nous avons identifié une majorité de profils de *montagnard-e-s* qui ont gravi les échelons hiérarchiques, jeunes cadres ou non cadres, soit au sein de la SCOP (D, E, F, N) soit dans la structure antérieure à la SCOP, dans le cadre de mutation (L, P) ou de reprise (C, G) soit encore lors de la création *ex nihilo* de la SCOP (K, M). Deux SCOP ont pratiquée la *cordée,* profil que nous avons conçu à partir de notre échantillon (I-L) dès le départ en partageant le pouvoir. Toutes et tous ont prouvé leurs compétences à travers les différents postes, à des échelons différents dans l'entreprise. Ce constat atteste d'une possible promotion interne ; la compétence y est reconnue évolutive. Comme nous l'avons entendu lors des entretiens, certain-e-s gérant-e-s sont issu-e-s de la promotion interne et ont acquis une nouvelle compétence de gestionnaire sur le tas, complétée par une formation interne collective, par un parcours de professionnalisation individuelle, guidés par les conseils des délégué-e-s ou une formation externe choisie.

« *Le charisme ne suffit pas, j'ai appris la gestion sur le tas et la nuit.* » (O)

« *Ancien conducteur de travaux et assistant de la direction (dans une autre SCOP qui n'existe plus) sur l'aspect planning, production, achats et organisation générale, j'en avais marre de gérer les problèmes de personnel. Mon objectif c'était de créer une petite entreprise. Avec un CAP, j'ai appris sur le tas d'une part et j'ai beaucoup appris dans la coopérative où j'étais avant. J'ai fait des formations de gestion coopérative, des stages de communication et d'encadrement.* » (K)

Les participations aux ateliers du management, organisés par l'Union Régionale (D, G, J, K, M, N, P) depuis le début, « *sont d'un grand intérêt pour communiquer dans la conjoncture.* » (D)

Ils tentent de répondre aux questions des gérant-e-s qui se trouvent confronté-e-s sur le terrain à des situations qui nécessitent de prendre du recul et de comprendre les fonctionnements des personnes au sein de la SCOP.

Une formation longue, organisée par la CCI, réservée aux chefs d'entreprise pour développer leurs potentialités, pour accompagner le changement et le développement de l'entreprise, a permis à un dirigeant de SCOP « *de mieux comprendre les moteurs des gens, ce qui nous fait bouger et fait bouger le monde.* » (C)

Les gérant-e-s de formations de niveau supérieur, sauf un, envisagent de déléguer cette partie ou l'inscrivent dans la recherche pour leur succession.

Le plus grand nombre a été élu lors de la création de la SCOP, cinq pour une création *ex nihilo* six pour une reprise ou mutation, quatre pour la succession interne et un pour la succession externe. Nous pourrions qualifier d'*héliporté* un gérant en provenance d'une poste de gestionnaire d'une structure politique et technique coopérative pour une succession. Par contre, nous n'avons pas rencontré de parachuté-e-s qui seraient arrivé-e-s sans connaissance de l'entreprise à un poste de dirigeant-e. Nous avons observé quatre cas différents qui ne permettent pas d'ériger de règle sur la qualification retenue en interne pour le profil lors d'une succession. En effet, sur quatre personnes, deux sont issues de la production, une du commercial et une du service comptabilité.

TABLEAU N° 8 :
LES PROFILS DES DIRIGEANT-E-S

Sexe	Age	Niv.qual.in.	Fonction	Recrutement	Resp.mvt	Enggt ext.
M	50	I	PDG	Hélicoporté-suc	OUI	OUI
M	60	I	PDG	Hélicopor-créa	OUI	OUI
M	55	III	PDG	Montagnard -rep	OUI	OUI
M	55	III	PDG	Montagnard-int	NON	?
M	40	III	PDG	Montagnard-int	NON	OUI
M	45	I	PDG	Montagnard-int	OUI	OUI
M	60	V	PDG	Montagnard-rep	NON	OUI
F	55	I	PDG	Hélicoportée-trans	NON	?
M	55	I	PDG	Cordée-créa	NON	OUI
M	60	I	PDG	Hélicoporté-rep	OUI	OUI
M	45	V	gérant	Montagnard-créa	OUI	OUI
M + M	50	I	gérants	Cordée-trans	OUI	?
M	40	II	PDG	Montagnard-créa	OUI	OUI
F	40	III	PDG	Montagnarde-int	OUI	OUI
M	55	I	PDG	Hélicoporté-créa	OUI	OUI
F	50	II	PDG	Montagnarde-int	OUI	OUI

Source : l'auteure, 2011.

Pour nous, la posture de la personne dirigeante (gérant-e, PDG), émergente des entretiens s'articule autour de trois axes :

- l'axe politique pour développer, garantir, animer et incarner les valeurs coopératives au cœur d'une organisation définie par un projet politique ; organisation qui s'inscrit dans un système politique, dans un contexte et un environnement sur un territoire défini, dans l'intérêt général, et sur plusieurs générations ;
- l'axe social pour animer un projet coopératif à la recherche de l'équilibre, entre le collectif et l'individuel et de l'amélioration des relations humaines et des conditions de travail au sein de la SCOP et en dehors avec les partenaires et les client-e-s pour tous et toutes, y compris pour soi ;
- l'axe économique pour gérer la pérennité de l'entreprise et des emplois avec l'idée d'un profit à partager équitablement, profit qui soit une nécessité mais pas une fin en soi dans une économie de marché qui soit responsable et soutenable.

Pour cette posture de gestionnaire en SCOP, une adhésion aux valeurs coopératives sera recherchée car elles font sens pour chacun-e et créent une éthique d'entreprise coopérative identifiable. Cette adhésion libre aux valeurs communes et les trois axes identifiés ci-dessus permettent de supposer quelqu'un-e :

« Avec beaucoup de charisme, d'écoute, d'autorité naturelle et pas d'autoritarisme pour accompagner l'évolution des individus. Quelqu'un qui a des capacités à fédérer, à mobiliser, à lever les barrières dans sa tête. » (C)

« Il faut qu'il ait envie, qu'il sorte : c'est important ; qu'il ne soit pas enfermé sur lui-même et qu'il prenne beaucoup de recul. Mon développement entraîne de la croissance qui entraîne une gouvernance différente et il faut donner les moyens aux jeunes d'aujourd'hui de prendre la suite demain. » (F)

Le leader « *acteur majeur, un coordinateur* » (O) a pour rôle d'élaborer une mission, de veiller au système de communication, d'animer une équipe de personnes pour réaliser ensemble la mission de l'entreprise et de veiller à la cohésion de la SCOP.

Bien entendu, la diversité des structures, renforcée par la pluralité des secteurs d'activité, produit une multiplicité de profils qui ne peut faire émerger un profil type :

« Pas de profil type de dirigeant, ça dépend de la situation » (B), même si persiste, ici et là, une certaine représentation inconsciente de la gérance qui dépasse les textes et s'immisce dans les esprits.

La gérance porteuse d'un rôle symbolique antinomique

Quand la Direction Générale dans une SCOP SA ou la gérance dans une SCOP SARL est porteuse d'un rôle symbolique de tête, elle est considérée comme « la tête » de la SCOP et cet état lui confère « Le Pouvoir ». Or, la recherche de démocratie participative et de non-domination en SCOP réfute cette situation, parce que chaque associé-e salarié-e est responsable et, de ce fait, partage le pouvoir. Malgré tous les outils mis en place pour éviter les enjeux de pouvoir, le risque de dérives subsiste encore : la personne, porteuse d'un rôle symbolique, est identifiée comme la porteuse du projet et elle envahit l'espace, tel un parent tout-puissant. Dans ce cas, la part de responsabilité est toutefois partagée entre le groupe qui charge la gérance de ce rôle et la gérance qui accepte de jouer ce rôle ou vice versa, la gérance qui propose ce rôle et le groupe qui valide.

« J'ai toujours été la gérante ; ça fait cinq ans que je suis complètement dirigeante mais je m'étiole. Il faut que je me détache du groupe, trop en fusion. L'enjeu pour moi c'est trop de remplir. »

Le fonctionnement de proximité des associé-e-s salarié-e-s d'une TPE-PME occasionne un risque supplémentaire, avoué en SCOP, de fonctionner à l'affectif. *« On finit par y mettre de l'affectif au risque de briser l'harmonie. »* (N)

« Je peux les écouter, mais je n'ai pas de réponses car cela va au-delà des relations qu'on pourrait avoir avec un employeur. C'est là-dessus que c'est déstabilisant, mais bon… » (F)

La charge émotionnelle investie dans des relations affectives ébranle les rapports entre professionnel-le-s. Pour éviter de briser l'harmonie et de laisser s'installer des relations extrémistes de passion et de haine qui perturbent les relations humaines, une distance nécessaire entre les personnes serait souhaitée. Le côté maternant ou paternant rend la situation caduque et surenchérit des risques de tiraillements entre les personnes, sans rien résoudre de la question du pouvoir. Le rôle symbolique de la Mère ou du Père, tel qu'il est véhiculé dans notre société, confisque le pouvoir aux enfants.

Par contre, cette distanciation recherchée s'affronte avec des projets de vie communautaires historiques idéalisés et des projets de type entreprise familiale. Un dilemme cornélien pour chacun-e qui renvoie à la recherche d'une plus grande cohérence entre discours et pratique. En tout état de cause, le rôle symbolique d'une tête incarnée par la gérance contredit le projet politique des SCOP, mais comment le résoudre ?

En établissant plutôt un rôle de leader oriental, c'est-à-dire de guide, d'animateur plutôt que de tête d'organisation ? Schématiquement, déjà, la place est différente et n'induit pas de partie plus noble que d'autres ou une supériorité de l'un-e sur l'autre.

Dans une culture d'organisation hiérarchisée telle que nous la connaissons en Occident, qui imprègne les hommes et les femmes, culture machiste qui confère aux hommes une place supérieure, culture orchestrée dans une civilisation du Livre qui maintient un dieu maître du monde et des hommes et des femmes, ce changement de culture nécessite (ra) du temps. La culture qui enjoint les hommes et les femmes à une reconnaissance pacifique de leurs différences et à une équité humaine, implique engagements et responsabilités individuelles avec d'autres et leur environnement ; elle installe une démocratie autogestionnaire. En revanche, l'autogestion souffre encore d'une incompréhension, y compris dans le mouvement coopératif, même si des SCOP, ici et ailleurs, depuis quelques siècles déjà avec des chercheurs et des chercheuses, l'expérimentent avec succès et bonheur.

Pour essayer d'enrayer ce risque dommageable d'atteinte à la démocratie, certaines SCOP de notre échantillon ont fait preuve de recherche, d'expérimentation et d'innovation que nous relayons ci-dessous.

Un rapport au pouvoir partagé

Bien que les relais multiples mis en place pour la gouvernance multiplient les regards et aident à se forger sa propre opinion pour ensuite trancher quand il le faut, « *moi je veux fonctionner à trois, même si officiellement ça n'existe pas. Moi avec deux DG pour des sujets plus importants, avec la même délégation. Je suis moins seul dans ma décision finale, je ne tranche pas tout seul. C'est venu de mon mode de fonctionnement ; j'ai besoin de discuter.* »

Bien que l'autorité morale, souvent attribuée à la DG ou la gérance, puisse aussi incomber aux fondateurs et fondatrices de la SCOP quand ils sont encore présent-e-s dans la structure, cette autorité morale assortie d'une fonction représentative, fonctionnelle (DG, gérant-e) défère alors une certaine légitimité au pouvoir. Certaines SCOP (SA, SARL) ont d'emblée choisi de mettre en place une organisation d'un leadership collectif en adéquation avec leur projet politique initial depuis plus de trente ans (I, L).

Une cogérance s'y exerce pour travailler à plusieurs et ne pas être seul-e à prendre des décisions de gestion qui incombent aux gérant-e-s. Cette configuration a pour vocation de restreindre les dérives et les risques d'un pouvoir attribué à une seule personne. « *Vivre autrement et travailler autrement* » pour une SCOP cultive la culture projet et la volonté de développer une économie locale et solidaire. Si la responsabilité juridique incombe de toute façon au gérant-e, différents niveaux de responsabilités se répartissent sur quatre têtes (I).

L'équilibre coopératif, mais aussi l'équilibre entre vie privée et vie professionnelle devient possible et plus facile, de manière très pragmatique.

« *Une gérance tournante* » a été pratiquée dans une SCOP au début pour initier chaque associé-e aux qualifications supérieures similaires, aux enjeux de la gestion coopérative (L). Les engagements et les responsabilités peuvent vraiment être partagés avec une réelle connaissance de leurs enjeux et conséquences.

En vigie permanente pour la SCOP, le/la gérant-e doit l'être aussi pour soi-même et préparer la transmission dans l'intérêt de la structure. Nul n'étant immortel et ne connaissant l'heure de sa mort, la précaution d'usage serait de préparer sa succession, toujours dans l'intérêt collectif car « *il y a nécessité de préparer la succession du gérant, un recrutement à anticiper* » (O). D'où cette injonction du cycle de la vie biologique à partager le pouvoir à chaque instant pour ne pas immobiliser la vie de la SCOP dès son commencement.

En conclusion, le profil érigé présente « *un-e patron-ne pas comme les autres* », dont le champ d'action est délimité par une Gouvernance Coopérative qui institutionnalise le partage du pouvoir. De la sorte, pour conjuguer efficacité économique, relations sociales équitables et coopération, une personne responsable reconnue pour la qualité de son travail technique de gestionnaire, ses pratiques des valeurs coopératives et son engagement politique est souhaitée. De manière optimale, plusieurs personnes s'associeront pour cette mission en vue de sécuriser le fonctionnement coopératif de l'organisation et améliorer leurs conditions de vie. Une manière de se remémorer que nul-le n'est indispensable et immortel-le, y compris en SCOP, et de résoudre en partie le paradoxe du statut.

9. LA PARITÉ COOPÉRATIVE : UN PARADIGME EN CONSTRUCTION

« *S'il existait une grammaire de l'économie sociale, on apprendrait à l'école que le projet coopératif s'accorde en genre et en nombre avec celles et ceux qui le portent.* » Annuaire Midi-Pyrénées SCOP, 2005.

La question de la place des femmes dans les SCOP et dans le mouvement a été posée politiquement au congrès de Montpellier en 1994 par un groupe de femmes coopératrices (dont l'auteure), signataires d'un appel sur la place des femmes dans le mouvement.

Les femmes étaient peu représentées dans les instances, et l'auteure, seule femme élue en tribune lors de ce congrès, a dû utiliser la situation pour faire part de ce texte au congrès national.

Depuis, peu de changement. Aujourd'hui, la situation révèle une femme élue secrétaire et 8 hommes pour l'équipe dirigeante au niveau national, et en Rhône Alpes 1 femme et 5 hommes au bureau et 2 femmes et 8 hommes au Conseil d'Administration.

Pourtant, en 2006, une étude nationale révélait que 19 % de SCOP étaient dirigées par une femme (CG SCOP), alors que la proportion de femmes dirigeantes est de 18,8 % dans les TPE de moins de 10 salariés, mais de 15,2 % pour celles de 10 à 19 salariés et de 14,4 % pour celles de 20 à 49 salariés (Insee, 2004). Combien sont-elles aujourd'hui ?

À ce jour, la parité coopérative n'est pas affichée comme une priorité dans les SCOP. Peu de SCOP ont un tant soit peu travaillé la question de la parité en interne. *L'intégration du genre*, élément transversal des programmes européens de type Equal-Est réalisés sous la coordination des Unions Régionales, consiste pourtant à la reconnaissance de la différence et à la mixité des compétences pour réaliser « *l'égalité* » entre les femmes et les hommes. À notre connaissance, cette dynamique n'a pas été relayée par les Unions Régionales auprès des SCOP. La question du sens de la parité est loin d'être posée et investiguée pour la SCOP elle-même, comme dans la majorité des TPE et PME et chez la majorité des individus encore aujourd'hui.

De fait, les secteurs d'activités historiques (BTP, imprimerie, industrie) qui n'étaient pas des secteurs très féminisés ne parviennent toujours pas à le devenir, même s'il existe une volonté partagée et exprimée par une femme. « *On s'en est approché mais là on est passé de sept hommes à quatre femmes dont une en polyvalence conductrice OFSET et devis, une graphiste, une en polyvalence PAO et administrative et une gérante.* » (N)

Mais y compris dans des secteurs traditionnellement masculins, les mentalités changent même si cela est un peu lent et pas de la seule responsabilité des anciens. Une étude sur *La féminisation du BTP* en région PACA réalisée en 1994 pour la Direction Régionale des Droits des Femmes (sous la coordination de l'auteure) démontrait que les plus jeunes dirigeants du secteur étaient les plus réticents à l'embauche de femmes dans leurs entreprises.

Mais l'exception confirmant la règle, et les contextes économique et local interférant, des politiques d'embauche s'ouvrent à l'embauche des femmes dans un secteur BTP initialement masculinisé.

« Parce que c'est difficile de trouver du travail ici pour une femme, des femmes qui sont embauchées à l'atelier sont exigeantes, soigneuses. Pas besoin de spécialités à l'atelier. Elles ont beaucoup amené. Elles ont mis un rythme, une ambiance. Au début on a fait par étapes et je me rends compte que c'est une réussite, c'est bien. Ça tiraille un peu, elles font des réflexions aux garçons qui traînent. » (E)

Si la réponse offerte au marché de l'emploi local féminin est à saluer, nous la considérons comme une première étape.

L'interculturel féminin-masculin est une opération délicate qui demande beaucoup d'attention pour ne pas confiner les femmes dans un rôle subalterne et maternel, et les hommes dans un rôle de supérieur hiérarchique afin de ne pas reproduire une division des tâches sexuées et sexistes. La vigilance ici consiste à interroger la suite : quelle progression professionnelle et coopérative des femmes embauchées sans qualification particulière ? Quel plan de formation leur sera proposé pour leur permettre d'acquérir une formation qualifiante et peut-être d'aller voir ailleurs ensuite ? Quelles embauches qualifiées offertes aux femmes d'ici et d'ailleurs dans un secteur traditionnellement masculin ? Quelles responsabilités au CA ? Quelle parole des femmes ? Quelles démarches pour accompagner ce changement ?

« Il y a peu de femmes dans notre métier, c'est dommage, c'est le problème. On essaie de tout faire pour en embaucher, mais il n'y a pas beaucoup de femmes dans le secteur. Elles sont prioritaires forcément si elles font acte de candidatures, si elles conviennent, s'il y a un poste. Même s'il faut inventer des postes : c'est le cas de contrats de professionnalisation justement, un peu plus de femmes. » (F)

Qui dit parité dans une organisation coopérative, dit réflexion intégrée collective et individuelle en lien avec un projet politique d'équité de traitement pour les hommes et pour les femmes. Les femmes et les hommes doivent avoir accès à tous les postes disponibles et ne pas être cantonné-e-s dans des emplois dits féminins pour les premières et masculins pour les seconds. Dans tous les cas, au-delà des obligations législatives, des SCOP innovantes entendent participer non seulement au débat mais encore plus à la concrétisation de nouveaux rapports au travail en vue d'harmoniser les relations entre les hommes et les femmes et leurs conditions respectives de travail. Une d'entre elle s'y est attachée depuis trente ans et continue de veiller à ce que la parité perdure à l'intérieur.

« On a une particularité depuis trente ans, on a la parité homme-femme. Il y avait trente ans tout le monde rigolait, et on peut dire qu'à 90 % on a tenu aussi bien dans la structure coopérative que du côté des indépendant-e-s. On a

fait en sorte qu'à compétence égale il y ait la parité par rapport au salaire. La parité homme-femme donne cette notion de temps ; la création c'est un enfantement à chaque fois et dans la nature création : moitié homme/moitié femme. Chacun a sa part de féminité et de masculinité. Pour schématiser, la création est plus masculine, c'est la pulsion, l'éjaculation physique. En revanche, c'est beaucoup plus porté par les femmes. Elles vont au bout du projet, au bout de la mise en forme, de l'enfantement, jusqu'à l'accouchement du projet. Ça se vit en interne comme ça. Cette notion de rapport au temps elle est donnée par les femmes. Il y a neuf mois à attendre, donc par habitude on a appris que pour faire les choses il n'y a pas deux mois ; nous, on vit de cette manière-là. » (L)

En effet, la parité ne doit pas être vécue comme une nouvelle législation subie, mais posée comme un moyen d'ouvrir la culture partagée à l'intérieur et à l'extérieur de la SCOP.

Parce que la parité questionne les individus et les relations entre les individus, parce qu'elle questionne les comportements individuels et collectifs et la question du pouvoir partagé, parce qu'elle interroge les projets de société et du devenir de l'Humanité, la parité se révèle une indispensable question coopérative, initiée par nos consœurs du XIXe siècle qui revendiquaient et prenaient leurs places dans les ateliers et les instances décisionnelles.

Si la crise actuelle voudrait occulter la question de la parité et la réalité de l'emploi des femmes, les SCOP auront du mal à évincer cette question en tant qu'héritières d'une culture partagée.

Pour aider les entreprises de moins de 50 salarié-e-s qui emploient plus de 8 millions de salarié-e-s à faire leur diagnostic sur l'égalité professionnelle et salariale, une convention a été généralisée en 2010 entre le Service des Droits des Femmes et de l'Égalité (SDFE) et la CNAV à l'aide d'un tableau « sexué », avec les données renseignées pour les Déclarations Automatisées des Données Sociales (DADS).

Il n'existe pas de conventions particulières entre le mouvement national et le SDFE, ni avec d'autres structures travaillant sur la question. Selon les sources d'une SCOP en Bretagne habilitée à travailler sur l'égalité professionnelle et la labellisation, il n'y a à ce jour, aucune demande formalisée de la part de SCOP ni de la CG SCOP pour mener un travail de labellisation, qui toutefois est récent.

« *Le label égalité* » n'a pas été évoqué durant les entretiens, mais la parité et la mixité dans l'entreprise ont été abordées par certaines, comme exposé ci-dessus dans le paragraphe intitulé « La parité coopérative ». Elles semblent effectives dans les SCOP qui affichent un ratio quasi identique sur l'échelle hiérarchique.

« Le fait qu'un dirigeant de SCOP sur cinq soit une femme est d'autant plus significatif qu'en SCOP seul un salarié sur quatre est une femme, contre près d'un salarié sur deux en moyenne en France.

En clair, la présence des femmes en SCOP est quasi identique en haut et en bas de l'échelle, illustrant ainsi qu'il n'y a pas de frein en SCOP à l'ascension des femmes aux postes de dirigeantes, contrairement au reste des entreprises. En revanche, elles restent sous-représentées dans les instances élues du mouvement SCOP. » (*Participer*, 2006).

Si le plafond de verre n'a pas été constaté en SCOP, des questions restent encore en suspens, au grand dam de certains et certaines militant-e-s pour des rapports équitables en tous genres depuis quelques décennies au sein du mouvement. Comme nous l'avons évoqué en début de paragraphe, l'appel de 1994 lancé pour générer des changements de mentalité demeure donc toujours d'actualité.

Même si sur le terrain un paradoxe a été identifié et si de nouvelles solutions pour réduire cet écart ont été trouvées, ces expérimentations gagneraient à être partagées pour offrir une garantie à ceux et celles qui travaillent en SCOP et aux futur-e-s salarié-e-s et résoudraient peut-être la question des élues.

Que se passe-t-il dans les instances politiques pour que nous constations encore en 2014 une présence minoritaire des femmes ? Quelles pratiques dans les organisations ?

Une étude et une déconstruction de la responsabilité et du rapport au pouvoir centralisé pourraient faire, selon nous, l'objet d'un travail de recherche, éclairé par des clés de lectures plurielles, dont celle d'une lecture genrée du pouvoir coopératif et répondraient peut-être aux questions du jour.

CONCLUSION

De par les conditions établies par la Gouvernance Coopérative, le Management Coopératif incite les femmes et les hommes au sein des SCOP à fournir des efforts pour résoudre les tensions identifiées et les paradoxes observés que sont les rapports à l'argent, au pouvoir au genre et au savoir. Le Management Coopératif donne vie à une Gouvernance Coopérative qui ne saurait exister sans son apport et cherche à établir une démocratie coopérative en SCOP.

Nonobstant, le Management d'associé-e-s par un-e associé-e élu-e présente une situation complexe, car il engendre des relations transversales qui déstabilisent à la fois les relations hiérarchiques d'un management traditionnel et les personnes. Des incompréhensions peuvent s'amplifier si des relations ambivalentes de trop grande proximité, dites relations affectives, s'établissent entre les personnes sans analyse.

Dans le but de revisiter les pratiques et contribuer à l'amélioration des conditions de travail et de l'exercice d'associé-e en SCOP, nous avons élaboré un guide de bonnes pratiques de Management Coopératif à partir de la clinique des SCOP. Ce guide se propose comme une aide à un pilotage plus coopératif et respectueux des individus, adapté aux SCOP avec des items aussi variés qu'une culture d'entreprise coopérative, une rémunération équitable non genrée, une formation coopérative émancipatrice, un licenciement pondéré, un Développement de la Personne et une Évolution de ses Compétences, une transmission programmée, un leadership partagé.

Pour concilier formation technique et coopérative, formation individuelle et collective, une philosophie de la Formation Tout au Long de la vie s'incarne dans les SCOP, entreprise apprenante. La SCOP est certes un lieu d'apprentissage technique, mais aussi un espace d'expérience intergénérationnelle de formation pour « *vivre et travailler autrement* » (B. Barras, M. Bourgeois, E. Bourguinat et M. Lulek, 2002). Aussi, il nous importe d'informer des risques encourus lors de reprises en SCOP par les salarié-e-s. Le projet de sauvetage des emplois ne pourrait suffire à garantir une démocratie coopérative. Un plan de formation coopérative devrait être intégré et priorisé dans toute proposition de rachat. En effet le changement de statut entraîne de nouvelles responsabilités individuelles et collectives qui réclament un accompagnement. L'absence d'un plan de formation pourrait, selon nous, non seulement faire péricliter le projet et le vider de la substance coopérative, mais pourrait également provoquer de nouvelles situations de risques psychosociaux : angoisses, stress, peurs liées à l'engagement humain et financier, à l'ignorance, et au deuil de l'ancien statut. Le fait constaté que certaines personnes préféreront être salariées et dirigées, que d'être associé-e-s et salarié-e-s et responsables d'un projet collectif ne peut être occulté.

Quant à la manière de réguler la question du pouvoir, nous convenons d'un besoin de recrutement de personnes autonomes et responsables à tous les postes, accompagnées par un guide avisé et engagé pour assurer la triple obligation politique, sociale et économique avec cette part de folie créative nécessaire. Femme ou homme de réseau, sur un territoire allant du local au global, conscient-e de son engagement politique, profondément visionnaire pour assister une maïeutique collective dans un environnement en profonde mutation. Cependant la parité n'est pas acquise dans le mouvement et dans les SCOP ; les faits attestent d'un besoin de changement culturel dans les organisations coopératives françaises.

Enfin, nous entendons la différence affichée et revendiquée des SCOP « *une personne égale une voix* » comme un fondement qui ne se résout pas à une simple équation mathématique, ni à un référencement de règles de fonctionnement limité à la gouvernance coopérative. Nous pouvons dire, à partir de notre recherche sur le terrain, que ce postulat détermine le Management Coopératif, car ce sont les femmes et les hommes qui font la différence dans chaque SCOP avec leurs histoires personnelles, leurs valeurs, leurs sens de l'engagement pour l'Humanité, leurs choix politiques, leurs cultures. Si nous avons constaté des différences ou quelques accointances entre les SCOP de notre échantillon, nous avons repéré suffisamment d'éléments de contingence déterminants pour les présenter ultérieurement.

PARTIE III : VERS UN DÉVELOPPEMENT SOUTENABLE COOPÉRATIF ?

INTRODUCTION

Comme les SCOP ne sauraient faire référence au concept de stratégie, empreint d'une idéologie militaire guerrière discriminatoire et typiquement masculine (F. Le Roy, 2010) nous parlerons donc de Développement Coopératif pour signifier les axes et les pratiques de développement de l'entreprise SCOP.

Dans ce cadre, les SCOP engagées dans un projet d'économie politique locale, entreprennent des actions de mutualisation, de partenariat et de coopération en vue d'assurer non seulement leur pérennité et celle de la vie économique locale, mais aussi de participer à un projet politique local et global. Des relations de proximité engagent un certain nombre d'entre elles à se positionner sur de nouveaux marchés, à modifier leurs techniques de production dans le but de satisfaire les nouvelles préoccupations environnementales des populations locales, dont elles font partie, à établir de nouvelles coopérations pour être en cohérence avec leur projet politique original. De par leur développement, certaines SCOP instaurent des relations internationales. De nouvelles pratiques corroborent de nouveaux projets politiques et sociaux. De nouvelles relations humaines s'établissent ici et là.

Dans un premier temps nous porterons notre attention sur la déclinaison du Développement Soutenable en SCOP. Ensuite, nous présenterons les leviers et les freins du développement du projet des SCOP apparus sur le terrain de notre recherche. Puis nous dresserons un état des facteurs de contingences du projet de développement coopératif à partir de notre analyse du terrain.

Pour finir nous proposerons un idéal type de Management Coopératif et de Développement Coopératif Soutenable, construits à l'issue de notre recherche au croisement du terrain et de la littérature.

I. UN DÉVELOPPEMENT SOUTENABLE COOPÉRATIF

1. DES NOUVELLES PRATIQUES POUR DE NOUVEAUX BESOINS

Face aux mutations de la société, les SCOP sont amenées, comme toutes les organisations, à des questionnements et des changements profonds de production mais également de management et de gouvernance. Leurs projets de développement tendent à s'accorder aux demandes des clients et des consommateurs dans un contexte de concurrence démultipliée. Ainsi, nous avons focalisé notre attention lors de notre étude de terrain sur des positionnements « stratégiques » économiques, politiques et sociaux (le positionnement environnemental étant intégré dans le projet politique) ayant trait à la question du *Développement Durable*. C'est pourquoi, nous allons dans la partie suivante porter notre attention sur des pratiques de Développement de SCOP TPE PME dans un contexte de Développement dit Durable qui envisage de réconcilier la personne et l'organisation avec la nature, dans un intérêt général pour les générations actuelles et futures et ce, sous toutes les latitudes de la biosphère, selon la déclaration historique à propos du Développement Durable :

« *Un développement qui permet de répondre aux besoins de la génération présente sans compromettre la capacité des générations futures de répondre aux leurs, notamment les plus démunis.* » (Rapport Brundtland, 1987, ONU).

Pour notre part, nous préférons le concept de *Développement Soutenable*, pour des raisons partagées avec Olivier Dubigeon (2009), à savoir :
- une fidélité à la pensée de G. H. Bruntland qui recommande de traduire « sustainable development » par développement soutenable et non par développement durable ;
- un oxymore, puisque la durabilité du développement durable moderne épuise en fait les ressources fossiles pour une population planétaire exponentielle au risque de tarir complètement ces ressources ; de fait, le développement actuel ne peut être qualifié de *durable ;*
- une usurpation sémantique du terme *durable* utilisé à tout va par des organisations qui se déclarent durables en raison ou du tri sélectif de leurs déchets ou de la poursuite de leur objectif de pérennité ; ce dernier argument guette les SCOP.

Le Développement Soutenable implique le questionnement d'un développement qui soit acceptable, réalisable et soutenu par les acteur-trice-s qui s'engagent dans un partenariat, dans des rencontres interculturelles et qui installent ce maillage ancré sur le territoire de proximité. *Le Développement*

Soutenable engage la responsabilité des personnes qui l'admettent comme un Développement vivant, évolutif et non figé pour elles-mêmes et pour la société.

Le Développement Soutenable concerne à la fois le développement social pour l'individu, le développement sociétal pour l'ensemble des populations, le développement économique, le développement environnemental et la gouvernance, selon la norme ISO 26000.

Le concept de Développement Soutenable nous semble en correspondance avec le Développement Coopératif en vigueur dans les SCOP et rendu possible grâce à l'adhésion des sociétaires, associé-e-s salarié-e-s majoritaires, qui le fabriquent pas à pas.

« *On est sur un développement organique qui tient compte de l'environnement interne et extérieur par rapport à notre métier, au départ local puis partout dans le monde.* » (L)

Le caractère non opéable et non délocalisable des SCOP crée un environnement sécurisant. Envisagé à long terme en interne et en externe, il favorise un cadre de Développement Soutenable au sein des SCOP.

La propriété collective étant intemporelle et les réserves impartageables, la transmission a vocation à s'y réaliser de génération en génération.

La qualification de *développeuse de projets d'intérêt général* confère à la SCOP des devoirs vis-à-vis de la société, actuelle et à venir, car il s'agit d'aller bien au-delà de « *diriger une entreprise comme tout le monde pour qu'elle réussisse, on doit le faire dans le respect des valeurs solidaires qui sont parfois très contraignantes... C'est plus qu'une entreprise classique.* » (Gérante de SCOP, avril 2006).

Comme nous l'avons expliqué précédemment, en réalité, pour pouvoir analyser un projet de développement, des clés de lectures spécifiques techniques s'avèrent indispensables pour les personnes : des connaissances précises sont requises quant à la technicité propre au produit, mais aussi à propos du contexte environnemental, du contexte concurrentiel et des enjeux financiers.

D'où, la mobilisation primordiale du Management Coopératif pour apporter une information et/ou une formation, indispensable (s) à cette prise de responsabilité dans une organisation à la Gouvernance Coopérative, à l'instar du concept de Développement soutenable qui réinterroge le projet politique, le projet économique et le projet social.

2. Des relations structurelles entre Gouvernance, Management et Développement Coopératifs

Nous avons répertorié dans la littérature coopérative, plusieurs éléments de définitions du management coopératif qui complètent la nôtre et confirment les liens existants entre Gouvernance, Management et Développement coopératifs que nous avons reconnus sur le terrain.

La première définition présente la responsabilité des personnes dans une organisation démocratique :

« *Les coopératives sont des organisations démocratiques dirigées par leurs membres qui participent activement à l'établissement des politiques et à la prise de décisions. Les hommes et les femmes élus comme représentants des membres sont responsables devant eux.* » (Déclaration sur l'identité coopérative, 2e principe).

La deuxième définition insiste sur l'entrepreneuriat solidaire lié à l'engagement individuel :

« *Le management coopératif, c'est le souhait de faire de l'activité productrice une manière d'entreprendre de manière solidaire, en favorisant la responsabilité et le développement de chacun.* » (H. Gouil, *op. cit.*).

La troisième reconnaît la personne comme principal acteur avec une double qualité de professionnel et de citoyen et engage à :

« *Considérer la personne comme l'élément prioritaire à prendre en considération dans l'entreprise et dans la société : dans une société où le capital est prééminent, nous voulons redonner à l'Homme la première place, faire de son énergie et de son intelligence le moteur du monde.* » (J. C. Detilleux, 2007).

Du terrain émergent des pratiques qui identifient le Management Coopératif comme l'élément dynamisant de la Gouvernance Coopérative et du Développement Coopératif. Nous allons identifier ces interrelations à travers le prisme d'un nouveau modèle d'analyse « *des relations entre la Gouvernance Coopérative le Management Coopératif et le Développement Coopératif* » (cf. page suivante), représenté par un triangle inversé.

Le Management Coopératif ainsi positionné à la base symbolise une énergie humaine qui alimente la Gouvernance Coopérative et le Développement Coopératif. Le Management Coopératif est ainsi identifié comme l'élément dynamisant de la Gouvernance Coopérative (symbolisée ici par un carré représentant le cadre établi) et du Développement Coopératif (symbolisé par un cercle figurant le mouvement), ainsi qu'en attestent les pratiques suivantes des SCOP TPE PME de notre échantillon.

SCHÉMA N° 11 :
LES RELATIONS GOUVERNANCE COOPÉRATIVE-
MANAGEMENT COOPÉRATIF-DÉVELOPPEMENT COOPÉRATIF

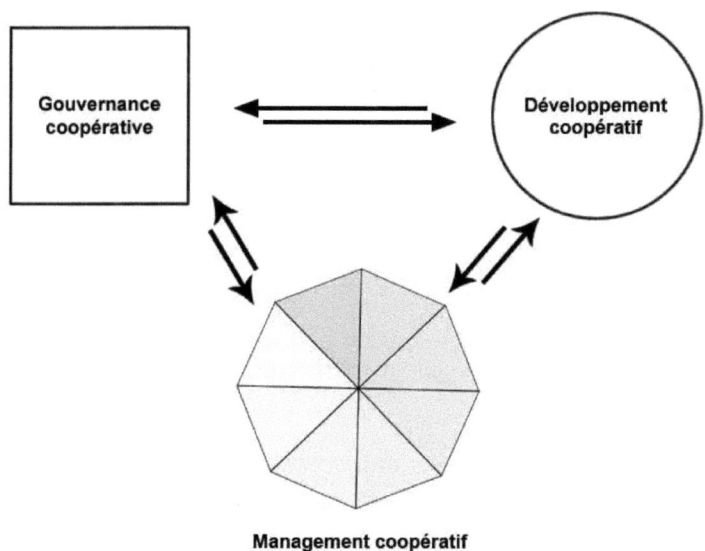

Source : l'auteure, 2011.

3. Un Développement Soutenable pour les personnes et les structures

« *La stratégie est liée au mouvement, à la vie, elle exige de changer sur des questions organisationnelles.* » (B)

De fait, les modes de production écologique posent des questions fondamentales de développement aux SCOP TPE et PME qui les obligent à revisiter leur projet politique d'entreprise coopérative et leur Management.

En effet, penser au mode de production écologique ouvre le débat sur le positionnement économique et le développement de l'entreprise par rapport au marché et, par-delà sur l'intégration de la personne et de l'organisation dans un ensemble plus vaste écologique.

Le Développement Coopératif adopte une « *stratégie coopérative du pas à pas* » approche pragmatique et collective, qui peut certes ralentir les dirigeant-e-s, mais demeure une sécurité de cohésion collective par la suite et légitime le projet (cf. « Un profil de gestionnaire coopératif recherché »). Il se différencie du modèle de « *strategy as practice* » (D. Golsorkhi, 2006) par la mobilisation collective recherchée et nécessaire au sein d'une gouvernance coopérative.

En effet, le projet de développement, présenté et validé en Assemblée Générale, est ensuite porté par tous et toutes afin « *que tout le monde se sente concerné quels que soient les thèmes abordés pour une transparence totale.* » (M)

Pour réussir l'exercice validé par l'Assemblée Générale et pour concrétiser un Développement Coopératif ensemble, une énergie collective s'impose. Ici, le lien entre Développement et Gouvernance s'immisce dans le lien Développement et Management Coopératif.

Pour exemple, si la qualité de la production est aujourd'hui évaluée à l'aune de la qualité des produits utilisés pour la fabrication dans un souci de respect environnemental :

« *Comment continuer avec qualité la production, en tant que professionnel de référence, sans être obligé d'aller là où on ne veut pas aller, avec des modes de productions écologiques ?* » (H)

Les critères d'évaluation de la qualité du produit fini dépassent les limites de l'apparence et la finalité de la simple production. L'intention est déterminante et recherchée pour comprendre et pallier les fausses apparences de l'objet. Une traçabilité des composantes du produit vendu, qui prend en compte la gestion de l'environnement au sens large du terme, est exigée.

Ainsi, une imprimerie, qui a fait le choix d'un nouveau fonctionnement pour répondre aux évolutions du secteur dans les années 1980 vers la PAO et l'informatique pour perdurer, veille à présent à la certification des encres végétales et des papiers certifiés PEFC ou papiers recyclés en concordance avec son plan « stratégique » d'obtention du label Imprim'vert en 2008.

Les débats autour des conditions de certification s'élargiront sur la gestion des forêts, la récupération et la transformation des papiers, la pollution occasionnée par la transformation, la fabrication de la pâte à papier, la limite de la consommation de l'eau, les pollutions résultantes des transports, des types d'emballages choisis, des différents coûts occasionnés selon le choix réalisé : un enjeu politique. Et lorsqu'elle décide l'achat d'une nouvelle Presse 4 couleurs, c'est aussi pour se repositionner dans un secteur sinistré dans les trois entreprises de tête : un enjeu économique. Cet investissement lourd a occasionné un engagement financier collectif et individuel : un enjeu de management coopératif. « *Tous les associé-e-s convaincu-e-s du projet de la Stratégie ont abandonné le treizième mois pour consolider le projet.* » (N)

Au-delà des décisions « *stratégiques* » pour assurer la pérennité de la SCOP et donc de leurs propres emplois, les personnes en présence ont assuré leurs doubles rôles d'associé-es et de salarié-e-s. Ces décisions assurées collectivement redistribuent les cartes au sein de l'organisation des ateliers d'une même coopérative.

Elles mettent en exergue le lien entre Développement et Management Coopératif. De ce choix découlent de nouvelles orientations de Management : « *compte tenu du nouveau matériel, il y a eu une évolution de poste* » (N). Les acteurs et actrices de terrain convié-e-s à la prise de décision en assument les conséquences en tant qu'individus et en tant que collectif.

Le Développement Coopératif de la SCOP, réalisé avec des personnes salarié-e-s et des machines nécessaires au fonctionnement, se trouve alors en correspondance avec les impératifs de la conservation et de la protection d'un environnement naturel : enjeu environnemental dans l'intérêt général sociétal de protection des populations et de la nature.

Ce Développement rassemble le Management Coopératif et la Gouvernance Coopérative autour d'un projet de Développement Coopératif Soutenable par les personnes, pour les personnes, et par la structure aidée par le mouvement pour le financement et par la fédération pour l'analyse du secteur et de la SCOP en question.

La recherche de cohérence entre le produit proposé, qui promeut un respect de la nature, et les ingrédients nécessaires à sa réalisation constituent un élément de base du projet.

Il nous semble difficile de faire l'impasse sur ce débat au sein d'une SCOP.

La responsabilité est engagée moralement, individuellement et collectivement, au-delà de la durée de sa propre vie professionnelle. Certes la frontière entre le privé (interne) et le public (externe) est ténue pour les salarié-e-s citoyen-ne-s concerné-e-s par l'avenir de la planète et de la qualité de l'héritage offert aux générations futures, tout comme l'entreprise qui appartient à la fois au domaine public et au domaine privé. C'est en tout cas une opportunité de se questionner en permanence individuellement et collectivement pour les associé-e-s salarié-e-s. La capacité de la SCOP à répondre aux demandes du public et en même temps de maintenir une cohérence interne est un enjeu à la fois économique, politique et social, qui participe à une prévention du stress des salarié-e-s.

Dans le sillage tracé par les premières associations ouvrières conscientes de l'importance de la qualité de la santé et du rapport existant entre conditions de travail, de vie et de santé (cf. le familistère de Guise et les communautés de travail), il s'agit dès lors pour la SCOP du XXIe siècle de pourvoir à la qualité des conditions de travail, conjointement à la qualité de la production. Si la SCOP est un corps social constitué de personnes, ces dernières doivent être reconnues avec un corps et un esprit ou un mental qui méritent une attention individuelle et collective. Aujourd'hui, la prévention de la santé installe un lien entre la Gouvernance Coopérative (qui veille à l'intérêt de ses membres et au respect du projet coopératif), le Management Coopératif (qui veille à la protection des salarié-e-s et aux relations humaines) et le Développement Coopératif (qui veille à un Développement Soutenable). C'est pourquoi l'objectif poursuivi est de « *prendre soin des gens avec la mise en place d'un plan de prévention intégré dans les objectifs de sécurité.* » (N)

L'évaluation des risques, menée dans le cadre d'un plan de prévention avec la CRAM, partenaire institutionnel, a permis d'étudier la problématique de sécurité et d'analyser les pratiques. C'est une manière de réinterroger les conditions de travail et de les adapter aux changements. Des formations au secourisme en milieu de travail et à la lutte contre l'incendie s'en sont suivies. (N)

Lorsque de nouvelles machines ou de nouveaux produits exigent des mesures de formation, des études ergonomiques, des adaptations de poste, des séances d'information à la manipulation, ces actions sont programmées dans un plan de Développement et suivies par l'ensemble des salarié-e-s concerné-e-s.

Pour éviter un état de stress lié au statut multi-cartes du sociétaire qui, dans le contexte actuel de mutation profonde peut se voir amplifié, des groupes de travail sont organisés pour essayer d'éclairer les causes de la confusion ressentie par les associé-e-s salarié-e-s (I). Un coaching-management accompagne le nouveau responsable de fabrication (N).

Ici, le Management Coopératif, appelé à contribuer à la bonne santé (physique et mentale du coopérateur-trice) prévoit bien des mesures de prévention en lien avec la Gouvernance Coopérative qui actualise son projet politique et le Développement Coopératif qui affiche, entre autres objectifs, un objectif de santé sociale publique et de protection de l'environnement en coopération avec des réseaux de fournisseurs, des partenaires institutionnels, des acteurs locaux et le réseau coopératif local, régional et fédératif national.

4. Un impérieux développement de réseaux

La SCOP évolue dans un système coopératif ouvert sur des réseaux externes. Le développement de réseaux se conjugue selon plusieurs modes, du mode local au mode international en passant par des réseaux de filière, des réseaux institutionnels régionaux, des réseaux transversaux et une coopération internationale que nous développerons plus loin. Cette volonté inscrite dans le projet politique original de la SCOP contribue au Développement Coopératif de la SCOP et de la société.

Tel est le cas du vécu par la SCOP (I) d'une expérience solidaire de rénovation de vieux hameau (1970) à la transformation en SCOP d'une filature abandonnée (1982) à l'atelier de tricotage et de confection de vêtements en milieu urbain (1986), fidèle au projet de départ qui ambitionne de : « *s'inscrire dans la société et dans un fonctionnement de réseaux, pour participer à l'évolution de la société et créer des emplois sur le territoire.* » (I)

Les rencontres favorisant l'éclosion de projets grâce à l'intelligence collective, un nouveau projet de bâtiment abritant café, librairie, restaurant et salle d'animation procure de nouveaux emplois locaux et permet d'accueillir les groupes de jeunes scolaires, collégien-e-s, lycéen-es-s, étudiant-e-s et universitaires dans le cadre de formation au Développement Durable et à l'Économie Sociale, le tout dans un nouvel espace d'écoconstruction. Ce projet résulte de la mobilisation d'un réseau de producteurs locaux alimentaires pour assurer la restauration.

Les producteurs locaux, engagés dans le projet de développement soutenable, s'assurent de leur propre développement et participent aussi au développement de cette nouvelle SCOP *marrainée* par la SCOP trentenaire et des partenaires. Sans grossir outre mesure, la SCOP initiatrice du projet, en mobilisant des partenaires externes, continue de participer à la création ou au maintien d'emplois locaux, soit un par an depuis sa création.

« *Le centre de gravité réel de la pertinence de développement des SCOP, il n'est pas vers la grosse entreprise. L'enjeu SCOP c'est peut-être d'être la deuxième entreprise de France avec sa performance.* » (I)

Cette politique de réseaux met en évidence les interrelations entre la Gouvernance qui s'organise autour du projet collectif et le Management Coopératif qui accompagne l'éclosion et la réalisation de projets et le recrutement, mais aussi entre le Développement Coopératif qui s'appuie sur de multiples réseaux et le Management Coopératif, qui compose avec de nouvelles donnes et une nouvelle configuration de la Gouvernance Coopérative, en réponse aux évolutions sociétales.

Des clients solidaires et des clients partenaires

Avec le développement du secteur biologique et les échanges équitables des années 1980, de nouveaux questionnements se sont fait jour au sein de structures coopératives autour du Développement Durable et de l'Économie Sociale et Solidaire. Une nouvelle génération de *consom'acteurs* établissait un mode relationnel basé sur la confiance réciproque et l'échange.

Les participations aux salons nationaux et européens du secteur bio et équitable pour vendre les produits locaux ont créé de nouvelles pratiques relationnelles entre les salarié-e-s de la SCOP (I) et la clientèle. Cette dernière hébergeant et aidant « les commerçants » à l'installation et au rangement en fin de salon. Un nouveau réseau « *de personnes qui s'intéressent* » à l'aventure de la coopérative s'était créé, chemin faisant.

Aujourd'hui le groupe informel transformé en « *clients solidaires* » acte le rapprochement entre producteurs et consommateurs. Ces personnes souhaitent « *apporter leur soutien à une entreprise porteuse de sens* ».

Les déplacements et les salons professionnels tels les salons biologiques européens à partir de 1989 se sont avérés être des terrains pour des études de marché vers de nouvelles perspectives commerciales. Ce fut aussi le moment de pratiquer « *l'inter-région qui vient de la base* », c'est-à-dire de partager les expériences et d'échanger sur les pratiques au gré des rencontres d'exposants et de producteurs et de consommateurs (I).

Dans d'autres SCOP, les clients sont qualifiés de « *partenaires* » (B, C et D). Pour satisfaire leurs demandes d'informations sur la conception du produit convoité, « *une réactivité... une conception de la relation client et une adaptabilité au marché client* » (J) leur sont réservées.

Le client accueilli comme un partenaire de la SCOP est reconnu participant au bon fonctionnement et à la pérennité de la SCOP ; il requiert donc l'attention des associé-e-s salarié-e-s à tout instant.

Nombre de SCOP ont adopté ce positionnement de Développement Soutenable avec leurs partenaires-client-e-s car elles ont compris et intégré dans leur politique de développement cette dynamique de fidéliser la relation humaine du marché que celui-ci soit local ou international.

Un développement de coopération internationale

Pour répondre aux nouvelles demandes de produits fabriqués, la SCOP doit de temps à autre rechercher à l'extérieur du territoire local des partenaires de fabrication (A, B, I, L). De la sorte, les recherches de la SCOP (I) l'ont emmenée à rencontrer une organisation internationale non coopérative SEKEM, translittération d'un hiéroglyphe signifiant « vitalité », première société en Égypte à développer et propager les méthodes biodynamiques agricoles. Cette Holding Company regroupe six sociétés productives de maraîchage, culture de coton, agroalimentaire, industrie textile et produits pharmaceutiques et « an Egyptian society for cultural development ». Cette dernière fonctionne grâce aux bénéfices de la Holding Company (entre 15 à 20 % des bénéfices).

Cette organisation participe au développement territorial des personnes. En effet, implantée en Égypte au sud du Caire depuis 1977, elle a créé des emplois durables (2 000 emplois), 800 fermes en Égypte et au Soudan pour la population locale à partir d'une oasis. Outre le développement d'emplois, l'entreprise a pris en compte les besoins de la population dans le respect de la nature. Des jardins potagers biologiques nourrissent les populations internes à la structure et créent un revenu. Les plantes médicinales cultivées sur place sont transformées par le laboratoire en produits médicinaux homéopathiques et utilisés au sein de l'hôpital construit pour pouvoir soigner sur place les personnes qui travaillent en interne et celles qui vivent aux alentours. Ils sont également vendus sur place en Égypte (50 %) et à l'international. Une école pour les enfants des travailleurs-euses enseigne selon la pédagogie Steiner. Les enfants handicapés sont intégrés au groupe d'enfants et poursuivent le cursus à leur rythme. Un centre de formation professionnelle a été créé. Toutes ces structures ont pu être construites grâce aux bénéfices après le prélèvement des pensions de vieillesse pour les salarié-e-s.

« *Nous essayons chez SEKEM de construire une communauté où des individus de différentes nations et cultures travaillent ensemble dans le but d'apprendre, de nourrir et d'aimer le monde des idées et des idéaux nobles.* » (Docteur Ibrahim Abouleish, fondateur de SEKEM).

Le partenariat engagé avec cette entreprise respecte à la fois la stratégie de développement et les valeurs portées par la SCOP, qui achète du coton biologique produit équitablement à une entreprise qui gère un projet politique analogue au sien. Les deux structures partagent l'objectif de créer des emplois dans un cadre environnemental vivable et source de développement pour les personnes qui y travaillent. Elles participent toutes les deux sur leurs territoires respectifs à la création de nouvelles solidarités et de réseaux. Leurs conceptions de la mondialisation leur offrent à chacune un développement « maîtrisé », humaniste et politique. Ces entreprises locales bénéficient en premier lieu à la population locale.

Pour la première, son musée et son activité attirent des touristes qui procurent aux locaux (originaires et néoruraux implantés) des activités leur permettant de « vivre au pays » : des client-e-s pour les gîtes, les commerces, les artisans producteurs, les associations, le parc naturel...

Pour la deuxième, les services ouverts à la population locale (hôpital, école, centre de formation, jardins d'enfants...) favorisent le développement des personnes locales. SEKEM a ouvert une université proposant des cursus en arts, sciences et technologie pour répondre aux demandes des jeunes égyptiens. En 2003, la communauté de SEKEM a reçu le prix Nobel Alternatif. Ceci n'empêche pas des débats contradictoires au sein de SEKEM sur les orientations et le type de management en interne.

Les pratiques de réseaux relatées illustrent le lien entre le Développement Coopératif, le Management Coopératif et la Gouvernance Coopérative. Les deux entreprises réagissent en fonction des contextes historiques et locaux qui les entourent. Elles vivent une mondialisation humanisée qui participe à une économie de proximité dans l'intérêt général. Elles s'inscrivent dans un projet politique, actrices de valeurs de coopération et de solidarité ancestrales réactualisées en permanence.

Pour autant, le développement de sous-traitance (B, E et L) avec des entreprises non coopératives à l'international démontre la capacité des SCOP à travailler avec d'autres entreprises certes, mais interroge sur leurs volontés ou capacités ou possibilités à essaimer des filiales coopératives et sur le sens de ce choix. Le développement à l'international suscite de nouvelles interrogations et pratiques de Management Coopératif, par exemple avec la question de la rémunération d'expatrié.

L'adoption d'une stratégie de prudence pour développer la SCOP d'abord en Europe (Italie, Allemagne) puis en Asie (Japon, Corée et Chine) avec des filiales non coopératives de distribution, résulte d'un choix à la fois politique et économique qui n'est pas sans établir de lien avec le Management Coopératif puisque cette décision compromet la politique salariale en cours : « *Séparer les ingénieurs concepteurs des distributeurs. On contrôle mieux le business et ce qu'on veut faire, on a un meilleur retour du marché qu'avec un distributeur. La stratégie de mondialisation est vitale. Plus on est gros, plus c'est sécurisant (...) si on est solide de taille et financièrement, ça sert le business, mais ça ne suffit pas. Mais quel développement ? La Chine c'est l'atelier du monde, alors le développement en Chine est-ce qu'on va le réussir ? Il nous faut trouver un expatrié, un mercenaire, en rupture avec les rémunérations de la SCOP. C'est un risque de troubles internes et de risques financiers. Il y a un accord à trouver entre direction commerciale et stratégie. C'est une décision politique et une décision de business. On ne peut pas vendre ce qu'on n'est pas.* » (B)

Un développement international se conçoit ici dans le cadre du projet politique et du Développement Soutenable accompagné du Management Coopératif qui réinterroge les tenants et les aboutissants du projet coopératif. Ce type de développement requestionne l'identité intime et fondamentale de la SCOP et la qualité du projet. Pour qu'il soit accepté et acceptable par l'ensemble des coopérateur-trice-s, le sens du développement est étudié sous les différents angles politiques, économiques, sociaux et culturels de manière à afficher une cohérence avec le projet global de la SCOP.

Ces expériences de Développement international nous amènent à questionner l'empreinte écologique à la fois sur le monde extérieur et à l'intérieur de la SCOP.

5. UNE TRAÇABILITÉ ÉCOLOGIQUE COOPÉRATIVE

Aujourd'hui, la traçabilité du produit est une donnée intégrée dans la stratégie de SCOP pour assurer et rassurer une clientèle curieuse des origines du produit, mais aussi des conditions de production et des impacts résultants sur l'environnement et sur les personnes. Ces intentions se traduisent par des matérialisations, parfois expérimentales, telles que : une installation écologique de traitement des eaux dans les années 1970, d'une microcentrale avec turbine, des travaux d'écoconstruction pour une réhabilitation, des traitements phytosanitaires pour la SCOP (I) et des certifications et de nouvelles orientations pour les SCOP concernées (A, I, N) selon leur secteur d'activité : éco produit, produit biologique, produit équitable... Les projets écologiques répondent aux nouvelles demandes de la clientèle et se veulent en cohérence avec le projet politique de la SCOP :

« L'écoconception est un choix coopératif. L'enjeu, c'est la perception de la cohérence des choses. Le projet est élaboré par le CA, présenté en AG, en conformité avec le projet d'entreprise solidaire. » (A)

Dès lors, pour transmettre au plus grand nombre cette vision du monde écologique, une SCOP d'édition, secteur qui détient le rôle majeur car c'est le secteur qui porte le plus gros chiffre d'affaires et la plus grosse activité, gère un centre d'écologie pratique depuis les années 1980 en zone de montagne : *« pour que les gens comprennent de quoi on parle quand on dit écologie pratique. Il faut une structure pour faire circuler l'information. On était très proche de la vie quotidienne : manger, habiter, se nourrir, se soigner. On va montrer ce qu'est l'écologie grandeur nature dans un endroit relativement autonome. »* (H)

En raison de l'investissement financier qu'il représente, la question d'une opportunité de conserver ce centre écologique a été posée régulièrement. Au jour où nous écrivons en 2013, le centre existe toujours pour le bonheur de toutes et tous.

Dans une autre zone, de moyenne montagne celle-là, un musée de découverte de l'activité et du produit (I) initie le grand public à une Économie Sociale et Solidaire (I) respectueuse de l'environnement.

Nous pouvons noter également le nouveau positionnement des SCOP sur cette question avec la création de nouveaux produits faisant le lien avec le secteur traditionnel du BTP et l'innovation comme l'habitat nouveau écologique et durable (K) et la domotisation (D).

Toutefois, à l'intérieur de la SCOP, les critères de traçabilité écologique ne se limitent pas aux étiquettes sur les produits utilisés, les produits manufacturés et à la gestion des déchets et des eaux usées, occasionnés par leur réalisation mais s'étendent aux conditions de travail.

Tant il est vrai que l'écologie ne se réduit pas à la préservation de la nature seule mais inclut la présence et l'évolution des individus dans un environnement qui établit un lien de réciprocité entre la personne et la nature comme en témoignent les études de la physique quantique.

Quel que soit le secteur d'activité, la réflexion autour de la pratique de l'écologie en SCOP mériterait d'être menée dans chaque SCOP, à chaque Assemblée générale, compte tenu des engagements citoyens en jeu à l'heure actuelle et des engagements coopératifs partagés vis-à-vis des futures générations.

Elle institue une démarche holistique, proche de la démarche du Développement Soutenable et plus particulièrement de la RSE qui cherche à concilier l'économie, le social et le sociétal (M. Capron, juin 2006). Les trois dimensions macroéconomiques du Développement Soutenable correspondent aux fondements coopératifs et définissent « *une entreprise vertueuse* » gratifiée de :
- la dimension économique/la prospérité,
- la dimension sociale/bien-être,
- la dimension politique/qualité de vie.

La Responsabilité Sociale en Entreprise, quant à elle, se décline selon ces trois dimensions à l'intérieur de l'entreprise, au niveau microéconomique. Au cœur d'un système de marché élargi, cette question de l'écologie interpelle la question de la mutualisation coopérative.

6. Une intercoopération difficile

Dans un contexte de *mutation profonde* (G. Colletis, *op.cit.*) une dynamique de mutualisation apparaît de plus en plus vitale pour nombre de SCOP qui se voient limitées dans leur champ d'activité, compte tenu de leur taille et des exigences du marché.

Le ratio de Michel Famy, directeur de l'UR SCOP PACA : un poste non productif pour quatre postes de production, engage les petites SCOP à se questionner sur leur devenir, même si celui-ci est à considérer avec des bémols compte tenu des éléments de contingences que nous étudierons plus en amont.

Quand il est question de survie, de nouvelles solutions éclosent tels « *des outils de mutualisation, de formation, de passerelles pour les petites SCOP* » (F), sous condition qu'elles soient disposées et accompagnées à cette dynamique.

Pour pouvoir répondre à des demandes de marché plus complexe, des SCOP sont amenées à constituer de nouvelles entités, comme en témoigne l'une d'entre elles : « *le regroupement avec d'autres SCOP sur des métiers transversaux nous permet d'accéder à des marchés de taille différente qu'on ne pourrait pas faire seul aujourd'hui.* » (F)

Si la thèse du regroupement est validée intellectuellement et politiquement, elle éprouve des difficultés à se mettre en marche.

« *Pourquoi à ce jour les SCOP n'arrivent-elles pas à inventer des groupes coopératifs ? Pour une seule raison car on imagine toujours que c'est la mère qui détient les enfants ; donc effectivement, une SCOP ne peut pas être majoritaire dans une autre SCOP. Donc faisons des groupes inversés, comme les banques c'est la SCOP À + B + C qui va définir le holding D. Pour avoir des filiales coopératives, il faut réinventer le réseautage, se regrouper pour conserver son indépendance.* » (P. Lenanker, président CGSCOP, 2010).

Actuellement, la question cruciale de la mutualisation est à l'ordre du jour pour un certain nombre de SCOP, dont certaines devront abandonner les rapports symboliques à une mère toute-puissante et un tant soit peu castratrice, imposés par une civilisation discriminatoire, pour s'ouvrir à des clés de lecture plus universelles.

Les pratiques de réseaux ouvrent de nouveaux horizons et dessinent de possibles futures mutualisations pour les individus libérés de la peur de perdre, comme nous avons pu le relater.

En conclusion, à ce stade, nous pouvons caractériser le Développement Coopératif de Développement Soutenable, s'il s'organise avec des personnes qui remettent au goût du jour ce qui est inscrit depuis toujours dans les statuts, à savoir un projet intergénérationnel (projet insuffisant si unique) dans l'intérêt de ses membres censé être bienveillant à l'égard des populations actuelles et futures, tant d'un point de vue humain que d'un point de vue environnemental, même si, nous en convenons, ce dernier volet sous toutes ces dimensions ne semble pas acquis, voire repéré dans toutes les SCOP.

Le Développement Coopératif Soutenable résulterait d'une articulation harmonieuse entre le management Coopératif, la Gouvernance Coopérative et le Développement Coopératif.

Or, nous avons entendu lors des entretiens des facteurs favorables (*leviers*) et des facteurs obstructifs (*freins*) au Développement des SCOP qui pourraient être en rapport avec l'appropriation du concept de Développement Soutenable.

Aussi, nous procédons à leur étude maintenant afin de mieux éclairer la question des liens existants entre Gouvernance Coopérative, Management Coopératif et Développement Coopératif en SCOP.

II. UN IDÉAL TYPE DE MANAGEMENT

Avant de présenter un modèle de management coopératif, nous avons choisi de relever tous les freins et tous les leviers qui émergent des entretiens menés lors notre travail de recherche, variables d'une SCOP à l'autre, car ils ont le mérite de nous alerter et de nous donner des éléments pour une politique préventive des difficultés et pour une politique de communication intensifiée autour des avantages. Chaque item se réfère en priorité soit à la Gouvernance Coopérative (G), soit au Management Coopératif (M), soit au Développement Coopératif (D). Tous sont à la croisée des trois, comme nous pouvons le constater dans le tableau mais se présentent dans un ordre différent. Nous pouvons même retrouver dans les deux colonnes un même item.

1. Freins et leviers au Développement Coopératif Soutenable

« *L'engagement* » par exemple est identifié à un levier lorsqu'il rassemble des forces individuelles qui se voient démultipliées par l'engagement collectif vers « *une société plus juste* » pour « *une justice sociale* » dans un projet d'économie publique (S. C. Kolm, 1966, J. Rawls, 1971-2003).

À l'opposé, l'engagement effraie et rend impossible la démarche collective, somme de tous les engagements individuels. L'engagement est directement lié à la question de la responsabilité de la personne qui accepte, ou pas, de l'assumer à double titre en tant qu'individu et en tant que membre d'un collectif. Cela suppose de dépasser l'angoisse intérieure liée à la projection dans « *un projet* » (J.-P. Boutinet, 2008) pour « *un développement humain plus démocratique et* plus *hospitalier pour les hommes et les fourmis* » (J.-P. Fitoussi et É. Laurent, 2008).

De ce choix résultent un statut et des partages de *responsabilités* éthiques, politiques, économiques et sociales, gratifiées d'une rémunération globale débattue au rythme des instances démocratiques.
D'où une lenteur attribuée à *la démocratie participative* qui, comme nous l'avons déjà explicité auparavant, n'en demeure pas moins un levier exigeant, certes, mais primordial. Selon sa qualité, *la lenteur* (P. Sansot, 1998), solidifie la démocratie participative.

Quant à *l'argent,* source de développement et de pérennité, il risque aussi d'être source de différends au moment de la répartition des ENG et des départs de la SCOP.

« Ce qui bloque en général en statut SCOP, c'est les réserves impartageables, alors que c'est ce qui nous permet de vivre et de transmettre aux générations futures. » (F)

Pourtant, ce sont bien les engagements financiers collectifs nécessaires, *les réserves impartageables qui* permettent à la SCOP d'exister et de perdurer en période de vache maigre : « *développer des bénéfices qui permettent des embauches et un financement de la formation technique, deux fois et demie le budget légal et pour pérenniser l'entreprise coopérative, car l'idée c'est de durer le plus possible.* » (F)

De plus, « les fonds propres donnent une plus grande stabilité aux entreprises, en tout cas aux plus anciennes, celles qui ont passé le cap des dix, quinze ans ». (P. Lenanker, président de la CG SCOP, 2010).

Malgré ce projet collectif fort, ces *réserves collectives* sont parfois regrettées (et le mot reste faible) lors des départs par d'individus égoïstes qui oublient les bénéfices d'un patrimoine collectif dont ils ont pu jouir. Nous retrouvons ici l'éternelle tension entre « être individualiste » et « être altruiste » qui habite les associé-e-s salarié-e-s et pourrait être régulée par « *un double processus de décentrement* » entre « *l'homme intérieur observateur impartial* » et « *le(s) spectateur(s)* » qui s'identifie(nt) à l'acteur et ce afin de restaurer le lien social entre eux et avec eux-mêmes au sein d'une même organisation. Cela est envisageable si toutefois la personne est en capacité de réaliser cette difficile alchimie telle que la présentait Adam Smith dans *La théorie des sentiments* (1759).

La temporalité de la SCOP, avec cette dimension intergénérationnelle statutaire, est à la fois rassurante et engageante pour une politique holistique écologique dans un quotidien court termiste pour les salarié-e-s. A contrario, elle est un risque de leurre pour un public qui ne prendrait pas en compte tous les éléments de contingence bien réels et l'oxymore du développement durable. Lénifiante, cette temporalité ad vitam aeternam provoque aussi des risques de mirages pour des sociétaires non averti-e-s. Elle comporte pourtant des étapes synonymes de changement, qui enjoignent toutes les parties en présence à évoluer en tant que sujets individuels mais aussi en tant que sujet collectif pour un équilibre coopératif (D. Côté, *op. cit.*), tant il est vrai que les espèces qui survivent ne sont pas les espèces les plus fortes, ni les plus intelligentes mais celles qui s'adaptent le mieux au changement selon *une sympathie naturelle* (Charles Darwin, 1802-1882).

À propos de **la parité**, ou plutôt de l'équilibre des identités féminines et masculines, sans recherche absolue d'un équilibre mathématique sexué, elle mérite une attention permanente au respect des un-e-s et des autres sans aucune discrimination. Au-delà de tous les genres existants, cette attitude permettrait l'accessibilité à tous les postes, y compris aux postes politiques dans le mouvement. Enfin, pour développer une communauté équitable et non égalitaire, « *une équité genrée* » est un élément-clé de la réussite d'une culture coopérative et donc propice au développement (cf. Studies Gender and Development).

Pour éviter les dérives discriminatoires d'une vision moderniste qui se limiterait à l'intégration des femmes et de tous les genres dans un système conçu sans elles et sans eux, la promotion « *d'un agir* » et « *d'un penser autrement* » est à l'ordre du jour, du local au global (M. Hersent, I. Guérin, L. Fraisse, 2011).

Par ailleurs, nous souhaitons rappeler pour éclairer « ***l'environnement sociétal*** », que l'engouement constaté pour les SCOP et l'Économie Sociale et Solidaire de la recherche de sens, associé au développement des SCOP se trouve contrebalancé et fragilisé par le risque d'une montée « *d'un capitalisme autoritaire* », dont le retour orchestré par l'idéalisation d'un modèle chinois à taux de croissance important, les transformations des collectivités publiques et l'incapacité du capitalisme libéral et financier (D. Demoustier, 2010) refrénerait un développement de démocratie en entreprise.

TABLEAU N° 9 :
LES LEVIERS ET LES FREINS

LES LEVIERS	**LES FREINS**
VALEURS COOPÉRATIVES (G, M, D)	PERCEPTION EXTERNE/IMAGE (D, M, G)
ENVIRONNEMENT SOCIÉTAL (G, D, M)	ENVIRONNEMENT SOCIÉTAL (D, G, M)
TRAVAILLER AUTREMENT (M, G, D) AUTONOMIE-INITIATIVES-COOPERATION (G, M)	CULTURES MÉTIERS (M, G, D)
FORMATION (M, G, D)	
ENGAGEMENT COLLECTIF (M, G, D)	ENGAGEMENT INDIVIDUEL (G, M, D)
DÉMOCRATIE PARTICIPATIVE (G, M, D)	LENTEUR DÉMOCRATIE PARTICIPATIVE. (G, D, M)
PARITÉ/ÉQUITÉ GENRÉE (M, G, D)	MACHISME – SEXISME (G, M, D)
RÉSERVES IMPARTAGEABLES (G, M, D)	PRÉLÈVEMENTS STATUTAIRES. (M, G, D) PATRIMOINE COLLECTIF/RETRAITE (G, M, D)
RESPONSABILISATION (M, G, D)	PEUR des RESPONSABILITÉS (M, G, D)
QUALITÉ DES ACTIONNAIRES (G, M, D)	ARGENT (M, D, G)
PARTICIPATION-DIVIDENDES (M, G, D)	DIFFÉRENCE DE STATUTS SALARIÉ-E-S (G, M, D)
RECHERCHE (D, M, G) INNOVATION (D, M, G)	ABSENCE DE RECHERCHE (D, M, G) CONSERVATISME (M, G, D)
OUVERTURE AU MONDE (D, M, G)	ESPRIT CORPORATISTE (D, M, G)
RELATIONS/CLIENTÈLE PARTENARIALES (D, M, G)	

ÉLECTION DE LA GÉRANCE (G, M, D)	JEUX D'ACTEURS-TRICES ET DE POUVOIR (M, G, D)
ORGANISATION TEMPORELLE (G, D, M)	ORGANISATION TEMPORELLE (G, M, D)
HÉDONISME (M, G, D)	AFFECTIVITÉ (M, G, D)
OUTILS FINANCIERS DU MOUVEMENT (D, M, G)	DIMENSION IDÉOLOGIQUE DU MARCHÉ FINANCIER (D, M, G)
UNION RÉGIONALE (G-D-M) MVT COOPERATIF	INCAPACITÉ DU MVT/RH (M-D-G)
RÉSEAUX (D, M, G)	ENTRE-SOI (M, G)
STATUT DIRIGEANT-E SALARIÉ-E (G, M, D)	

Source : l'auteure, 2011.

À présent, nous proposons d'examiner les éléments de contingence du Développement Coopératif Soutenable de manière à rendre compte et optimiser les conditions d'exercice d'un Management Coopératif autour du projet coopératif qui soit le plus réaliste possible et pour réduire les freins et consolider les leviers.

2. LES ÉLÉMENTS DE CONTINGENCE DU DÉVELOPPEMENT COOPÉRATIF SOUTENABLE

Lors de notre étude de terrain auprès de seize SCOP en Rhône-Alpes, au-delà du partage du statut et des fondamentaux coopératifs, nous avons pu relever plusieurs *facteurs de contingence* (H. Mintzberg, 1998). Concept-clé de l'analyse des organisations, selon H. Mintzberg et la sociologie des organisations, la contingence, prend en compte la situation spécifique et évolutive de l'entreprise. Nous avons pu identifier six facteurs de contingence que nous exposons ci-dessous.

La taille de la SCOP

Le nombre de salarié-e-s est un facteur essentiel pour l'exercice d'une démocratie coopérative, car il génère une organisation interne adaptée et multiple les interactions entre individus et collectifs (services-départements). Cela n'est pas forcément plus difficile quand l'entreprise est plus grande, néanmoins certains gérants déclarent : « *au-delà de 12, on ne fonctionne pas* ». Afin de garder les avantages de la petite taille, une réorganisation s'impose. Pour remédier à la difficulté de communication et permettre l'exercice d'une démocratie participative directe, des organisations innovantes sont mises en place. Ainsi, des scopettes, inscrites dans le champ d'activité de SCOP SA, rassemblent une vingtaine de personnes maximum autour d'un projet collectif. La taille de la SCOP sculpte à la fois la Gouvernance, le Management et le Développement.

La genèse de la structure

Qu'elle ait été créée *ex nihilo*, autour d'un projet collectif, suite à une mutation de structure associative, lors d'une transmission ou d'une reprise par les salarié-e-s suite à un dépôt de bilan (où les motivations premières sont en premier lieu de sauver l'emploi), ses origines créent un projet d'entreprise singulier. Sa conception donne un premier sens au cycle de vie de l'entreprise qui restera active dans la mémoire collective, étant entendu qu'« *il y a plusieurs chemins qui mènent aux SCOP et on peut arriver aux SCOP par plusieurs, y compris par projet politique mais pas exclusivement* » (Patrick Lenanker, président CG SCOP, 2010). La genèse de la SCOP impacte la Gouvernance, le Développement et le Management.

Le contexte historique, politique et social

Le contexte historique, politique et social est un facteur de contingence repérable dans le temps. Ainsi nous avons pu constater avec les statistiques, l'augmentation du nombre de SCOP suite à des mouvements sociétaux qui interrogeaient le sens de la vie.

« *La génération de la rupture pour les fondateurs en 1970 qui procédait à l'analyse de la propriété, du rapport propriété/usage* ». Pour éviter les dérives communautaires, sociales, religieuses et politiques et l'étiquetage « *secte* », le projet collectif c'était « *l'engagement provisoire sur projet* » (I). Un engagement à vie n'était pas recherché, mais un engagement réel sur un projet défini était souhaité.

En d'autres temps, les nouvelles générations, nées avec de nouvelles organisations consécutives aux politiques de décentralisation et de déconcentration dans les années 1990, expriment leur désir de « *vivre autrement un nouveau rapport au travail et au temps avec le développement de la société, des loisirs et des 35 heures. La crise actuelle qui questionne le monde consumériste semble favorable aux SCOP qui répondent à un certain nombre de questions.* » (I)

Les raisons du choix de travailler en SCOP divergent selon les personnes, certes, mais peut-être aussi selon les générations. Ainsi, si travailler autrement s'avère un choix de départ pour les 30-35 ans aux appétits différents, comme pour ces 12 % d'étudiants des écoles de commerce à la recherche d'une dimension différente d'équitable et durable, travailler autrement pour des 45-60 ans correspond à une recherche de sens pour ces personnes venues à la coopération après des expériences dans d'autres mondes économiques et sociaux (Forums de l'emploi de l'Économie Sociale et Solidaire). Le contexte historique, politique et social influence le projet de Développement Coopératif, la Gouvernance et le Management Coopératif comme nous pouvons le constater depuis cette *période de mutation profonde* (G. Colletis, 2010). Il nous rappelle que l'environnement sociétal peut être un frein ou un levier de Développement et de recrutement en SCOP.

La culture métier

La culture métier liée au secteur d'activité agit et, parfois même, remet en cause les principes coopératifs fondamentaux. Par exemple, dans le BTP, une forte culture artisanale, diffuse le côté individualiste, « *l'indépendance artisanale du bâtiment* » (K). Tout comme dans les SCOP de services nous notons la présence d'une culture de recherche et de projets, caractérisée par une habitude de travailler seul-e et de gérer le temps de travail selon des projets en dehors d'horaires établis (B-J).

Ces deux exemples traduisent une autonomie et un rapport au travail qui peut sembler antinomique au premier abord avec une culture coopérative. Dès lors, il y aurait une tension entre l'appartenance à l'entreprise et l'appartenance au métier comme référence première d'identité au travail, sauf si la culture d'autonomie et d'indépendance sert l'entrepreuneuriat coopératif. Si la culture métier crée une ambiance de travail qui se répercute sur la Gouvernance, le Développement et le Management, elle est un élément très déterminant qui offre cette diversité de fonctionnement coopératif constaté sur le terrain.

La situation géographique et la culture locale

Comme nous l'avons relaté antérieurement, la situation géographique produit une culture locale. La culture montagnarde est plus repliée sur le territoire qui l'emporte sur l'entreprise.

L'accessibilité, l'enclavement sont des éléments déterminants tant pour le Développement, que pour le Management et la Gouvernance. Une politique d'embauche locale, voire familiale, des salarié-e-s aux activités multiples sur un territoire restreint, compose le Management Coopératif et la Gouvernance de la SCOP.

La volonté d'ouverture souhaitée dans les SCOP concernées ne suffit pas toujours à la réalisation de cet objectif. Fort heureusement, pour libérer la SCOP d'un repli sur soi enfermant, les éléments externes défavorables (comme le coût exorbitant de l'immobilier dans certaines zones de montagne) sont supplantés par l'attrait *du travailler autrement* des candidat-e-s externes.

La culture versus urbaine offrirait plus d'ouverture selon certain-e-s. Y aurait-il moins de rivalité entre les cultures ville et entreprise, au regard de la multiplicité de cultures rencontrées ? Cette hypothèse mériterait d'être vérifiée.

Le profil de la gérante ou du gérant

L'origine et le parcours du gérant-e jouent dans sa capacité à faire vivre la gouvernance et le management coopératif par une définition claire de la mission et des valeurs de la SCOP.

Que la personne soit montagnard-e, héliporté-e parachuté-e ou en cordée, qu'elle ait le sentiment d'être heureuse ou heureux (40 %), content-e (40 %) ou insatisfait-e (20 %), selon une étude UR Rhône-Alpes, l'état intérieur du gérant-e guide l'équipe et construit un mode de management (cf. Un leadership sui generis).

Les successions de la gérance à l'intérieur des SCOP explicitent en partie les changements opérés. Ainsi, l'arrivée d'un nouveau gérant externe à l'entreprise a permis de recruter des salarié-e-s sans aucun lien de subordination avec les ancien-ne-s et de mettre en place une nouvelle culture d'entreprise basée sur l'écoconception selon un nouveau projet coopératif en phase avec la demande sociétale.

Le profil de la gérance est un facteur de contingence déterminant qui agit sur la gouvernance, le management et le développement coopératifs. Lors d'un leadership collectif le facteur de contingence se démultiplie.

En conclusion, les facteurs de contingence énoncés différencient chaque SCOP TPE ou PME ancrée sur un territoire et dans un secteur professionnel dans un espace conjoncturel. Ces facteurs évoluent selon une temporalité propre à chacune, au sein d'une organisation marquée du sceau de sa création et imprégnée d'une culture métier. Quant aux atouts de la gérance, ils se multiplient en fonction de la personne et du nombre de gérant-e-s à partager cette responsabilité.

De toute évidence, le cycle de vie d'une SCOP (comme toute organisation) se déroule en corrélation avec un environnement humain, matériel et naturel en constante métamorphose. D'où la nécessité de repérer et reconsidérer, avec attention et régulièrement, les éléments de contingence qui influent non seulement la Gouvernance Coopérative et le Management Coopératif, mais aussi le Développement de la SCOP.

Le Développement Coopératif Soutenable mérite d'être revisité à travers les prismes des facteurs de contingence qui sont des éléments déterminants à sa compréhension et à son essor. Pour intégrer et utiliser au mieux ces facteurs de contingence, tout en cherchant à résoudre les tensions et les difficultés résultantes de la configuration coopérative et confirmées par le terrain, un Management Coopératif est appelé.

3. Un idéal type de Management Coopératif

C'est à partir de l'analyse des entretiens de gérant-e-s et des analyses de pratiques professionnelles, croisées avec les cadres théoriques mobilisés dans la revue de littérature, et plus particulièrement ceux portant sur les modes de management dit humaniste, que nous proposons un « *idéal type de Management Coopératif* ».

En aucun cas, l'idéal type pour Max Weber représente une réalité de terrain, mais il a la vertu de rassembler les traits caractéristiques des théories étudiées en réponse aux questions du terrain. L'idéal type traduit une façon de représenter la réalité de manière utopique. Pour nous, cet idéal type serait une boussole pour garder le cap sur le projet coopératif.

La réunion de huit références de management engendre une neuvième référence : celle du « *Management Coopératif Soutenable* ». Chaque composante répond à une particularité coopérative qui ne saurait être isolée des autres composantes. Au contraire, chaque partie constitue un membre du corps collectif en devenir qui s'articule avec les autres membres, avec ses particularités adaptées aux besoins des SCOP que nous décrivons dans les paragraphes suivants. L'ordre de présentation des références de management correspond selon nous, aujourd'hui, à une démarche progressive du projet coopératif, même si nous admettons pouvoir en interchanger l'ordre.

Le management polymorphe coopératif

Le management polymorphe rappelle *la complexité* de l'exercice qui commence par une attention portée à la linguistique coopérative, à une culture d'entreprise (composée des fondateur-trice-s, de l'histoire, du métier, des valeurs, des signes et des symboles) et au cycle de vie de l'entreprise. Le management polymorphe recherche un vocabulaire adapté pour nommer et consolider une culture coopérative et accompagner les changements inhérents aux étapes de la vie de la SCOP.

Le management du don coopératif

Le management du don coopératif propose des questions ouvertes à des coopérateur-trice-s en quête de sens. De par sa reconnaissance de la primauté du lien social, le management du don confirme l'engagement de la SCOP dans sa recherche d'établir alliance et confiance mutuelle et de prendre en considération l'engagement des sociétaires à réaliser un projet coopératif qui refuse l'instrumentalisation de la personne au travail. Le management du don s'avère être déterminant pour un management coopératif en interne et pour les échanges au cœur des réseaux.

Le management valoriel coopératif

Le management valoriel coopératif priorise l'autorité du projet politique coopératif et des valeurs coopératives en SCOP. Il se diffuse dans un Système de Communication, une culture, un emploi, une politique de rémunération globale, mais aussi dans la transmission. Il génère un perpétuel auto-questionnement à propos de la réalisation d'un projet coopératif sociétal, défini collectivement dans un intérêt général. Le modèle valoriel insuffle et entretient une éthique coopérative au sein de l'Organisation Coopérative en lien avec le projet politique de la SCOP.

Le management interculturel coopératif

Le management interculturel coopératif quant à lui intervient dans une Organisation Coopérative interculturelle (coopérative, métier, territoriale) et dans une Gouvernance Coopérative qui met en présence des sociétaires aux statuts multiples (associé-e-s salarié-e-s/sociétaires externes). L'identification des cultures existantes à l'intérieur de la SCOP invite à une nouvelle culture de société mixte et androgyne qui gère à la fois les cultures individuelles et les cultures collectives et tente d'équilibrer les cultures en présence dans un lignage coopératif. C'est un élément essentiel pour identifier les tensions repérées par H. Desroche.

Le management par l'apprentissage coopératif

Le management par l'apprentissage coopératif illustre la dynamique d'*entreprise apprenante* en SCOP. Il assiste la formation permanente coopérative et technique pour exercer la Gouvernance Coopérative et favoriser le Développement de la Personne et l'Évolution des Compétences. Il propose des expérimentations formatives en interne tutorées et des recherches-actions pour accompagner le changement de statut et de projets et faire vivre le Développement Coopératif Soutenable.

Le management participatif coopératif

Le management participatif en SCOP aide la parole à circuler dans toutes les instances de la Gouvernance Coopérative et de l'Organisation Coopérative. Il rappelle à chaque sociétaire son double rôle déterminant et remémore la qualité de ses engagements d'un point de vue humain, financier et sociétal. La coopérative répond en premier aux besoins du coopérateur et non à une demande de plus-value financière de l'actionnaire. « *Le management participatif coopératif* » se distingue du simple management participatif par le triple engagement social et économique et politique des personnes.

Le management des contradictions coopératives

Le management des contradictions coopératives attire l'attention sur la complexité humaine et les situations en rapport avec le double statut, voire les multiples statuts rencontrés en SCOP. Il resitue les contradictions dans un environnement économique, politique et social ; il veille aux tensions pulsionnelles de vie et de mort individuelles et collectives. Il accompagne une analyse de situations complexes : un emploi coopératif hybride, un licenciement pondéré, un projet de développement à l'international...

Le management de l'équilibre coopératif

Ce modèle met en valeur *la dualité structurelle* d'entreprise de salarié-e-s et d'association d'associé-e-s avec *un cœur idéologique puissant* qui comprend des valeurs et des finalités. Il favorise une cohésion associative avec des acteur-trice-s en quête de sens et de résultats économiques autour d'enjeux environnementaux macro et micro. Il poursuit le but de gérer les paradoxes inscrits dans les gènes coopératifs et de porter attention aux pratiques démocratiques en contexte concurrentiel.

Du métissage de ces huit modèles résulte « **un idéal type de management coopératif** », représenté sous la forme d'un octogone. Cet idéal type offre la possibilité de huit entrées avec ses huit faces pour des lectures croisées qui produise « *le Management Coopératif* ». Selon le besoin identifié, un élément sera plus aidant qu'un autre : le management polymorphe coopératif (1), le management du don coopératif (2), le management valoriel coopératif (3), le management par l'apprentissage coopératif (5), le management participatif coopératif (6) avec en toile de fond permanente le management des contradictions coopératives (7) et le management de l'équilibre coopératif (8) pour prévenir *les risques d'éclatement* (H. Desroches, *op.cit.*) des personnes et de la structure. Ces composantes du Management Coopératif sont en mesure de répondre aux besoins du SCCCORRET à savoir un Système Coopératif de Communication, de Culture, d'Organisation, de Rémunération, des Représentants syndicaux, d'Emploi et de Transmission selon un premier tableau de correspondance établi ci-dessous (cf. tableau page suivante).

TABLEAU N° 10 : SCCCORRET ET MANAGEMENT COOPÉRATIF

SCCCORRET/Management	Système Comm.	Culture	Org.	Rémunération	Représentants syndicaux	Emploi	Transmission
	1 2 3 4 6	4 3 2 6	1 4 5 6	1 2 4	1 4 6	1 3 4 5	1 2 3 5 6
	7	7	7	7	7	7	7
	8	8	8	8	8	8	8

Source : l'auteure.

Légendes :
1. Le management polymorphe coopératif
2. Le management du don coopératif
3. Le management valoriel coopératif
4. Le management culturel coopératif
5. Le management par l'apprentissage coopératif
6. Le management participatif coopératif
7. Le management des contradictions coopératives
8. Le management de l'équilibre coopératif

In fine, cet idéal type reconnaît la complexité du Management Coopératif (cf. schéma page suivante) et ses variations compte tenu des éléments de contingence en présence.

Il présente l'intérêt de rassembler plusieurs courants d'un management humaniste qui évolue vers *un management holistique*.

Le management holistique prend en considération l'inscription des personnes dans une organisation qui elle-même évolue dans un mouvement, sur un territoire relié au monde.

Et ce d'autant plus, de manière évidente, que les coopérateur-trice-s agissent en tant que citoyens et citoyennes au sein des SCOP en vue de préserver des conditions de travail et de productions soutenables par et pour toutes et tous pour transmettre aux générations futures une organisation qui soit viable à tous points de vue : économique, sociale et politique.

Le management coopératif s'inscrit donc dans une dynamique de management holistique avec la dimension transversale de la protection de l'environnement.

SCHÉMA N° 12 :
UN IDÉAL TYPE DE MANAGEMENT COOPÉRATIF

1. Le management polymorphe coopératif
2. Le management du don coopératif
3. Le management valoriel coopératif
4. Le management culturel coopératif
5. Le management par l'apprentissage coopératif
6. Le management participatif coopératif
7. Le management des contradictions coopératives
8. Le management de l'équilibre coopératif

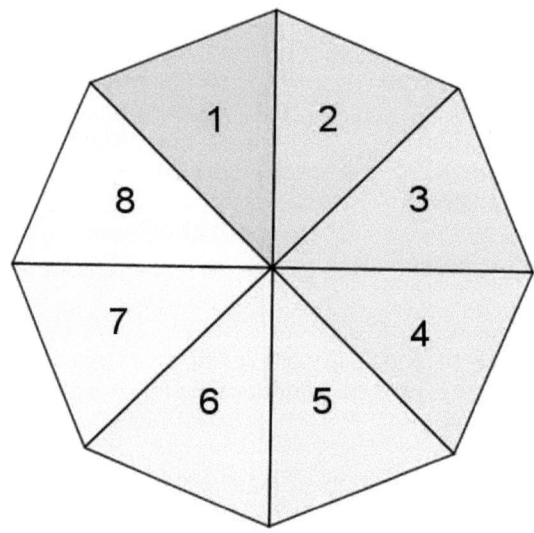

Source : l'auteure, 2011.

Certes, il existe autant de déclinaisons de Management Coopératif que de SCOP, chacune étant constituée de personnes singulières, aux histoires et aux postures variées, et empreinte d'éléments de contingence particuliers.

Néanmoins, cette pluralité d'organisations, à partir des règles juridiques de bases communes qui posent un cadre d'évolution possible, chemine avec un objet commun : *le projet coopératif*, que chacune et chacun tente de réaliser, à sa manière.

Dans le dessein d'accompagner un projet coopératif pour un développement soutenable, il nous semble opportun d'associer la démarche d'« *anthropologie du projet* » (J.-P. Boutinet, *op. cit.*) tout au long de la vie de l'organisation coopérative, pour tenter de comprendre :
- Comment fonctionne le projet ?
- Quels sont les éléments de contingence ?
- De quelle modernité est-il porteur ?

Dans un premier temps, il importe de considérer le projet comme « *une propriété essentielle des êtres vivants* » (J. Monod, 1970), une partie intégrante de la personne conviée à prendre conscience de son existence comme étant « *une existence en relation* » (M. Heidegger). Le projet rappelle aux individus la capacité du devenir de l'être humain en raison de sa liberté. Ainsi, l'associé-e salarié-e qui élabore et/ou participe au développement du projet coopératif se voit reconnu-e et sollicité-e en tant qu'être libre et relié aux autres par ce projet.

Le projet de développement, *réalisation coopérative*, qui nous concerne ici, réunit différent-e-s acteur-trice-s dans une perspective de recherche action permanente avec trois aspects liés les uns aux autres, à savoir : l'aspect technique de réalisation, l'aspect social de valorisation des acteurs et l'aspect économique de la plus-value apportée. À ces trois aspects, nous en annexons un quatrième : l'aspect politique de la dimension environnementale, sociétale.

En effet, la logique du projet coopératif vise à recréer le tissu social, enjeu existentiel, en interne et en externe. Le projet s'inscrit dans un futur qui objective une anticipation et dont la concrétisation sera toujours différente du projet initial car des éléments de contingences variables influent sur le projet et conduisent les acteurs-trices à d'inéluctables réajustements individuels et collectifs.

« *Établir un projet revient donc à tenter de s'arracher sans cesse à tous les "déterminismes" et à toutes les "compulsions de répétition" qui fixent les hommes et les groupes dans des états qu'ils pensent immuables* » (J.-B. Paturet, 2003).

C'est pourquoi, la réussite du projet coopératif dépend, entre autres éléments, des temporalités paradoxales que sont le présent, le futur et le passé, de la manière de penser le projet dans son hétérodoxie liée à la situation initiatrice, aux auteur-e-s et aux acteur-trice-s (J.-P. Boutinet, *op. cit.*) et de l'établissement de « *liens empiriques entre démocratie, développement humain, développement économique et écologie* » (J.-P. Fitoussi et É. Laurent, *op. cit.*).

Le Développement Soutenable du projet coopératif à la rencontre du projet économique, du projet politique et du projet social, pour chaque SCOP et pour le mouvement coopératif, implique une appropriation d'une *nouvelle écologie politique,* composée d'une théorie moderne du développement économique (tributaire de l'environnement naturel, de l'échange international et des institutions) et de *la justice sociale* (*idem* et S. Christophe Kolm) fondée sur un développement de l'économie du don (M. Mauss, 1950) et de l'économie sociale, en tant que science de la répartition de la richesse, de la justice sociale et du rapport des personnes entre elles (L. Walras, 1896).

4. Une pyramide de l'équilibre coopératif réversible

Le management coopératif propose de guider les personnes de tous les genres de l'organisation vers un développement en cohérence avec le projet coopératif, les capacités des salarié-e-s associé-e-s, les possibilités de l'entreprise et les exigences de l'environnement, ce que nous nommons un « *Développement Soutenable Coopératif* ».

Néanmoins, à la base de tout construit coopératif se trouvent des personnes de tous genres qui donnent naissance et vie au projet coopératif, puis à une organisation.

De fait, sans associé-e-s salarié-e-s, point de projet, point de Gouvernance ni de Développement. Aussi, afin de maintenir une vigilance sur les conditions d'exercice professionnel et d'exercice d'associé-e, nous encastrons dans le modèle de Management Coopératif *une pyramide de l'équilibre coopératif* qui nous remémore la place primordiale de l'individu dans un collectif coopératif et propose une dynamique d'autoévaluation, à l'instar de celle promulguée par la pédagogie Freinet.

En référence à la pyramide d'Abraham Maslow (1943) qui préconise six besoins fondamentaux de l'être humain, à savoir : le besoin physiologique, le besoin de sécurité, le besoin de reconnaissance, le besoin d'estime et le besoin de réalisation de soi, nous établissons « *une pyramide de l'équilibre coopératif* » qui répondrait aux six besoins fondamentaux de la personne salarié-e sociétaire en SCOP.
- Au premier degré de la pyramide, celui des besoins physiologiques, correspond « *un salaire pour vivre* » pour chaque associé-e salarié-e, soit le R du SCCCORRET.

- Au deuxième degré des besoins de sécurité, *la pérennité de l'entreprise* en lien avec « *un emploi pérenne* », soit le E du SCCCORRET.
- Au troisième degré de reconnaissance ou d'appartenance sociale, « *le statut d'associé-e* » intègre la personne salariée au groupe coopératif. Il s'agit d'une intronisation coopérative, soit le deuxième C, le O et le T du SCCCORRET.
- Au quatrième degré de l'estime, « *la responsabilité* » de vivre le statut d'associé-e soit le SCC, le O, les deux R et le T, du SCCCORRET.
- Au cinquième degré de la réalisation de soi, « *l'évolution* » ou le Développement de la Personne et de l'Évolution de ses Compétences, soit le E et le SCC du SCCCORRET.
- Au sixième degré de l'accomplissement, « *le projet politique collectif coopératif* », soit le deuxième C, le O et le T du SCCCORRET.

Cette pyramide peut aussi se lire en sens inverse, c'est-à-dire :

Le projet politique collectif coopératif permet :
- *Le Développement de la Personne et l'Évolution de ses Compétences.*
- Pour assumer *la responsabilité coopérative* d'associé-e salarié-e.
- Dans une communauté de personnes qui partagent *un projet politique et économique et social.*
- Pour assurer *la pérennité* de la SCOP et par ricochet la sécurité de chaque membre.
- Qui reçoit en échange *un salaire coopératif* pour vivre.

Ces étapes sont pour nous des repères pour accompagner chaque personne à la recherche d'un équilibre coopératif vital, pour lesquelles des pratiques de management coopératif se révèlent appropriées et nécessaires. En outre, cette *pyramide de l'équilibre coopératif* fournit un outil d'autoévaluation coopératif qui invite la personne concernée seule dans un premier temps, puis avec le collectif et la personne responsable de l'animation du management coopératif, à établir un bilan d'une situation individuelle reliée à un projet politique partagé. Les six étapes rappellent les besoins fondamentaux humains qui méritent d'être inscrits et portés par un management coopératif. La double lecture de la pyramide de l'équilibre coopératif initie un accompagnement en correspondance avec le double statut : si la première proposition s'adresse à la personne qualifiée de salariée, la deuxième proposition quant à elle s'adresse à la personne qualifiée de sociétaire. Aussi pour satisfaire les besoins des deux faces identitaires du coopérateur ou de la coopératrice, une double lecture est-elle conseillée.

Cette pyramide de l'équilibre coopératif, incluse dans le Management Coopératif en tant qu'outil individuel, a pour vocation non seulement de sécuriser les personnes de l'intérieur, mais aussi d'étendre ses bénéfices à l'extérieur de la SCOP grâce aux personnes encouragées à développer des relations pour le projet coopératif collectif au sein de réseaux externes à la SCOP en vue d'un Développement Coopératif Soutenable.

SCHÉMA N° 13 :
LA PYRAMIDE DE L'ÉQUILIBRE COOPÉRATIF

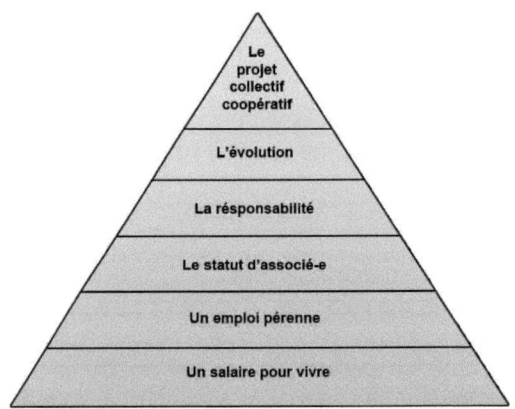

Pyramide de l'emploi coopératif

Source : l'auteure, 2011, d'après la Pyramide des besoins d'Abraham Maslow, 1943.

CONCLUSION

À partir de l'exploration des nouvelles pratiques de Développement Soutenable en réponse à de nouveaux besoins sociétaux, nous avons défini « *un développement soutenable coopératif* ».

Nous avons commencé par affirmer notre choix dévolu à l'appellation Développement Soutenable eu égard à la signification du substantif et à la cohérence avec le projet coopératif, tant il est vrai que ce dernier déborde la frontière locale et temporelle immédiate et s'adresse non seulement à l'organisation, au territoire, mais bien plus encore aux personnes d'ici et d'ailleurs.

Ces expériences de Développement Soutenable Coopératif s'exercent à travers le développement de réseaux, les clients solidaires pour les unes, les clients partenaires pour les autres, les coopérations internationales, la traçabilité écologique et les mutualisations coopératives.

La qualification de Développement Soutenable appelle la vaste question de l'environnement avec ses questions annexes du positionnement sur le territoire local ou sur l'échiquier mondial, des relations humaines en interne et avec les sous-traitants, des filiales, et des conséquences écologiques du Développement de la SCOP.

La plupart des freins et des leviers constatés relatifs à la Gouvernance, au Management ou au Développement se retrouvent dans chaque catégorie de manière paradoxale, mais néanmoins résolvable. Nous avons pu constater des déclinaisons variables du Développement Soutenable en fonction des facteurs de contingence que sont la taille, la genèse, le contexte socio-historique et politique, les cultures, le territoire et le profil de la gérance.

Aussi pour résoudre les paradoxes et les tensions in petto, nous recommandons une démarche d'anthropologie du projet coopératif originel pour tenter d'en comprendre le fonctionnement, les éléments de contingences variables et sa modernité.

Cette démarche relie quatre aspects liés entre eux qui sont l'aspect technique de réalisation, l'aspect social de valorisation des acteurs, l'aspect économique de la plus-value apportée et l'aspect politique de la dimension environnementale.

La logique du projet coopératif, consignée dans les gènes de la SCOP, vise à créer, voire à recréer le tissu social, enjeu existentiel, porté par la personne et le groupe, en interne et en externe dans une démarche globale, du microcosme au macrocosme ou de la SCOP au village monde d'aujourd'hui.

Enfin, nous avons élaboré un idéal type de management coopératif composé de sept références du « *courant humaniste* » et d'une huitième du « *courant coopératif* ».

Le lien mis en évidence entre ces concepts théoriques a établi le lien social entre les personnes qui réfléchissent, choisissent, valident, agissent et évaluent le projet coopératif. Cet idéal type fertile génère un idéal type de Développement Coopératif Soutenable au sein duquel s'encastre une pyramide de l'équilibre coopératif pour l'individu (cf. schéma ci-dessous).

La figure géométrique retenue (en l'occurrence l'octogone) pour figurer le management coopératif, entend illustrer une culture coopérative native d'une interculturalité, non genrée et collective.

Il démontre le lien indubitable entre les pratiques des trois concepts au sein des SCOP. Ils inscrivent les pratiques des SCOP dans une culture coopérative et dans un champ linguistique coopératif.

SCHÉMA N° 14 :
UN DÉVELOPPEMENT COOPÉRATIF SOUTENABLE

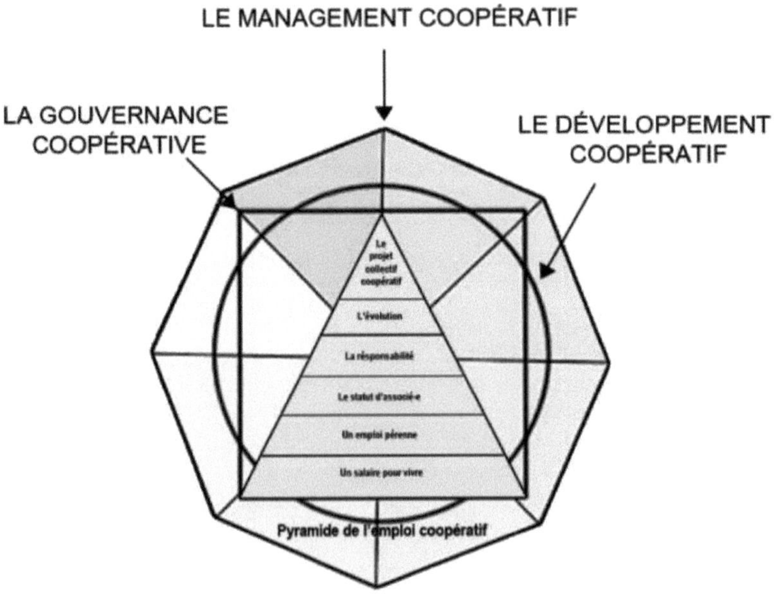

Source : l'auteure, 2011.

Cette partie, consacrée aux pratiques du terrain, nous révèle les us et les coutumes des coopératrices et coopérateurs de SCOP dans un contexte de *mutation profonde* en cours (G. Colletis, 2010).

L'analyse des discours des personnes rencontrées atteste d'une interdépendance entre Gouvernance Coopérative, Management Coopératif et Développement Coopératif autour du projet coopératif, qui fait sens et instaure un lien social entre des personnes initiatrices et porteuses de ce projet. Il nous a été donné à entendre le besoin d'un Management Coopératif multiparadigmatique pour réguler les paradoxes liés au double statut soit au pouvoir, à la clé de répartition des excédents nets de gestion et à la propriété collective, soit à l'argent, et aux inter-culturalités, soit entre autres cultures au sexe, auquel nous préférons le terme de genre pour des raisons politiques.

Ce travail a produit un SCCCORRET, « *un guide de bonnes pratiques de Management Coopératif* », en vue de satisfaire les intérêts premiers des associé-e-s salarié-e-s d'une organisation autogérée dans le cadre d'un Développement Coopératif Soutenable. Pour rompre la solitude du responsable et limiter les risques de dérives d'un pouvoir individuel, un leadership collectif est appelé dans un rôle de leader oriental, c'est-à-dire de guide et d'animateur du projet coopératif.

Quant à la règle de principe coopératif « une personne égale une voix », elle se conjugue au quotidien avec le double statut dans une coconstruction du projet de développement, dans son questionnement et sa réalisation. Les différences observées sur le terrain résultent de l'état des freins et des leviers et des éléments de contingence propres à chaque SCOP.

Pour clore cette partie, un idéal type de *Management Coopératif* composé de théories affiliées d'une part au courant humaniste du management et d'autre part au courant coopératif symbolise une identité coopérative novatrice et généreuse puisque cet idéal type en engendre un deuxième de *Développement Soutenable Coopératif*. Cet idéal type de management Coopératif s'associe à *un courant holistique* de *Développement Soutenable* pour prendre en considération tous les tenants et aboutissants d'un management de personnes évoluant individuellement et collectivement autour d'un projet coopératif.

Au final, cette partie a donné la parole aux acteur-trice-s de terrain qui, par leurs réponses mêlées aux théories étudiées dans la littérature, fabriquent une nouvelle théorie coopérative, dans une dynamique de « *fabrique coopérative de développement soutenable* ». Nous reconnaissons bien évidemment la complexité de vouloir unifier des pratiques de Management Coopératif alors qu'elles sont disparates. Bien que nous respections la diversité et n'entendions aucunement ériger en modèle unique notre travail, celui-ci vise, très humblement, à proposer des outils de gestion culturellement et symboliquement en correspondance avec les pratiques pour les interroger, les revisiter, les déconstruire, voire les améliorer pour le mieux-être de toutes les personnes travaillant dans les SCOP à la recherche d'une harmonie coopérative individuelle et collective. Ceci en vue de prévenir les Risques Psycho Sociaux dans les SCOP et de contribuer à une réflexion autour du projet politique qui ne saurait être supplanté par un projet uniquement économique.

CONCLUSION GÉNÉRALE

La question de départ : « *quel type de management pour une gouvernance de SCOP ?* » dans un contexte de mutation profonde, interrogeait la qualité des interactions entre Gouvernance, Management des Ressources Humaines au sein des SCOP.

Dans la première partie, nous avons rappelé les origines militantes et révolutionnaires des SCOP et sa réalité au XXIe siècle.

Face à l'insuffisance de réponses à nos questions de recherche de la part de la littérature, le terrain s'est imposé à nous comme ressource à nos questions. Nos investigations préparatoires nous ont conduites à rencontrer des informateurs relais au niveau international, national et régional et à effectuer une recherche documentaire historique au CEDIAS. L'analyse des entretiens *semi-directifs ou compréhensifs de recherche clinique* d'acteurs du mouvement coopératif et des gérant-e-s de 16 SCOP TPE PME a constitué un élément central de nos données que nous avons complété par une analyse des statistiques nationales et régionales, par la littérature coopérative et par une démarche ethnographique.

Nous avons relevé au cours de cette recherche une résistance des SCOP supérieure à celle de leurs homologues TPE PME non SCOP. Les SCOP sont plus pérennes que les Entreprises Non Coopératives sur cinq ans (de + 5 %) et sur trois ans (de + 8 %). Leur force et leur développement proviennent d'un projet coopératif politique ancré dans un territoire et inscrit dans un intérêt général avec des réserves impartageables suffisantes. Nous avons vérifié un développement des SCOP en région et sur tout le territoire national, dans tous les secteurs d'activité avec des secteurs émergents dont les services de commerce bios et équitables, et de construction écologiques.

L'histoire coopérative et la situation géographique de la région Rhône-Alpes, terrain de notre recherche, offre un terroir propice au développement des SCOP dans des secteurs d'activités variés. L'échantillon de SCOP TPE-PME, reflet de cette région, a mis en évidence une variété de fonctionnements que nous avons reliés aux éléments de contingence suivants : genèse, taille, contexte politique et sociohistorique, culture métier, culture locale et culture coopérative, leadership. L'échantillon innovant et diversifié a confirmé les tensions, les paradoxes identitaires individuels et organisationnels, les risques de dérives et les innovations.

À la recherche de solutions pour limiter ces risques, nous avons modélisé la *Gouvernance Coopérative* à partir des meilleures pratiques du terrain avec de nombreux relais de Gouvernance (Assemblée Générale souveraine, comités coopératifs, comités de direction, Bureau, Conseil d'Administration) qui multiplient des leviers pour une gestion autogérée en entreprise.

Les témoignages du terrain croisés avec les apports de la littérature ont permis de modéliser un management adapté et intimement lié à la *Gouvernance Coopérative* pour une équipe d'entrepreneur-e-s coopérateur-trice-s à la double qualité. Nous avons défini et nommé ce type de management en SCOP le *Management Coopératif* en réponse aux réticences rencontrées sur le terrain à utiliser la terminologie des Ressources Humaines, qui disent des maux d'une économie financiarisée. *Le Management Coopératif* légitime ainsi des pratiques coopératives traduites et reconnaît une terminologie coopérative nécessaire.

Notre proposition conceptuelle invite les praticien-ne-s à analyser le sens des mots et à doter les SCOP d'un vocabulaire qui reflète le sens de la spécificité coopérative. C'est aussi un moyen pour éviter une emprise hégémonique culturelle et se départir d'une culture inappropriée aux SCOP en développant une culture propre fondée, entre autres éléments, sur la langue partagée. Cet apport complète la théorie du management avec des concepts et des paradigmes spécifiques aux SCOP selon un de nos objectifs de recherche qui était de proposer un cadre conceptuel théorique coopératif pour les SCOP TPE PME.

Nous avons opté pour le concept de *management coopératif* en sciences de gestion, le mot management n'ayant pas été remis en cause par les répondant-e-s. Le *Management Coopératif* est une appellation audible et compréhensible par le plus grand nombre pour établir une passerelle entre les personnes et les cultures, y compris avec les autres organisations. La recherche de sens, au cœur du projet coopératif, ne peut économiser le sens des mots et des références théoriques pour une logique et une cohérence des pratiques coopératives. Pour cette raison, nous avons préféré la dénomination de Développement Coopératif à celle de la stratégie que nous avons réfutée compte tenu de ses origines guerrières et de son sens.

Nous avons pu observer des paradoxes en relation avec le pouvoir, via le double statut et l'élection de la gérance, des paradoxes en relation avec l'argent via la clé de répartition des Excédents Nets de Gestion et des paradoxes en relation avec le genre, via le pourcentage de capital des femmes inférieur au pourcentage de leur sociétariat et une déclinaison de leur présence au-delà de 55 ans. Ce dernier paradoxe est accentué par le nombre d'élues minoritaires à tous les échelons, alors que le nombre de femmes gérantes est plus important en SCOP que dans les Entreprises Non Coopératives.

À propos du cadre institutionnel, certes le projet politique de la SCOP et son organisation proposent un cadre de travail en adéquation avec les préconisations des chercheur-e-s en prévention des risques psychosociaux, à savoir un : lieu d'espace de parole et d'élaboration de pensée pour co-construire une organisation de travail dans un monde en mutation, mais il produit des tensions particulières liées à la multiplicité des statuts pour une même personne.

Être associé-e salarié-e comporte en effet des risques et, de temps à autre, place la personne dans des situations schizophrènes qui ne peuvent pas être assumées par tout à chacun-e. Le statut de coopérateur-trice n'est pas inné.

Aussi, pour vivre l'aventure du projet coopératif et travailler en SCOP, quelques précautions et engagements nécessaires sont exigées : prises de risques humaine, financière et politique pour chaque associé-e salarié-e.

C'est pourquoi il convient d'accompagner la personne en devenir d'être coopérateur-trice à chaque étape, sans omettre de porter une attention spéciale aux gérant-e-s.

Nous nous sommes alors efforcées de rechercher d'éventuelles solutions pour résoudre les paradoxes et les tensions énoncés. Pour répondre à ces difficultés, fidèles à la démarche en sciences de gestion, à partir des résultats de notre recherche, nous avons élaboré des outils de gestion pour théoriser et mettre en œuvre le Management Coopératif.

Au préalable, il nous a semblé opportun de proposer une étude de la dialectique du projet coopératif, qui consiste en la création et le maintien du lien social du local au global, par une démarche d'anthropologie.

Ensuite, construit à partir des meilleures pratiques des SCOP, émerge le SCCCORRET : une proposition d'un « *guide de bonnes pratiques pour un management coopératif* ». Outil de gestion coopérative, le SCCCORRET (résultat remarquable de bonnes pratiques) se présente comme un « modèle » pour améliorer une gestion des relations humaines et des conditions de travail à l'intérieur des SCOP en visitant toutes les étapes de la personne associé-é salarié-e du recrutement à la transmission et les outils d'un management coopératif de la communication à la rémunération à la recherche d'une équité genrée.

Afin de limiter les souffrances humaines attachées au double statut s'il en est, le SCCCORRET ambitionne d'enrayer les freins, de promouvoir les leviers de développement et de borner les risques de dérives pour tendre vers « l'excellence », tout en admettant que l'excellence reste une vue de l'esprit.

En complément du SCCCORRET, « *un idéal type de Management Coopératif* » érige une synthèse d'apports de la littérature de management humaniste (sept théories) et coopératif (une théorie) et des pratiques du terrain en vue de mobiliser les acteur-trice-s vers une utopie créative et génératrice de Développement de la Personne et d'Évolution de ses Compétences et par extension, vu le double statut, pour le collectif constitué autour du projet coopératif. L'idéal type, telle une boussole pour ne pas perdre le Nord, guide vers la concrétisation du projet coopératif rythmé par des étapes de réajustements avec le type idéal.

Avec le SCCCORRET, le management coopératif est en mesure de prévenir les tensions individuelles et collectives pour un Management Holistique. Face à sa responsabilité d'animer une équipe et des individus, avec une société civile (à laquelle chaque associé- salarié-e appartient), qui réclame une entreprise respectueuse de la Cité et de la planète agissant avec toutes les parties prenantes, face à son héritage culturel et au contexte actuel sociopolitique, face à sa responsabilité de dégager des résultats qui satisfassent le (s) sociétaire (s) et assurent la continuité de l'organisation, le Management Coopératif active les valeurs coopératives d'une Gouvernance Coopérative pour une animation démocratique de l'entreprise et pour prévenir les risques psychosociaux au travail dans un environnement élargi. Le Management Coopératif s'évertue à accompagner les changements liés aux projets de développement coopératif pour que ceux-ci soient entendables, acceptables et soutenables par les sociétaires.

L'idéal type de Management Coopératif, proposé sous la forme d'un octogone, en révèle un deuxième qui démontre le rôle primordial d'animation dévolu au Management Coopératif pour faire vivre une Gouvernance Coopérative et favoriser un Développement Coopératif Soutenable, utopie pragmatique pour le XXIe siècle.

Le concept de Développement Coopératif Soutenable permet de requestionner le projet pour l'actualiser dans une nouvelle modernité compte tenu des éléments de contingence d'une part, et des freins et des leviers d'autre part. Pour un Développement Coopératif Soutenable, nous préconisons l'exercice d'un Management Coopératif profondément humaniste, qui favorise une Gouvernance Coopérative démocratique et une fabrique de Développement Coopératif. Entre ces trois dimensions s'installe une boucle vertueuse qui impulse une dynamique de responsabilité et convie les salarié-e-s à réfléchir en permanence au projet coopératif qui les rassemble selon le modèle d'analyse des relations entre Gouvernance-Management-Développement.

L'inscription de la coopération dans les gènes du projet coopératif et sa filiation au mouvement coopératif, du local à l'international, induit de fait une gestion globale du Management Coopératif, de la Gouvernance Coopérative et de Développement Coopératif que nous appelons *Développement Coopératif Soutenable.*

Cependant, pour pouvoir établir et maintenir des ambiances de travail épanouissantes, les SCOP doivent être vigilantes aux effets de *la mutation profonde en cours* (G. Colletis, 2010) sur les salarié-e-s associé-e-s, confronté-e-s de plein fouet à leur singulière posture et aux multiples risques d'éclatements inhérents à ce type d'organisation. Ces paradoxes nécessitent des réponses adaptées d'où notre proposition d'associer une auto-évaluation partagée de l'équilibre coopératif et une démarche d'anthropologie du projet (J.-P. Boutinet, *op.cit.*) à un Management Coopératif tel que nous l'avons décrit pour tendre vers un Développement Coopératif Soutenable d'une nouvelle écologie politique, vers une utopie pragmatique pour le XXIe Siècle.

Du point de vue sociétal, les SCOP s'associent aux réponses alternatives qui préconisent un nouveau monde en marche avec les créatifs culturels de la décroissance, les organisations internationales féministes mixtes pour un développement économique et social équitable avec des circuits courts de consommation privilégiant une écologie pratique. De par ses caractéristiques, la SCOP est une des réponses alternatives à la démesure qui a envahi les espaces sociaux et environnementaux (P. Viveret 2004, S. Latouche 2010).

Dans un contexte de capitalisme autoritaire international (D. Demoustier, 2010), les SCOP expérimentent une forme d'entreprise autogérée dans tous les secteurs d'activité, comme constaté sur notre terrain. À côté des espaces réservés à la Fonction Publique, à côté des espaces d'économie privée artisanale, agricole, commerçante, à côté des espaces de recherche de bénéfices financiers au profit d'actionnaires non salarié-e-s, les SCOP existent et proposent un espace de créativité et de responsabilité partagée, une organisation d'engagement, de responsabilité et d'autonomie. Les valeurs coopératives de démocratie, de solidarité intergénérationnelle, de propriété collective constituent les fondations et le moteur de cette organisation de travail.

Faisant fi des clivages introduits par la spéculation liée à la bourse et à la financiarisation, la SCOP maintient une économie sociale et solidaire entre une économie publique et une économie capitaliste financiarisée. La sécurisation des parcours des personnes s'y avère aussi importante que celle des réserves impartageables à condition de tresser ensemble trois fils : le social, l'économique et le politique. Aussi un cadre sécurisant et bienveillant doit-il être recherché et entretenu par un Management Coopératif pour pouvoir encore et toujours être « *une fabrique de développement soutenable* » pour les personnes prêtes à assumer le double rôle.

Sans s'illusionner sur *une entreprise idéale*, le modèle SCOP propose de concilier le projet politique, le projet de vie et le projet professionnel dans un cadre à construire collectivement pour contribuer à un monde meilleur, selon l'appel de l'ACI.

Parce qu'elles peuvent contribuer à ce que chacun-e puisse manger à sa faim et puisse penser dans un monde équitable transmissible aux générations futures, parce qu'elles répondent à de nouvelles demandes de construction d'un nouveau monde, parce qu'elles empruntent le chemin d'une économie socialement responsable encastrée dans un projet politique d'intérêt général de respect des personnes et de la nature au sens large du terme, les SCOP pourraient continuer leur développement si elles portent attention au *Développement Coopératif Soutenable*.

Dans un souci de pragmatisme, les outils de gestion élaborés que sont l'idéal type de management coopératif et de développement coopératif soutenable, le SCCCORRET et la pyramide de l'équilibre coopératif ont été conçus pour prévenir et limiter les risques psycho sociaux dans les SCOP et pour consolider les organisations coopératives, mais aussi pour contribuer à *une recherche actionnable*. Sans vouloir prétendre assurer une cohésion permanente sans failles du quadrilatère coopératif et éviter les tensions, ces propositions pourraient, selon nous, réduire les risques au profit des personnes, des organisations et de la société, comme le terrain et la littérature nous le laissent supposer.

Plutôt que de « singer » les grandes entreprises non coopératives en intégrant des outils et des pratiques managériales contraires au projet politique coopératif, les SCOP gagneraient à :
- entretenir leur projet politique
- partager le pouvoir politique entre tous les genres
- développer une recherche-action-formation permanente
- revisiter les pratiques de développement

pour accentuer leurs spécificités.

En effet, si les SCOP veulent se développer, il ne leur suffit pas d'établir des bilans financiers honorables, de panser les fractures établies par les autres entreprises en rachetant des entreprises en difficultés, de satisfaire aux injonctions ministérielles, encore faudrait-il qu'au-delà de leurs statuts, de leurs déclarations d'intentions, leurs pratiques les différencient des autres organisations.

D'où notre invitation à continuer chaque jour à interroger nos pratiques et développer la recherche coopérative internationale pour déjouer ces pièges et construire des organisations coopératives de travail bienveillantes dont les fonctionnements pourraient contribuer à revisiter les autres organisations : tel est bien là l'enjeu sociétal pour les coopératrices et coopérateurs du XXIe siècle.

BIBLIOGRAPHIE

Albistur M. et Armogathe D. (1977), Histoire du féminisme français, tomes 1 et 2 Édition des femmes, Saint Amand, France
Albouy M. et Schatt A., Les prises de contrôle par les actionnaires contestataires : le cas André, disponible sur http://leg.u-bourgogne.fr/rev/072065.PDF
Allard-Poesi F. (2006), Management d'équipe, Dunod, France
Allouche J. (coord.par) (2003), Encyclopédie des Ressources Humaines, Vuibert, France
Alter N. (2009), Donner et prendre, la coopération en entreprise, La Découverte/M.A.U.S.S, France
Alternatives Économiques (2006) L'Économie Sociale de A à Z, Pratique, France
Alternatives Économiques (2006) Quelle place pour l'économie sociale dans les programmes d'enseignement ? Février, Hors-série Pratique n° 22
Alternatives Économiques (2008), Chris Argyris, Quand l'entreprise apprend, juillet n° 271 Althusser L (2009), Sur le contrat social, précédé de Troublante clarté par Hochart P., Éditions Manucius, Houilles
Alzon C. (1973), La femme potiche et la femme bonniche, Pouvoir bourgeois et pouvoir mâle, Édition. François Maspero, Condé sur Noireau, France
ANACT (1981), L'analyse culturelle des relations de travail, in Analyse sociologique des conditions de travail
Antoine C. (1914), Cours d'économie sociale, Librairie F. Alcor Paris
Archambault E. et Kaminski P. (2004), Vers un compte satellite des institutions sans but lucratif en France, RECMA n° 293, Paris
Argyris C et Schön D.A. (1978 et 2001) Apprentissage organisationnel, de Boeck Supérieur, Bruxelles
Association pour la Biodiversité Culturelle (2007), Les créatifs cultures en France, éditions Yves Michel, Gap
ATTAC (2005), Quand les femmes se heurtent à la mondialisation, Édition Mille et une nuits, Barcelone
AVISE (2004-2005), Guide de l'entrepreneur social, IDEOSCOPE, France
Azzoug M.L. (1979), Vincennes ou le désir d'apprendre (coord.par.), Édition A. Moreau, Paris
Barbier R. (2004) Multiculturalité, interpellation essentielle et métissage culturel, disponible sur journal de recherche
Barras B. (2006), Moutons Rebelles, Ardelaine, la fibre du développement local, Éditions REPAS, Saint Étienne
Barras B. (2008), Chantier ouvert au public, Le Vieil Audon, village coopératif, Éditions REPAS, Saint Étienne

Barras B., Bourgeois M., Bourguinat E., et Lulek M. (2002), Quand l'entreprise apprend à vivre, Éditions Charles Léopold Mayer, Paris

Barbeyer D. (1983), SCOP et autogestion, Thèse en sciences économiques, Paris 8

Bardos-Féltorony (2004), Comprendre l'économie sociale et solidaire, Théories et pratiques, Chroniques Sociales et Couleur livres, Belgique

Bargues-Bourlier E. (2009), Pratiques d'intégration en contexte de développement économique et social durable : le cas d'une SCOP, Revue Management et Avenir, n° 26, Management Prospective Éditions, Nanterre

Bataille-Chedotel F. et Huntzinger F. (2005) L'entrepreneuriat collectif : modèle unique ou gouvernances multiples ? Une approche exploratoire auprès de dix sociétés coopératives de production françaises (sous la responsabilité de M. J. Bouchard, J.L. Boucher, R. Chaves, R. Schdiwy) in Économie et Solidarité, Volume 35, CIRIEC Presses de l'Université du Québec, Canada, pages 48-64

Béchard B. M. (2006), La coopération comme projet de société, communication au Forum coopératif, mars, Québec

Benazet J.-P. (1997), La stratégie, outil d'élaboration d'un projet de développement d'une structure expérimentale, Mémoire DESS Gestion de l'entreprise sociale, Toulouse.

Beysseire des Horts C.-H. (1988), Vers une gestion stratégique des ressources humaines, Édition d'organisation, Paris.

Beysseire des Horts C.-H. (1987), Typologies des pratiques de ressources humaines, nov-déc., Revue Française de Gestion, France

Boncler J., Hlady-Rispal M. et Verstraete T. (2003) L'équipe entrepreneuriale et le contexte organisationnel, disponible sur http://asso.nordnet.fr/adreg/Adreg-06.pdf

Bournois F. et Brabet J. (1996), Qu'est-ce que la gestion des ressources humaines ? in (sous la direction de Yves Simon et Patrick Joffre) Encyclopédie de la gestion, Éditions Economica, France

Borneman E., 1978, Psychanalyse de l'argent, PUF, Paris

Bouchard M. J. (2005), La gouvernance, une vieille et une nouvelle réalité pour l'économie sociale, in Gouvernance et management en économie sociale, Revue Ciriec Canada Volume 35, Presses de l'Université du Québec, Canada, pages 16-25

Bourdieu P. (1993), La misère du monde (sous la direction de), Seuil, Paris

Bourdieu P. (1982), Ce que parler veut dire. L'économie des échanges linguistiques Poitiers, Imprimerie Aubin

Boutinet J. P. (2008), Anthropologie du projet, PUF, France

Brabet Julienne (1993) La gestion des ressources humaines en trois modèles, Symposium n° 1-AGRH, France, pages 339-404

Brabet J. et al. (1993), Repenser la gestion des ressources humaines ? Economica, Paris

Breton C. (2010) comment expliquer la régression du statut des femmes ? disponible sur www.reporterre.net
Butler J. (2004 et 2012)
    1. Le pouvoir des mots. Politique du préformatif, Éditions Amsterdam, Paris
    2. Défaire le genre, Éditions Amsterdam, Paris
Cadin L., Guérin F., Pigeyre F. (1999/2004), Gestion des ressources humaines, DUNOD, France
Caillé A. (2007), Anthropologie du don, La découverte/Poche, Paris
Caillé A. (2005), Dé-penser l'économique, Contre le fatalisme, La Découverte, MAUSS, PARIS
Cap Services (2005), Mode d'emploi, Ed. 10 CAP
Canfin P. (2004) Le management des Richesses Humaines, Participer N° 605
Cassen B. (2001), Le piège de la gouvernance, Le Monde diplomatique, juin, page 28
Castel R. (2000), L'insécurité sociale, Qu'est-ce qu'être protégé, La république des idées et SEUIL, Lonrai
Cazal D. (2006) La RSE et ses parties prenantes, enjeux politiques et contrats, disponible sur http://lem ; cnrs.fr/Portals/é/acrus/DP 200606.pdf
Cazal D. (2003), Éléments pour une GRH critique, communication au 147e congrès AGRH, Grenoble
CEDIAS, VIE SOCIALE (2010), n° 1, Coopérer, coordonner : nouveaux enjeux, France
Ceges (2003), Gouvernance d'entreprise, gouvernance coopérative, la lettre de l'économie sociale, n° 1037
Ceges (2008), Économie Sociale XXI : une gestion efficace du changement, Rapport consolidé des bonnes pratiques européennes, Strasbourg
Chabin Y., Naro G., Travaillé D. (2003), Les tableaux de bord stratégiques entre conception et action : propos d'étape d'une recherche intervention, GREGO, Montpellier
Chalmers Alan F. (1976/1982), Qu'est-ce que la science ? Popper, Kuhn, Lakatos, Feyerabend La Découverte, Paris
Chanal V. (2008), La stratégie en pratiques, in Le management, Fondements et renouvellements (coordonné par G. Schmidt), Belgique
Chamoiseau P. et Confiant R. (1991) Lettres créoles, Tracées antillaises et continentales de la littérature, 1635-1975, HATIER, Paris
Chataignier A., Lefilleul M.-F., Fabian M. (1984), Portraits de S.C.O.P., pratiques coopératives et innovations sociales, Syros, France
Chevalier J. et Gheerbrant A. (1982), Dictionnaire des symboles, Robert Laffont/Jupiter, Grande Bretagne
CiIRIEC Canada, 2005, Économie et Solidarités (sous la responsabilité de Marie J. Bouchard, Jacques L. Boucher, Rafael Chaves, Robert Schdiwy), Revue Ciriec Canada, Volume 35, Presses de l'Université du Québec, Canada
CJDES (1996), Bilan sociétal, disponible sur www.cjdes.org/1093

Clerc D. (2009), Comprendre les économistes, Les petits matins/Alternatives Économiques, Paris
Collectif (2004), L'union des peintres, la coopérative, une autre façon d'entreprendre, Scop, Édit
Collectif (2001), La coopérative, une autre façon d'entreprendre, SCOPEDIT, Lyon
Colletis G. (2010), Quel avenir pour l'Économie Sociale et Solidaire au-delà de la crise ? Communication au colloque Au-delà de la crise : un modèle économique en question. Enseignements et perspectives de l'Économie Sociale et Solidaire, IEP de Grenoble, 22 et 23 novembre.
Contributions collectives (2003), Nouvelles gouvernances, manuel à l'usage de nos semblables, Éditions du croquant, Bellecombe-en-Bauges
Cornforth C. (2005) La gouvernance des coopératives et des sociétés mutuelles : une perspective de paradoxes (sous la responsabilité de M. J. Bouchard, J.-L. Boucher, R. Chaves, R. Schdiwy), Revue Ciriec Canada, Volume 35, Presses de l'Université du Québec, Québec Canada
Côté D. (2004), Gestion de l'équilibre coopératif : cadre théorique, CIRIEC, working paper, n° 2004/04, Belgique
Courpasson D. (2000), L'action contrainte, PUF, Paris
Coutrot T. (2005), Démocratie contre capitalisme, Édition La Dispute, Paris
Crozier M. et Friedberg E. (1977), L'acteur et le système, Édition du Seuil, Paris
Cusset P.-Y. (2007), Le lien social, 128, Armand Colin, Barcelone
Dacheux É. et D. Goujon (2009), Réconcilier démocratie et économie : la dimension politique de l'entrepreneur en économie sociale et solidaire (sous la dir. de) Michel Houdiard éditeur, Clamecy
Damak-Ahadi S. et Pesqueux Y. (2010) La théorie des parties prenantes en perspective, disponible sur www.strategie-aims.com
David-Néel A. (2003), Féministe et libertaire, Écrits de jeunesse, Les nuits rouges, Sens
Davister C. (2006), La Gestion des Ressources Humaines en Économie Sociale, Les cahiers de la chaire Cera, volume n° 1-Mai 2006, Centre d'Économie Sociale de l'Université de Liège
Defourny J. (2006), L'entreprise sociale dans l'Europe élargie, EMES, Liège
Defourny J. (2010), La performance comparée d'entreprises d'économie sociale en France et en Belgique, communication au Colloque international de management, Gouvernance et management des entreprises de l'Économie Sociale et Solidaire. Quelles spécificités ? 4 et 5 novembre, Lyon
De Gaulejac V. (2005), La société malade de la gestion, Idéologie gestionnaire, pouvoir managérial et harcèlement, Seuil, Paris
De Gaulejac V. (1987), La névrose de classe, H et G Éditeurs, Paris
Dejours C. et Bègue F. (2009), Suicide et travail : que faire ?, PUF, Paris
De La Garanderie A. (1990), Pour une pédagogie de l'intelligence : phénoménologie et pédagogie, Édition Le Centurion, France

Delsol A. (2008), La caverne des enfants philosophes (coordonné par), UP de Septimanie, France

Demoustier D. (2010), Pourquoi peut-on craindre un capitalisme autoritaire ? 12 janvier, disponible sur http://reporterre.net

Demoustier D. (2001), L'Économie Sociale et Solidaire, Éditions La découverte, Paris

Demoustier D. (1988), Léon Walras, théoricien de la libre concurrence et défenseur des associations populaires et de l'intervention publique, Problèmes économiques, n° 261

Demoustier D. (1984), Les coopératives de production, La découverte, Paris

Desroche H. (1977) Rapport de synthèse ou quelques hypothèses pour une entreprise d'économie sociale, pour le Comité National de Liaison des Activités Mutualistes Coopératives Associatives (CNLAMCA)

Desroche H. (1989), Solidarités ouvrières : sociétaires et compagnons dans les associations coopératives, 1831-1900, les éditions ouvrières, France

Desroche H, et Rocard M. (1983), Pour un traité d'économie sociale, Coopératives d'information et édition mutualiste, Paris

Detilleux J.-C. (2007) Nous voulons redonner à l'homme la première place, proches, Spécial Rencontre nationale 2006, Groupe Crédit Coopératif, France

Draperi J.-F. (2005), L'économie sociale Utopie, pratiques, principes, Édition Presses de l'Économie Sociale, France.

Dreyfus M. (2001), Liberté, égalité, mutualité-Mutualisme et syndicalisme, 1852-1967, les éditions de l'atelier, Paris

Dubigeon O. (2009), Piloter un développement responsable, Quel processus pour l'entreprise ? Édition Pearson, Clermont Ferrand

Dumont J. (1974), L'utopie ou la mort, Seuil, Paris

Dupuy F. (2008), Anthropologie économique, Armand Colin Éditeur, Paris

Durand C. (2010), Les contours d'un post-capitalisme émancipateur, HUMANITÉ DIMANCHE DE FÉVRIER 2010

École des Mines d'Alès (2004), L'entrepreunariat à l'EMA, L'humanisme en question, France

Enriquez E. (1992/2003), L'organisation en analyse, PUF, Sociologie d'aujourd'hui, France

Espagne F. (1997), Histoire miniaturisée des coopératives ouvrières de production en France texte dactylographié, France

Espagne F. (2000), L'entrepreneuriat coopératif dans l'Europe de l'an 2000, RECMA n° 275-76

Espagne F. (2000), Quatre séries de thèmes mêlés à la naissance de la coopération ouvrière texte dactylographié, France

Espagne F. (2001), 111 ans d'histoire de la Confédération Générale des Sociétés Coopératives de Production, texte dactylographié, France

Espagne F. (2007), Pour le 60e anniversaire de la loi du 10 septembre 1947, texte dactylographié, France

Falcoz C. (2011) Les « autres » gender studies : pour une déconstruction des pratiques managériales dominantes ? Critical studies on men and queer theories, disponible sur www.em-lyon.com

Fayolle J. et Seguin N. (2009) Rapport du Centre d'Études et Prospective, Les informations sociales dans les rapports 2008, Septième bilan d'application de la loi NRE, disponible sur www.groupe.alpha.com

Fenneteau H. (2007), Enquête : entretien et questionnaire, 2e édition, Dunod, Les topos

Fitoussi J.-P et Laurent L. (2008) La nouvelle écologie politique, Seuil et La république des idées, France

Forbes (2009) the world's 100 most powerful women, disponible sur http://forbes. com/wealth/power-women

Fordham F. (1953/1988) Introduction à la psychologie de Jung, Imago, France

Forum citoyen (2010) La RSE, disponible sur www.forumcitoyenpourla rse.org

Foucault M. (1972), Histoire de la folie à l'âge classique, Gallimard, France

Foucault M. (1994), Dits et écrits, tomes 1 et 2, Quarto Gallimard, France

Freinet C. (1969), Pour l'école d'un peuple, François Maspero, Paris

Freinet É. (1981), Naissance d'une pédagogie populaire, Historique de l'école moderne, Pédagogie Freinet, Paris

Freire P. (2006), Pédagogie de l'autonomie, savoirs nécessaires à la pratique éducative ?, ères, Toulouse, France

Friedberg E. (1972), L'analyse sociologique des organisations, GREP, 28

Freud S. (1924), Psychopathologie de la vie quotidienne, Petite Bibliothèque Payot, Saint-Amand

Gand S.et Béjean M. (2007), Les difficultés des entreprises démocratiques face au management : enjeux et modalités de conception de fonctions managériales originales, Conférence internationale AIMS

Garabé M., Bastide Laurent, Fas C. (2001), Évaluation du secteur de l'économie sociale en Languedoc- Roussillon, Recma n° 280, p. 135-150

Gide C. (1890), L'école nouvelle, dans Quatre écoles d'économie sociale, Librairie STAPELMOHR Éditeur, Genève

Guérin I., Hersent M., Fraisse L. (2011), Femmes, économie et développement, De la résistance à la justice sociale (sous la direction de) Érès, Toulouse

Guigue-Durning M. (1992), Un mémoire pourquoi faire ? Pratiques cognitives, écriture et formation par la recherche, Thèse de doctorat de Sciences de l'Éducation, Université Paris X, Nanterre

Golsorkhi D. (2006), La fabrique de la stratégie, une perspective multidimensionnelle (coordonné par) Vuibert, France

Gouil H. (1999), Entreprendre en économie sociale, Sens des affaires ou affaires de sens ?, Éditions Liaisons, Paris

Gouil H. (2000), Les spécificités du management coopératif, dans Participer, novembre, France

Gouil H. (2002), Un marketing coopératif pour des achats éthiques, dans Entreprise Éthique, n° 17, octobre

Gouil H. (2010), Réapprendre à coopérer, Édition Yves Michel, Gap
Gresy B. (2009), Rapport préparatoire à la concertation avec les partenaires sociaux sur l'égalité professionnelle entre les femmes et les hommes, Inspection générale des affaires sociales, France
Guattari F. (1969), Les trois écologies, éditions Galilée, Paris
Guide juridique des SCOP (2003), Le droit des sociétés coopératives de production, SCOP Édit, France
Hafsi T. (2009), Fragilité et résilience des entreprises : quand David bat Goliath, in Kalika Michel (sous la direction de) les Hommes et le Management des Réponses à la Crise, Édition Economica, Lonrai, chapitre 11
Heidegger M. (1927/64), L'être et le temps, Gallimard, Paris
Heidegger M. (1946/64), Lettre sur l'humanisme, Aubier, Paris
Hermet G., Kazancigil A. et Prud'homme J.-F. (2005), La gouvernance, Un concept et ses applications, Karthala, Clamecy
Hirigoyen M.-F. (1998), Le harcèlement moral : la violence perverse au quotidien, La Découverte et Syros, France
Hofstede G. (1999), Vivre dans un monde multi--culturel, Éditions d'organisation, Paris
Huybrechts B. (2006), Les interactions entre l'économie sociale et la RSE : illustration à travers la filière du commerce équitable, Revue Gestion, 2006/2, vol. 31, éditions HEC, Montréal
International Cooperative Alliance (2006) Statement on Co-operative Identity, disponible sur www.ica.coop.fr
Igalen J. (2008), RSE et développement durable, in (coordonné par G. Schmidt) Le management, Fondements et renouvellements, Belgique, page 284-291
Igalen J. et Point S. (2009), Vers une nouvelle gouvernance d'entreprise, L'entreprise face à ses parties prenantes, Dunod, France
Illich I. (1971), Une société sans école, Seuil, Paris
Illich I. (1973), La convivialité, Seuil, Paris
Ion J. (1997), La fin des militants ? Édition de l'atelier, France
Ion J., avec Spyros F., Viot P. (2005), Militer aujourd'hui ? Cevipof – Autrement, France
Jeanneau L. (2010) Femmes : la révolution inachevée, Alternatives économiques, N° 295
Jeantet T. (2006), La solidarité au défi de l'efficacité, La documentation française, Paris
Jung Carl. G. (1953), Psychologie de l'inconscient, Buchet-Chastel, Paris
Jung Carl. G (1963), L'âme et la vie, Buchet-Chastel, France
Jung Carl. G. (1953 /1993), La guérison psychologique, Georg, Genève
Jung Carl. G. (1961/1988), Essai d'exploration de l'inconscient, Denoël, France
Kalika M. (2009), Les Hommes et le Management : des réponses à la crise (sous la direction de) Édition Economica, Lonrai

Kaplan R.S et Norton D.P. (1998), Le tableau de bord prospectif, Ed. D'Organisation, Paris
Kempf H. (2009), Pour sauver la planète, sortez du capitalisme, Seuil, France
Kremer-Marietti A. et Dhombres J. (2006), L'épistémologie, état des lieux et positions, Ellipses, FranceKolm S.C. (1986), Philosophie de l'économie, Seuil, Évreux
La Boétie (1577/2002), Discours de la servitude volontaire, VRIN, Mayenne
Laplantine F. (2007), Le sujet, Essai d'anthropologie politique, Téraèdre, France
Larpin É. et Mathieu J. (2009) Les SCOP positionnées sur l'innovation industrielle, Participer, Magazine de la Coopération de production, N° 633
Larpin É. (2009) Les SCOP ascenseur social, Participer, Magazine de la Coopération de production, N° 635
Lasne L. (1995), De Gaulle, la participation, Chronique d'un débat qui dérange... Participer, Dossier documentaire n° 1, Paris
Lasne L. (2001), Un siècle de coopération, Scopedit, Paris
Latouche S. (2010) Petit traité de la décroissance sereine, Mille et une nuits, Clamecy
Laufer J. (2008), Égalité et diversité dans l'entreprise, in Le management, Fondements et renouvellements (coordonné par G. Schmidt), Belgique, page 129-149
Laury C. (2009), Réflexions pêle-mêle sur l'imaginaire et le développement des organisations, in Kalika Michel (sous la direction de), les Hommes et le Management des Réponses à la Crise, page 141-151, Belgique
Laville J.-L. (2005), Sociologie des services, Entre marché et solidarité, Eres, Toulouse
Laville J.-L (2007), L'économie solidaire, Une perspective internationale, Nouvelle édition revue et actualisée, Hachette Littérature, Espagne.
Laville J.-L. avec Sainseaulieu R. (1997), Sociologie de l'association, Desclée de Brouwer, France
Le Boterf G. (2008), Travailler efficacement en réseau, Une compétence collective, Éditions d'Organisation, France
Le Crosnier H. (2009), Le prix Nobel à Elinor Ostrom : une bonne nouvelle pour la théorie des biens communs, 12 octobre disponible sur http://www.alternatives-economiques.fr.
Le Galès P. (2004), À chaque ville sa gouvernance, Sciences Humaines, mars-avril-mai, hors-série n° 44
Le Goff J.-P. (2000), Les illusions du management, Pour le retour du bon sens, La Découverte/Poche, Saint Amand Montrond
Le Goff J.-P. (2008), La France morcelée, Gallimard, Saint-Amand
Legrand L. (2006), Mémoire de master II GSRH
Leroy F. (2008), Les stratégies de l'entreprise, Dunod, Paris
Le Roy F. (2010), La Métaphore Militaire comme fondement du Management Stratégique : une approche critique, in (coord. F. Palpacuer - M. Leroy et G.

Naro), Management, mondialisation, écologie, Regards critiques en sciences de gestion, Chapitre 1 Hermes Lavoisier
Le Saget M. (1992), Le manager intuitif, Dunod, Paris
Les cahiers de l'UCE (2003), Référentiel européen de l'entrepreneur Social, Groupement des collèges coopératifs, février
Levinas E., article Libération du 24 juillet 2009
Liaisons sociales/Magazine (2003), J.-P. Uhry fait vivre la démocratie au sein de la SSII Alma Juin
Lipietz A. (2001), Pour le tiers secteur, l'économie sociale et solidaire : pourquoi et comment ? Éditions La découverte, Paris
Liret P. (2006), Génération travailler autrement, Participer, Magazine de la Coopération de production, N° 618
Liret P. (2009), Comment encourager le modèle coopératif, Participer, Magazine de Coopération de production, N° 632
Livian Y. F. (2004), Introduction à l'Analyse des Organisations, 2e édition, Economica, Paris
Livian Y. F. (2009), L'organisation revisitée au travers du développement durable : une approche multidisciplinaire, Management et Avenir Revue, n° 26
Livian Y. F. (2010), « Des progrès... mais peut mieux faire » GRH et perspectives critiques en France : essai de bilan, in Management, mondialisation, écologie, Regards critiques en sciences de gestion (coord. F. Palpacuer - M. Leroy et G. Naro), chapitre 4
Luyckx Ghisi M. (2010), Surgissement d'un nouveau monde, Valeurs, vision, économie, politique tout change édition Alphé
Maisonnasse J., Melnik E., Petrella F., Richez-Battesti N. (2010), Quelle qualité de l'emploi dans l'économie sociale et solidaire ? Une prospective plurielle, Synthèse de recherche, Novembre, Marseille
Marchand A. (2004), Économie plurielle et critique de l'économie politique, février, texte dactylographié, France
Marchand A. (2006), La mondialisation ou plutôt les mondialisations, texte dactylographié, France
Mauss M. (1950), Sociologie et anthropologie, PUF, Paris
Mazouz B. et Tardif M.J.B (2009), Pour une meilleure gouvernance publique, chap. 9, in (sous la dir. de M. Kalika) les Hommes et le Management des Réponses à la Crise, Economica Lonrai, France
Méda D. (2008), Au-delà du PIB, pour une autre mesure de la richesse, Flammarion, Champs actuel, Barcelone
Mendel G. (2003), Une histoire de l'autorité, La découverte, Poche, Paris
Mesure H. (2009), La théorie des parties prenantes comme justification politique de la très grande entreprise, revue management et avenir, n° 30, 2009/10

Mesure H. (2006), La fabrique méconnue de stratégie dans le contexte de la PME internationale, in (coord. par D. Golsorkhi) La fabrique de la stratégie, une perspective multidimensionnelle, Vuibert, France, chap.9

Metais E. et Saïas M. (2001), La stratégie d'entreprise, Évolution des pratiques et de la pensée, in F.C.S, n° 1

Meunier L. (2006), Nouveaux besoins, nouvelles coopératives, Participer, Magazine de la Coopération de production, N° 620

Michel Alain (2001) Ecce Homo oeconomicus ou sapiens ? Revue DEES CNDP, 124/page 84-86

Miles M.B. et Huberman A.M, 2005, Analyse des données qualitatives, Méthodes en sciences humaines (27e édition) Édition de Boeck, Bruxelles.

Mintzberg H. (1990/2004), Le management, Voyage au centre des organisations, Éditions d'organisation, Paris

Mintzberg H. (1981), Organiser l'entreprise : prêt à porter ou sur mesure ?, Harvard, l'Expansion, page 13-23

Mondragon Unibertsitatea (2002), 1956-2002 : L'expérience Coopérative de Mondragon disponible sur Groupe Coopératif Mondragon, La formation,

Monod J. (1970), Le hasard et la nécessité, Le Seuil, Paris

Monod T. (1997), Le chercheur d'absolu, Le cherche midi éditeur, Paris

Moreau Defarges P. (2006), La gouvernance, Éditions La découverte PUF, Que sais-je ? Paris

Morin E. (1994), La complexité humaine, Flammarion, Paris

Mucchielli R. (2000), La dynamique des groupes, Processus d'influence et de changement dans la vie affective des groupes, ESF éditeur, 15e édition, Paris

Nadeau R. (1999), Vocabulaire technique et analytique de l'épistémologie, PUF, Paris.

Naro G. (2006), "Les indicateurs sociaux : du contrôle de gestion aux développements récents du pilotage et du reporting, 23 pages, cours master 2 GSRH, ERFI, Montpellier1

OCDE (2009), partenariat pour la gouvernance démocratique, disponible sur www.oecde.org

Paradas A. (2009) Difficultés d'application et réponses possibles en matière de formation professionnelle dans les petites entreprises, n° 21, février, page 80-98, revue Management et Avenir, France

Paturet J. B. (1995/2003), De la responsabilité en éducation, Érès, Toulouse

Pelt J. M. (2006), La solidarité chez les plantes, les animaux, les humains, Livre de Poche, France

Penin Marc (1998), Charles Gide 1847-1932, L'esprit critique, L'Harmattan, Paris

Pérez R. (2009), Finance, gouvernance et management : quelles leçons tirer de la crise actuelle ? In (sous la direction de M. Kalika) Les hommes et le management : des réponses à la crise, Édition Economica, Lonrai, chapitre 13

Pérez R. (2008), Management et société, in (coordonné par G. Schmidt), Le management, Fondements et renouvellements, Belgique, page 339-349
Pérez R. (2003), La gouvernance de l'entreprise, La Découverte, Repères, Paris
Pérez R. (2002) Revue Française de gestion, n° 141, page 131-151
Perrot M. avec Dubyet G. et Fraisse G. (1991-1992) L'histoire des femmes en Occident, Plon
Perrot M. (2008), Mon histoire des femmes, Seuil, Lonrai
Petit F. (1986), Les théories organisationnelles, chapitre 17 in Le cadre social du travail, cours master 2 GSRH
Pflimlin E. (2006), Coopératives et mutuelles : un gouvernement d'entreprise original, Janvier, Rapport du groupe de travail de l'Institut Français des Administrateurs
Pflimlin E. (2007), Pratiques et enjeux du développement dans les coopératives. Rapport 2007 du Conseil supérieur de la coopération, Troisième partie.
Pichault F. et Nizet J. (2000) Les pratiques de gestion des ressources humaines, éditions du Seuil, France
Pillet A. (2006), Le marketing social et solidaire, l 'AMI, Clamecy
Plihon D. (2008), La monnaie et ses mécanismes, La Découverte, Paris
Poirier P. (2008), Don et Management, de la libre obligation de donner, L'Harmattan, France
Poncin B. (2002), Trajectoires indicibles, Oxalis, la pluriactivité solidaire, Éditions du croquant, Bellecombes en Bauges
Porta M. (2001), Parcours professionnel et promotion coopérative, Participer, Magazine de la Coopération de production, N° 585
Prades J. (2003), L'homo oeconomicus et la déraison scientifique, L'Harmattan, France
Ray P.H et Anderson S.R. (2001), L'émergence des Créatifs Culturels, éditions Yves Michel, Gap
Recma (2005), Économie Sociale en Europe, IES, N° 296, Paris
Rey A. (2004), Le Robert, dictionnaire historique de la langue française, 3 tomes, Paris
Rodhain A., Changer les mots à défaut de soigner les maux ? Critique du développement durable, Revue Française de Gestion, vol. 33, n° 176, août/sept., p. 63-80
Rose D. (1990/92), Zen-Management, Être efficace autrement, Dangles, France
Roudaut Y. (2008), L'alter - entreprise, Quand les actionnaires et les salariés réclament un nouveau modèle économique, Dunod, Progrès du management, Belgique
Rousseau F. (2005), L'organisation militante, First European conference of the international society for the third sector research and the EMES, CNAM, Paris et RECMA, N° 303, France
Rousseau J.F. (1762/1996) Du contrat social, Le livre de Poche, Espagne
Roy du I. (2009), Orange stressé, La Découverte, France

Sainseaulieu R avec Laville J.L. (1997), Sociologie de l'association, Desclée de Brouwer, France

Saint-Onge S. (2008) La stratégie de rémunération totale, in (coordonné par G. Schmidt) Le management, Fondements et renouvellements, Sciences Humaines éditions, Belgique

Sansot P. (1998), Du bon usage de la lenteur, Payot, France

Schelfi D. (2006), Per quanto riguarda la responsabilità sociale dell' impresa vorrei affrontare une parte particolare della necessaria, communication à Colloque ACI Cooperatives Europe, novembre, Manchester

Schlüter R. (2004) Panorama de la Coopération de production en France et dans le monde, Actes du 1er Carrefour Universitaire du Management des SCOP des 17-18/03

Schlüter R. (2006), Cooperatives Europe, dans RECMA n° 300, mai

Sciences Humaines (2004), Décider, gérer, réformer, Les voies de la gouvernance, hors-série, n° 44

Schmidt G. (2008), Le Management, fondements et renouvellements (coordonné par) Sciences Humaines éditions, Belgique

Service Juridique de la Confédération générale des SCOP (2008), Ristourne coopérative et participation : l'originalité des SCOP, Participer, Magazine de la Coopération de production, N° 629

Société d'économie sociale (1910) Congrès de la Société d'économie sociale, Paris

Solans H. (2008), L'économie politique mise à nu par la question sociale même, L'Harmattan, Paris

Strategor (1997), Politique générale de l'entreprise, Dunod, Paris

Thietart R.A. et coll. (2007), Méthode de recherche en management, 3e édition, Dunod, Paris

Touraine A. (1992), Critique de la modernité, Le livre de Poche, France

Union Européenne (2001), Livre Blanc, éditions de l'UE

Union Européenne (2000), Livre vert, La responsabilité environnementale, éditions de l'UE

Union Régionale SCOP Rhône Alpes (2008), Assemblée Générale du 2 juillet, Lyon

Union Régionale SCOP Rhône Alpes 2009, Rapport du Conseil d'Administration du 16 juin, Grenoble

Union Régionale SCOP Rhône Alpes 3. 2010, Assemblée Générale du 18 Juin, Lyon

Union Régionale SCOP Rhône Alpes 2011, Assemblée générale du 30 juin, Saint Étienne

Universalis (2009) La théorie du caméralisme, disponible sur www.universalis.fr

Vallade D. (2004-2005), Économie sociale des biens collectifs, textes dactylographiés, cours Master1 A.E.S., Univ. Montpellier 3

Valier J. (2005), Brève histoire de la pensée économique, d'Aristote à nos jours, Flammarion, Paris

Vandana S. (2005), Les femmes du Kerala contre Coca-Cola, Le monde diplomatique, mars
Vegleris E. (2006), Manager avec la philo, Groupe Eyrolles, Marsat, France
Villemus P. (2005), Délocalisations, aurons-nous encore des emplois demain ? Seuil, Paris
Vitali-Volantpage M. (2009), Cesare Beccaria-1738-1794, cours et discours sur l'économie publique disponible sur http://books.google.fr,
Viveret P. (2004), Reconsidérer la richesse, Éditions de l'aube, France
VTE. (2008), Risques psychosociaux au travail, éditions Liaisons, Rueil-Malmaison
Wellhoff T. (2009), les valeurs éthiques de conduite, sur France Info, dans l'émission Patron, chef d'entreprise, 14 février
Wirtz P. (2008), Les meilleures pratiques de gouvernance d'entreprise, La Découverte, coll. Repères, Paris.
Women's Forum Economy and Society (2007), Deauville, 4-7 octobre, disponible sur www.womens-forum.com
Zarrifian P. (2004), Le modèle de la compétence, Éditions Liaisons, Paris.

TABLE DES MATIÈRES

PRÉAMBULE 7
SOMMAIRE 13

INTRODUCTION : UNE TROISIÈME VOIE ENTREPRENEURIALE AVEC LES SCOP 15

PARTIE I : LES SCOP, UNE HISTOIRE PÉRENNE 25

INTRODUCTION 27

I. GENÈSE DU MOUVEMENT COOPÉRATIF 27
   1. Étymologie 27
   2. Contribution théorique de la pensée économique pour éclairer l'histoirecoopérative 30
   3. Une triple filiation sous protection 33
   4. Des femmes et des hommes aux pratiques sociales innovantes 37
   5. Des modèles de coopération humanisés 41
   6. Les lois fondatrices 45
   7. Les lois de modernisation et de rénovation 46

II. RADIOSCOPIE NATIONALE ET RÉGIONALE DES SCOP 50
   Introduction 50
   1. Une radioscopie nationale 51
   2. Les secteurs d'activité professionnels 53
   3. Un état du capital et du sociétariat national 54
   4. Une lecture genrée du capital social à étudier 55
   5. Un système coopératif : du local au global 56
   6. La région Rhône-Alpes : une région coopérative dynamique 68

III. GOUVERNANCE COOPÉRATIVE : DES STATUTS AUX PRATIQUES 72
   1. Une SCOP est d'abord une SCOP 72

2. Des systèmes de contrôle externes de la Gouvernance Coopérative 84

3. Une comparaison des statuts d'entreprises 87

4. Une taxonomie de création SCOP 91

5. Une entreprise collective et intemporelle autogérée................100

6. Des tensions coopératives repérées..102

7. Un système de gouvernance coopérative en pratique 109

8. Quelques recommandations pour une bonne Gouvernance Coopérative 120

CONCLUSION 123

PARTIE II : LE MANAGEMENT COOPÉRATIF, POUR UNE AUTOGESTION ASSUMÉE 125

INTRODUCTION..127

I. LE CHOIX D'UN CONCEPT POLITIQUEMENT CORRECT 131

1. Des acteurs et actrices réfractaires à la terminologie Ressources Humaines 131

2. Une définition du management coopératif................................132

II. UN GUIDE DE BONNES PRATIQUES COOPERATIVES : LE SCCCORRET . 135

1. Un Système de Communication Coopératif (SCC) 136

2. Une culture d'entreprise de coopération....................................155

3. Une Organisation Coopérative 160

4. Une politique de rémunération équitable non genrée............163

5. Une posture schizophrène des Représentants du Personnel 169

6. Un emploi coopératif 171

7. La transmission 194

8. Un leader *sui generis*..198

9. La parité coopérative : un paradigme en construction............208

CONCLUSION..213

PARTIE III : VERS UN DÉVELOPPEMENT SOUTENABLE COOPÉRATIF ? **215**

INTRODUCTION 217

I. UN DÉVELOPPEMENT SOUTENABLE COOPÉRATIF 218
    1. Des nouvelles pratiques pour de nouveaux besoins 218
    2. Des relations structurelles entre Gouvernance, Management et Développement Coopératifs 220
    3. Un Développement Soutenable pour les personnes et les structures 221
    4. Un impérieux développement de réseaux 225
    5. Une traçabilité écologique coopérative 229
    6. Une intercoopération difficile 231

II. UN IDÉAL TYPE DE MANAGEMENT 233
    1. Freins et leviers au Développement Coopératif Soutenable 233
    2. Les éléments de contingence du Développement Coopératif Soutenable 236
    3. Un idéal type de Management Coopératif 240
    4. Une pyramide de l'équilibre coopératifréversible 246

CONCLUSION 249

CONCLUSION GÉNÉRALE **253**

BIBLIOGRAPHIE **261**

Économie et Entreprise
aux éditions L'Harmattan

Dernières parutions

PROMENADE ROMANTIQUE À PÔLE EMPLOI
Coutarel Colette
Il y a un mythe Pôle Emploi. Trop de désillusions génèrent de l'agressivité. Et voilà qu'une conseillère sort du rang pour nous en dire aussi du bien. De l'intérieur, elle dévoile des vécus : joies et failles vues des deux côtés du guichet. Né de la fusion avec l'ANPE, Pôle Emploi n'apporte pas de remède universel, restant un mode de traitement du chômage. Sujet récurrent s'il en est : le rapport au travail.
(Coll. Rue des écoles, série Champ Libre, 11.50 euros, 86 p.)
ISBN : 978-2-343-04887-1, ISBN EBOOK : 978-2-336-36364-6

RECHERCHE (LA) D'EMPLOI, UN TRAVAIL À PART ENTIÈRE !
Aux marches de l'emploi
Leconte Béatrice, Eray Philippe - Préfaces d'Alain Coffineau et Michel Barabel
Alors même qu'une certaine stigmatisation des chercheurs d'emploi s'esquisse, ce livre présente la recherche d'emploi comme un travail à part entière. Et comme pour de nombreuses situations de travail, cette activité est complexe, difficile. Partant de témoignages illustrant des situations du quotidien, les auteurs proposent un éclairage nouveau sur le travail et ses situations, en commençant par l'amont : la recherche d'emploi...
(Coll. Expériences, Travail et Société : comprendre et agir, 13.00 euros, 130 p.)
ISBN : 978-2-343-04497-2, ISBN EBOOK : 978-2-336-36302-8

TRAVAIL DISSIMULÉ ET ESTIME DE SOI
Une sociologie du rapport moral face aux règles formelles
Heim Jérôme
Loin de se réduire à une stratégie rationnelle de fraude économique, le travail au noir s'explique davantage par la saisie d'opportunités de rémunération, non déclarées et donc illégales. En améliorant la performance sur le marché du travail, ces pratiques confèrent une certaine estime sociale à ceux qui y recourent. Elles s'exposent toutefois à des sanctions pénales et à une plus grande vulnérabilité en l'absence de protections sociales.
(Coll. Conception et dynamique des organisations, 32.00 euros, 322 p.)
ISBN : 978-2-343-04728-7, ISBN EBOOK : 978-2-336-36330-1

IMAGINAIRE (L') ET L'ORGANISATION
La stimulation de l'innovation technoscientifique par la science-fiction
Michaud Thomas
L'imaginaire joue un rôle important dans le fonctionnement des organisations. S'il contribue à stimuler la créativité et à mettre en place des stratégies, il peut aussi être considéré comme un péril que les managers doivent apprendre à gérer. La gestion de l'imaginaire organisationnel est un enjeu de pouvoir. La lutte pour la domination sur les marchés ou en politique passe par le contrôle d'imaginaires en permanente mutation.
(Coll. Logiques sociales, 21.00 euros, 208 p.)
ISBN : 978-2-343-04820-8, ISBN EBOOK : 978-2-336-36370-7

MARX, DU TRAVESTISSEMENT STALINIEN À L'ÉCHEC
Vers un nouvel essor ?
Bublex Georges
Le stalinisme, selon l'auteur, n'est pas une forme de communisme mais un travestissement des thèses de Marx. Totalitaire et liberticide, il pérennisait les «stigmates de la société capitaliste», il était composé d'une stratégie et d'une idéologie spécifiques qui ont mené l'URSS, et tous les partis communistes à sa suite, à l'échec et à la ruine. L'analyse politique du stalinisme, proposée dans cet ouvrage, est nécessaire à la renaissance de ces partis à la hauteur des enjeux.
(23,50 euros, 232 p.)
ISBN : 978-2-343-04797-3, ISBN EBOOK : 978-2-336-36448-3

ANALYSE ÉCONOMIQUE DE L'INVESTISSEMENT EN CAPITAL HUMAIN
Ndiaye Babacar
Comment le capital humain constitue-t-il, d'une part, une motivation individuelle dans le cadre de la théorie de l'école classique, mais aussi un facteur de croissance économique du point de vue de l'approche keynésienne ? L'itinéraire de la problématique amène à justifier les causes de l'imperfection des marchés et le rôle de l'État pour corriger ces imperfections.
(Coll. L'Esprit Économique, série Cours Principaux, 12.50 euros, 110 p.)
ISBN : 978-2-343-04767-6, ISBN EBOOK : 978-2-336-36331-8

ÉCONOMIE (L') DU DÉVELOPPEMENT
Trajectoire, analyse et stratégie de développement
Modibo Traoré
Instrument d'analyse et de gestion du développement économique, cet ouvrage a recours à deux grandes innovations : l'utilisation de la microanalyse et la définition d'une procédure permettant d'effectuer un choix «réaliste» de stratégie de développement en fonction des ressources disponibles dans le pays. Il met l'accent sur le rôle des acteurs privés du développement ; ceux du marché et de l'action collective, à côté de l'action publique qui assure la coordination au niveau méso et macroéconomique.
(Coll. Pour Comprendre, 36.00 euros, 254 p.)
ISBN : 978-2-343-04365-4, ISBN EBOOK : 978-2-336-36289-2

GESTION DE PROJET ET INNOVATION
Sous la direction de Cédric Baudet ; préface de Pienne Bonnal
L'innovation, déstructurée par essence, peut-elle être appréhendée à l'aide de la très structurée «gestion de projet» ? L'histoire des projets nous démontre que la trop grande régulation est un échec à l'innovation. Ainsi, les organisations adaptent la gestion de projet à leur besoin. Pour un projet compliqué de construction, on répond par une structure précise et organisée de projets. A un projet complexe d'innovation, on privilégie la souplesse, la créativité…
(Coll. Conception et dynamique des organisations, 21.00 euros, 214 p.)
ISBN : 978-2-343-04326-5, ISBN EBOOK : 978-2-336-36011-9

CAPITAL HUMAIN *VERSUS* HUMAIN CAPITAL
Schoun Gérard
Accepter que l'humain ne soit pas seulement un capital à exploiter mais un patrimoine à faire fructifier change radicalement notre façon de penser les valeurs, l'innovation, le *leadership* et la gouvernance. Dans la compétition internationale, la France a une formidable carte à jouer. Son déclin est d'autant moins une fatalité que l'esprit français pourrait se révéler parfaitement adapté aux temps nouveaux.
(Coll. Ad valorem, 16.50 euros, 162 p.)
ISBN : 978-2-343-04483-5, ISBN EBOOK : 978-2-336-36013-3

AUTOUR DE L'ANTHROPOLOGIE ÉCONOMIQUE
Actualité des écrits du professeur André Nicolaï
Coordonné par Mahieu François-Régis, Suchère Thierry
Le bon économiste serait celui qui raisonne à partir de trois hypothèses de base que sont l'individualisme méthodologique, la rationalité des acteurs et le marché qui produit de la

complémentarité. En formalisant ces hypothèses, l'auteur entend ici rappeler qui était André Nicolaï : un hétérodoxe ancré dans le courant dit de la socio-économie et qui s'est intéressé à des thèmes tels que le pouvoir, le ludique, l'épistémologie et la sociologie de la connaissance.
(Coll. Éthique Économique, 30.00 euros, 292 p.)
ISBN : 978-2-343-04709-6, ISBN EBOOK : 978-2-336-36061-4

DU PROJET AUX «PROCESS»
Un vade-mecum de la gestion du Risque – L'exemple de la fonction fiscale
Jx' Beaumont Stéphane
Avec ce Vade-Mecum, troisième ouvrage de l'auteur, ce dernier partage sa démarche opérationnelle autour de ces Process qui permettront aux fonctions supports d'améliorer leurs performances, de valoriser leurs «Best Practices» et, après standardisation, de se transformer en centres de profits. Un outil indispensable de la prise de décision face au risque-projet et de sa portabilité interne et externe.
(12.00 euros, 52 p.)
ISBN : 978-2-343-04409-5, ISBN EBOOK : 978-2-336-36066-9

MONNAIE ET FINANCE – Du boom au krach
Sari Camille
Incapable de brider une finance dont le seul objectif est le faire à court terme, les États déclarent leur impuissance face aux forces des marchés. Afin de comprendre le présent et se projeter dans le futur, il est nécessaire de recourir à des outils d'analyse en rupture avec les paradigmes dominants et de tirer les enseignements de ce qui s'est réellement passé, avant d'en arriver au désastre actuel qui risque de compromettre l'avenir de plusieurs générations.
(28.00 euros, 274 p.)
ISBN : 978-2-343-04601-3, ISBN EBOOK : 978-2-336-36231-1

RÉINVENTER L'ENTREPRENEURIAT POUR REFONDER L'ENTREPRISE
Adam Michel - Préface de Claude Alphandéry
Créer son entreprise, fonder une coopérative, lancer une entreprise d'insertion... Quelles ressemblances, mais aussi quelles différences ? Comment distinguer, repérer, modéliser, relier les trois logiques de ces engagements, leurs évolutions possibles voire leurs dérives évitables, mais aussi leurs coopérations réelles et leurs hybridations innovantes ? Et si ces trois dimensions tant éthiques que juridiques structuraient les relations à l'intérieur même de toute entreprise ?
(21.00 euros, 208 p.)
ISBN : 978-2-343-04621-1, ISBN EBOOK : 978-2-336-36182-6

MANAGEMENT INTERCULTUREL, ALTÉRITÉ ET IDENTITÉS
Sous la direction d'Alain Max Guénette, Evalde Mutabazi, Saskia von Overbeck Ottino et Philippe Pierre
Le management interculturel se fonde sur un effort permanent de remise en question de repères culturels acquis et ressentis comme universels. Ce livre s'appuie sur des travaux de recherche et sur des témoignages d'expériences pratiques. Il défend l'urgence d'un management interculturel au lieu d'une gestion de la diversité risquant d'assigner des individus à résidence identitaire, et intègre les apports de l'ethnopsychanalyse.
(Coll. Diversité culturelle et dynamique des organisations, 52.50 euros, 590 p.)
ISBN : 978-2-343-03834-6, ISBN EBOOK : 978-2-336-36190-1

VERS UNE ÉCONOMIE DU BONHEUR
Influence de l'utilitarisme anglo-saxon de Francis Bacon à John-Stuart Mill
Cluzelaud André
Pour saisir la pensée économique anglo-saxonne, il convient de se tourner vers des auteurs comme Bacon, Hobbes, Locke, puis Hume, Bentham et John-Stuart Mill. Avec eux, une ligne de pensée se dégage : l'utilitarisme. Issu de l'empirisme, l'utilitarisme a pour mission de conduire « le plus grand nombre » au « plus grand bonheur » par la voie économique fondée sur le travail et

encadrée par des institutions dont l'objectif n'est pas de dissoudre les valeurs individuelles mais, au contraire, d'en faire profiter toute la communauté.
(33.00 euros, 326 p.)
ISBN : 978-2-343-04700-3, ISBN EBOOK : 978-2-336-36197-0

CULTURES RÉGIONALES, DÉVELOPPEMENT ÉCONOMIQUE
Des ressources territoriales pour les économies régionales
Sous la direction de René Kahn, Roseline Le Squère et Jean-Michel Kosianski
Sous la pression de la mondialisation, des initiatives communautaires et d'une conjoncture économique préoccupante, les cultures et traditions régionales sont considérées comme des ressources mises au service de la croissance et du développement économiques. Cette valorisation économique, pratiquée de façon différente et avec des succès inégaux selon les pays et les régions, suscite des attentes très fortes et soulève beaucoup d'interrogations quant à leurs retombées économiques concrètes et leurs effets sur la dynamique culturelle.
(Coll. Villes et entreprises, 37.00 euros, 364 p.)
ISBN : 978-2-343-03956-5, ISBN EBOOK : 978-2-336-36020-1

BIORAFFINERIE 2030
Une question d'avenir
Schieb Pierre-Alain, Lescieux-Katir Honorine, Thénot Maryline, Clément-Larosière Barbara
Cette étude de la bioraffinerie intégrée de Bazancourt-Pomacle, en Champagne près de Reims, met en exergue le potentiel de la bioéconomie industrielle à réaliser une substitution de ressources fossiles (charbon, pétrole, gaz naturels) par des ressources tirées de la biomasse (agro-ressources principalement) dans des conditions plus durables tout en étant performantes sur le plan économique et social. Un enjeu majeur du XXIe siècle.
(27.00 euros, 256 p.)
ISBN : 978-2-343-04458-3, ISBN EBOOK : 978-2-336-35816-1

EXPLOITATION (L') DU GAZ DE SCHISTE EN FRANCE
Entre enjeux et opportunités
Thévenet Florentin
Le gaz naturel devrait jouer un rôle croissant dans la balance énergétique globale des années à venir, en particulier grâce à l'exploitation du gaz de schiste. Que cache cette nouvelle énergie ? Au-delà des aspects purement financiers ou environnementaux, l'exploitation du gaz de schiste est-elle une fin en soi ou peut-elle être utilisée comme pilier d'une transition énergétique qui se fait attendre ?
(Coll. Géoéconomie et Géofinance, 21.00 euros, 204 p.)
ISBN : 978-2-343-04399-9, ISBN EBOOK : 978-2-336-35934-2

SCIERIE (LA) FRANÇAISE ET LA PRODUCTIVITÉ
Chalayer Maurice
Préface de Christian Senegas ; postface d'Yves Poss
Après un état des lieux du secteur, l'Observatoire du métier de la scierie trace trois scénarios de développement en termes de productivité et d'augmentation de volume de sciages. Une étude des tendances centrées sur la construction et l'emballage permet de dessiner des perspectives d'adaptation des scieries à l'horizon 2020.
(17.00 euros, 170 p.)
ISBN : 978-2-343-04316-6, ISBN EBOOK : 978-2-336-35726-3

L'Harmattan Italia
Via Degli Artisti 15; 10124 Torino

L'Harmattan Hongrie
Könyvesbolt ; Kossuth L. u. 14-16
1053 Budapest

L'Harmattan Kinshasa
185, avenue Nyangwe
Commune de Lingwala
Kinshasa, R.D. Congo
(00243) 998697603 ou (00243) 999229662

L'Harmattan Congo
67, av. E. P. Lumumba
Bât. – Congo Pharmacie (Bib. Nat.)
BP2874 Brazzaville
harmattan.congo@yahoo.fr

L'Harmattan Guinée
Almamya Rue KA 028, en face
du restaurant Le Cèdre
OKB agency BP 3470 Conakry
(00224) 657 20 85 08 / 664 28 91 96
harmattanguinee@yahoo.fr

L'Harmattan Mali
Rue 73, Porte 536, Niamakoro,
Cité Unicef, Bamako
Tél. 00 (223) 20205724 / +(223) 76378082
poudiougopaul@yahoo.fr
pp.harmattan@gmail.com

L'Harmattan Cameroun
BP 11486
Face à la SNI, immeuble Don Bosco
Yaoundé
(00237) 99 76 61 66
harmattancam@yahoo.fr

L'Harmattan Côte d'Ivoire
Résidence Karl / cité des arts
Abidjan-Cocody 03 BP 1588 Abidjan 03
(00225) 05 77 87 31
etien_nda@yahoo.fr

L'Harmattan Burkina
Penou Achille Some
Ouagadougou
(+226) 70 26 88 27

L'Harmattan Sénégal
10 VDN en face Mermoz, après le pont de Fann
BP 45034 Dakar Fann
33 825 98 58 / 33 860 9858
senharmattan@gmail.com / senlibraire@gmail.com
www.harmattansenegal.com

L'Harmattan Bénin
ISOR-BENIN
01 BP 359 COTONOU-RP
Quartier Gbèdjromèdé,
Rue Agbélenco, Lot 1247 I
Tél : 00 229 21 32 53 79
christian_dablaka123@yahoo.fr

656938 - Mai 2016
Achevé d'imprimer par